Peter Gay
Freud für Historiker

FORUM PSYCHOHISTORIE

herausgegeben von
Hedwig Röckelein

Band 2

Peter Gay

FREUD FÜR HISTORIKER

Aus dem Amerikanischen
von
Monika Noll

edition diskord

Die Deutsche Bibliothek – CIP-Einheitsaufnahme
Gay, Peter:
Freud für Historiker / Peter Gay. Aus dem Amerikan. von
Monika Noll. – Tübingen : Ed. diskord, 1994
(Forum Psychohistorie ; Bd. 2)
Einheitssacht.: Freud for historians <dt.>
ISBN 3-89295-580-8
NE: GT

Die englische Originalausgabe mit dem Titel
»Freud for Historians« erschien 1985 im Verlag
Oxford University Press Inc.
© 1985 Peter Gay

Für die deutsche Ausgabe:
© 1994 edition diskord, Tübingen
Alle Rechte vorbehalten
Satz: multimedia, Konstanz
Druck: Fuldaer Verlagsanstalt
ISBN 3-89295-580-8

Inhalt

Vorwort		7
Worum es geht: Abwehrreaktionen gegen die Psychoanalyse		19
I	Geheime Herzensbedürfnisse	22
	1 Psychologen ohne Psychologie	22
	2 Mißbrauch mit Freud	35
	3 Eine Arena für Amateure	48
II	Freuds Leistung	58
	1 Der Eindruck des Dünkels	58
	2 Rückblick auf den Begründer	67
	3 Eine umstrittene Theorie	77
III	Menschliche Natur und Geschichte	93
	1 Gegen den Historismus	93
	2 Triebe und Triebschicksale	103
	3 Anatomie des Eigeninteresses	114
IV	Vernunft, Realität, Psychoanalyse und der Historiker	130
	1 Zwei Welten im Spannungsverhältnis	130
	2 Auf der Suche nach Repräsentanzen	136
	3 Abgestufte Relevanz	148
V	Von der Couch zur Kultur	157
	1 Jenseits der Biographie	161
	2 Der soziale Anteil	168
	3 Das hartnäckige Selbst	184
VI	Die Einlösung des Programms	194
	1 Gedanken zum historischen Material	194
	2 Mittel und Wege	200
	3 »Histoire totale«	218
Bibliographie		226
Danksagung		243
Register		249

Vorwort

Dieses Buch ist der letzte Band einer Trilogie, die ich eigentlich gar nicht schreiben wollte. Als ich im Jahr 1974 *Style in History* veröffentlichte, war ich der Ansicht, ich hätte der Historiographie schon hinreichend Tribut gezollt. Mit der damaligen Entdeckungsreise in die Stilkunst von vier Meistern der Rhetorik (Gibbon, Ranke, Macaulay und Burckhardt) hatte ich vor, der Geschichtswissenschaft ihren Platz unter den Geisteswissenschaften zuzuweisen. Dabei kam ich zu folgendem Schluß (der in der ausführlichen Erörterung, wie ich fest hoffe, weniger banal klingt als in der dürren Zusammenfassung): Für die Geschichtswissenschaft kann die alte scharfe Trennung zwischen Kunst und Wissenschaft nicht länger Geltung haben; in mehrfacher Weise – das versuchte ich in meinem Buch zu zeigen – ist sie beides zugleich.

Obgleich ein derartiges Urteil auf den ersten Blick nichts besonders Aufregendes an sich hat, warf es, so wie ich es formuliert hatte, doch Fragen nach den Grundintentionen meiner Zunft auf, die ich in *Style in History* selbst nicht angehen, geschweige denn lösen konnte. Die Kunst des Historikers, so meine damalige These, ist integraler Bestandteil seiner Wissenschaft, sein Wie (seine Darstellungsform) also weder schmückendes Beiwerk noch persönliche Einfärbung, sondern untrennbar verbunden mit dem Was (dem Gegenstand). Kurz, der Stil trägt – und prägt – die Sache selbst mit. Diese Überlegung brachte mich ganz automatisch von der Ausdrucksweise des Historikers auf die Probleme, die sich ihm besonders aufdrängen müssen. »Im Verlauf seiner Arbeit«, schrieb ich zwei Jahre später, »erledigt der Historiker viele verschiedene Aufgaben, aber die schwierigste und wohl auch interessanteste besteht darin, die Ursachen historischer Ereignisse herauszufinden.« Damals entdeckte ich, daß man sich mit dem Nachdenken über das Warum, über die Ursachen von etwas mitten in einer ununterbrochenen fachinternen Diskussion befindet, die die Historiker mit großer Verve führen und in der denkbar viel auf dem Spiel steht. Und außerdem, daß man dabei auch den von der Psychologie nachdrücklich erhobenen Ansprüchen auf Beachtung durch den Historiker begegnet.

Wie *Style in History* war auch der mit der Kausalproblematik befaßte Folgeband *Art and Act* durch und durch empirisch: Nicht anders als den meisten Historikern ist mir immer am wohlsten, wenn ich es mit konkreten Beispielen zu tun habe. Während ich meinen Gedanken im ersten Buch am Werk von vier großen Historikern herausarbeitete, richtete ich meinen Blick im zweiten Band auf drei einflußreiche Künstler (Manet, Gropius und Mondrian) und machte mich in der Frage der historischen Ursachenforschung für Pluralismus, aber zugleich auch für Selbstvertrauen stark. In einem Einleitungskapitel habe ich die diesen kulturbiographischen Übungsstücken immanente Theorie expliziert und die Beziehungen zwischen drei Ursachenkomplexen – Privatsphäre, Arbeitsleben und Kultur – in einem Schema dargestellt. In ihrem komplizierten Wechselspiel, ihrem Kampf um die Vorrangstellung liegt der eigentliche Ansatzpunkt für die Psychologie.

Das geistige Band, das diese zwei Bücher verbindet, ist unübersehbar. Beide denken über die Epistemologie der Geschichtswissenschaft nach; beide haben – obgleich sie doch dafür plädieren, daß man historische Wahrheiten auf unvorstellbar vielfältige Weise darstellen und entdecken kann – eine relativ optimistische Vorstellung von Zugriff und Erkenntnisfähigkeit des Historikers. Es ist seltsam: Wenn Historiker endlich die Ruhe finden, um über ihr Tun nachzudenken – verleitet zu diesem selbstreflexiven, nicht immer glücklichen Sprung in philosophisches Meditieren fühlen sie sich oftmals im Alter von etwa 50 Jahren –, bekennen sie gern, sie seien ausgesprochene Subjektivisten. Zumeist betonen sie dann, daß die persönlichen Obsessionen oder gesellschaftlichen Aspirationen eines Historikers ihm regelmäßig eine strikt eingegrenzte Sicht auf die Vergangenheit diktieren und er diesem unvermeidlichen Zwang zur Parteilichkeit auch mit noch so entschiedener Selbstreflexion nicht entkommt. Nach dieser Auffassung ist der Stil des Historikers nur ein Arsenal von Vorurteilen und seine Ursachenforschung zwangsläufig behindert durch den immergleichen lähmenden ideologischen Ballast. Im Gegensatz dazu vertrat ich die Ansicht, daß der Stil durchaus auch einen besonderen Zugang zu historischer Erkenntnis eröffnen kann und daß die je eigene Ansicht des Historikers von den Antriebskräften der Vergangenheit ihm – bei aller Verzerrung durch seine Neurosen, Berufsdeformationen oder klassenspezifischen Vorurteile – doch zu Einblicken in seinen Stoff verhilft, die ihm sonst nicht vergönnt gewesen wären. So etwa war Gibbons würdevolle Ironie, jene seinen gesamten Charakter durchwaltende, gleichsam erhabene Boshaftigkeit, die perfekte Voraussetzung für die genaue Analyse der politischen Hauptmotive des kaiserlichen Rom mit seinen hochtrabenden Beteuerungen und niederen Beweggründen; so erwiesen sich auch Burckhardts blühende Gewalt- und Machtphantasien, die aus seinem verdrängten Junggesellendasein stammten, als denkbar geeignet für die Einsicht in die Gedankenwelt jener überdimensionierten Condottieri, die die Kriege der italienischen Renaissance führten. Weder wollte ich zu jenen Historikern gehören, die die Aneignung von verläßlichem Wissen über historische Ursachen für eine Illusion halten, noch zu jenen, die das glitzernd bunte Kleid historischer Empirie auf die eintönige Uniform eines einzigen, alles beherrschenden Motivkomplexes reduzieren. Beide Bücher waren eine Warnung gleichermaßen vor dem wohlfeilen Pessimismus der Skeptiker und vor den ebenso billigen Vereinfachungen der Dogmatiker.

Mein Plädoyer für die Historie als elegante, durchaus strenge ästhetische Wissenschaft erhielt, wie ich bereits andeutete, kräftige Unterstützung durch mein Interesse an der Psychologie und zumal an der Psychoanalyse.[1] In ihr fand ich damals – und finde ich heute

---

[1] Mit allem Nachdruck möchte ich von vornherein klarstellen, daß ich unter »Psychoanalyse« mehr verstehe als nur das Werk Sigmund Freuds und seiner unmittelbaren Schüler. Ich meine damit auch das Werk ihrer Nachfolger, die zwar in manchen Punkten ihre eigenen Wege gingen und klinische Erfahrungen berücksichtigten, die Freud noch nicht zugänglich waren, jedoch unzweifelhaft auf seine Seite gehören. Ich betone das, weil der Titel meines Buches und die zentrale

noch verstärkt – eine produktive Hilfsdisziplin, der die Historikerzunft bislang viel zu wenig Vertrauen entgegengebracht hat und die sie nicht annähernd beherrscht. Die vieldiskutierten Desaster der Psychohistorie, auf die sich deren Verleumder förmlich mit Schadenfreude gestürzt haben, geben eher Anlaß zur Vorsicht als zur Verzweiflung – oder Geringschätzung. Der Rückgriff auf die Psychoanalyse führt keineswegs automatisch zu einer naiven, reduktionistischen, monokausalen Geschichtstheorie. Mit meinen ersten zwei Büchern und diesem dritten Band will ich die Historiker weder zur Umorientierung ihrer monotheistischen Riten von Marx auf Freud noch überhaupt zu irgendwelchen Riten anhalten. Das Studium von Religion, Politik, Kultur, Technologie und Geographie, jener mächtigen Stützpfeiler der historischen Erklärung, behält für mich vielmehr seinen ganzen selbständigen Stellenwert, denn alle haben ja gleichermaßen Einfluß auf den menschlichen Geist und sind an seiner Bildung beteiligt. In *Art and Act* schrieb ich,»Historie (sei) immer irgendwie Psychohistorie«, fügte aber sofort einschränkend hinzu,»Psychohistorie (könne) nicht die ganze Historie sein«, und erwähnte einige Gründe dafür, warum der Psychologie – und zwar prinzipiell – bei der Kausalerklärung kein Monopol zusteht. Im vorliegenden Buch möchte ich diese knappen, apodik-

---

Rolle, die die Freudschen Ideen notwendigerweise darin spielen, den Leser leicht zu Fehlschlüssen verleiten könnten. Mit Sicherheit nahmen Ichpsychologen wie Heinz Hartmann, Ernst Kris und Rudolph Loewenstein niemals an, sie täten etwas anderes, als die Gedanken über den Aufbau der Psyche, mit dem Freud sich Anfang der 20er Jahre befaßte, weiterzuentwickeln. Nach meinem Eindruck trifft ihre Selbsteinschätzung im wesentlichen zu. Die englische Objektbeziehungsschule mit ihren Exponenten W.R.D. Fairbairn und D.W. Winnicott stellt einen weniger eindeutigen Fall dar. Zumal Fairbairn wich von einigen Freudschen Sprachregelungen ab. Faktisch aber haben die Objektbeziehungsanalytiker mit ihrer Konzentration auf die präödipalen Beziehungen des Kleinkindes zu seiner engsten Umgebung und insbesondere zur Mutter das Freudsche Blickfeld ausgeweitet und differenziert, ohne es materialiter zu verändern. Abgesehen einmal von den Essentials, über die sich nicht streiten läßt, ist die Psychoanalyse kein starrer Dogmenkatalog, sondern eine in ständiger Entwicklung befindliche, mit Forschung und Theoriebildung befaßte Disziplin.

tischen Äußerungen zu einem eigenständigen Gedankengang ausbauen.

Freud für Historiker vollendet, was die beiden vorangegangenen Bände unbearbeitet ließen. Im Eingangskapitel von *Art and Act* habe ich eine kurze, eher allgemein gehaltene Kritik der damaligen Psychohistorie niedergelegt. Dabei nannte ich ausnahmsweise einmal keine konkreten Beispiele, sondern stellte nur fest, daß die Psychohistorie einerseits massenweise unhaltbare Reduktionen und überspannte Spekulationen hervorgebracht hat, andererseits an einer gewissen Zaghaftigkeit krankt. Ihre Vertreter, so schrieb ich, »leiten zuviel aus zu wenig ab«, während sie zugleich »eher zu wenig als zuviel für sich reklamieren«. Im großen und ganzen haben sie sich auf Psychobiographien oder auf Ausbrüche kollektiver Psychosen beschränkt. Ich hingegen forderte »eine Psychohistorie, die bis dato noch gar nicht erforscht, geschweige denn in die Praxis umgesetzt worden ist«, eine Geschichtsschreibung, die sich – »ohne Freuds biologischem Interesse, seinen genetischen Erklärungen oder seinen radikalen Aussagen über infantile Sexualität und psychische Strategien Abbruch zu tun« – gleichwohl rückhaltlos der Wirklichkeit zuwendet und die auf den einzelnen so machtvoll einwirkenden Zwänge der Außenwelt wie ein Seismograph registriert. Das vorliegende Buch habe ich geschrieben, um Themen, die ich 1974 erstmals angeschnitten und zwei Jahre später als Programm skizziert hatte, nunmehr ausführlich zu behandeln.

Anders als *Style in History* und *Art and Act*, in denen ich die Probleme der geschichtswissenschaftlichen Methode beständig auf den historischen Stoff zurückbezogen habe, besteht dieser Band in einer durchgängigen Reflexion, deren Hauptgegenstand weniger die vergangene Wirklichkeit als vielmehr die gegenwärtige Wissenschaftspraxis bildet. Geplant und geschrieben allerdings ist er in engem Zusammenhang mit einem großangelegten historischen Projekt, an dem ich zur Zeit arbeite: einer aus psychoanalytischer Sicht geschriebenen Studie über die bürgerliche Kultur des 19. Jahrhunderts. Die ersten drei Bände dieser Untersuchung, in denen es um Sexualität, Liebe und Aggression geht, sind bereits erschienen; zwei weitere Bände über das Seelenleben und das Kulturdilemma des Bürgertums sind in Vorbereitung. Gedacht sind sie als Anwendung einer Methode und Umsetzung einer Intention, die ich hier nur vorstelle und theoretisch zu begründen suche.

Mein Interesse an der Psychoanalyse als Denksystem und Hilfsdisziplin erwachte bereits vor vier Jahrzehnten, lange vor der Veröffentlichung von *Style in History* und sogar lange vor Beginn meiner Historikerkarriere. Um 1950, als ich noch im Aufbaustudium war und gerade meine ersten Politologiekurse gab, plante ich ein Buch, das »Liebe, Arbeit und Politik« heißen sollte. Dieses Buch schrieb ich nie – und kann daher nicht mehr rekonstruieren, was ich darin genau sagen wollte. Woran ich mich erinnern kann, ist lediglich, daß ich damals zu den Anhängern des psychoanalytischen Revisionismus à la Erich Fromm gehörte und mit seinem Versuch, eine Synthese von Marx und Freud zu schaffen, sympathisierte. Das liegt lang zurück. Mittlerweile habe ich eingesehen, daß jede Verquickung von Marx und Freud nur zu einer Zwangsheirat mit – für beide – katastrophalen Folgen führen kann. Außerdem verlor Fromms Freudkritik, die nach und nach einen immer schrilleren Ton annahm, für mich zunehmend an Überzeugungskraft. Allerdings bestärkten mich diese Auseinandersetzungen in der Fortsetzung meiner – wie immer unsystematischen und zwanglosen – Freudlektüre. Spuren dieser Studien, wenngleich zu Beginn noch kaum wahrnehmbar, kann der aufmerksame Leser seit den späten 50er Jahren in meinem Werk finden. Damals freilich entwickelte ich erst einmal eine andere Dimension der Geschichtsschreibung, die ich Sozialgeschichte der Ideen taufte.

Aus der Sicht jener Jahre, in denen ich mich – insbesondere in meinen Büchern über Voltaire und die Aufklärung – der Sozialgeschichte der Ideen am intensivsten gewidmet habe, mag meine derzeitige Beschäftigung mit dem Versuch, die Psychoanalyse für die Geschichtsschreibung nutzbar zu machen, wie die Endstation einer weiten Reise und das Ergebnis einer nachhaltigen Interessenverschiebung wirken. In Wirklichkeit ist sie alles andere als das. Der

Einwand liegt nahe, ich versuchte ganz nach Autobiographenart, Hinderliches beiseite zu räumen und die von mir eingeschlagenen Wege zu begradigen, um den falschen Eindruck der Widerspruchsfreiheit und Kontinuität zu erzeugen. Ein Biograph ist, wie Freud es einmal ausdrückte, zwangsläufig verliebt in seinen Gegenstand; auch der Autobiograph entgeht, so mein Verdacht, nur selten dieser Verliebtheit. Obgleich ich kein endgültiges Urteil über meinen persönlichen Werdegang fällen kann, bin ich doch der Überzeugung, daß er keinen schroffen Bruch aufweist, sondern in einer allmählichen und organischen Entwicklung besteht. Als ich mich zwei Jahrzehnte lang der Sozialgeschichte der Ideen widmete, unternahm ich den Versuch, aus dem nach meinem Eindruck selbstgebastelten Gefängnis des Geistesgeschichtlers auszubrechen, in dem der isolierte Denker sich, ohne rechts noch links zu schauen, mit anderen gleichfalls isolierten Denkern auseinandersetzt. In der Nachfolge Rankes wollte ich herausfinden, wie es wirklich gewesen ist, wie die psychischen bzw. geistigen Phänomene – Ideen, Ideale, religiöse, politische und ästhetische Einstellungen – entstanden sind und dann unter dem Einfluß der gesellschaftlichen Verhältnisse ihre besondere Gestalt erhalten haben. Weil mir bewußt war, wie sehr der menschliche Geist durch die jeweilige Außenwelt geprägt ist, konnte ich Voltaire als leidenschaftliches Zoon politikon begreifen und die Prinzipien der Aufklärung in ihr natürliches Milieu integrieren: in den Zusammenhang der wissenschaftlichen Revolution, des medizinischen Fortschritts, der Bildung von Nationalstaaten und der leidenschaftlichen politischen Debatten des 18. Jahrhunderts.

Mein Interesse an dem, was die Psychoanalyse dem Historiker einbringt (und was bislang noch kaum so recht gewürdigt worden ist), ist nur die nach innen gewendete Version meines alten Programms, Ideen in all ihren Zusammenhängen zu begreifen. Ein sittliches Gebot, eine ästhetische Geschmacksrichtung, eine wissenschaftliche Entdeckung, eine politische Taktik, eine militärische Entscheidung – diese und unzählige andere Erscheinungsformen des Denkens sind wie gesagt sowohl in ihr je eigenes, unmittelbares

Umfeld, als auch in ihren allgemeinen kulturellen Kontext eingebettet. Zugleich aber sind sie Reaktionen auf innere Zwänge, das heißt, wenigstens partiell, nur ein anderer Ausdruck für Triebbedürfnisse, Abwehrreflexe und Erwartungsängste. Psychische Leistungen in diesem weiteren Sinne entstehen als Kompromißbildungen. Die psychoanalytisch orientierte Ideengeschichte ist daher das Gegenstück zur Sozialgeschichte der Ideen, beide ergänzen einander, bilden zusammen ein Ganzes. Im Grunde sind sie, wie im Laufe der Erörterung hoffentlich noch deutlich wird, ein und dieselbe, nur von verschiedenen Blickpunkten aus betrachtete Geschichte, zwei untrennbar miteinander verbundene Schritte auf dem Weg zur Gesamtgeschichte oder »histoire totale« als der Wissenschaft des Erinnerns.

1976, im Jahr der Veröffentlichung von *Art and Act*, kam ich als Kandidat ans Western New England Institute for Psychoanalysis, um dort meine Lehranalyse sowie den vollen Studiengang zu absolvieren, der – so hoffte ich – aus dem an der Freudschen Lehre interessierten gebildeten Laien, der ich war, so etwas wie einen Fachmann machen sollte. Es erwies sich als faszinierende Erfahrung, zu etwa gleichen Teilen anstrengend, schmerzlich und anregend sowie unendlich lehrreich. Im einzelnen die Lektionen aufzulisten, die ich in diesen Ausbildungsjahren als Historiker lernte, würde mir kaum gelingen; psychoanalytische Einsichten wirken ja eher indirekt. Gelernt aber habe ich, zu meiner großen Befriedigung, viel: Tagebücher und Träume, Briefe und Gemälde, Romane und medizinische Texte interpretiere ich seither auf neue, ergiebigere Art. Geschärft wurde mein Blick für jene kollektiven unbewußten Phantasien, die den verschieden ausgeprägten Kulturen zugrundeliegen, und für das machtvolle, weitgehend verborgene Wirken der Sexual- und Aggressionstriebe, die die Energiequelle des Handelns bilden, die objektive Wahrnehmung infiltrieren und verzerren sowie jede rationalistische Psychologie der Interessen als blauäugig, ja geradezu ohnmächtig ausweisen. Darüber hinaus entdeckte ich, daß psychoanalytische Techniken wie freie Assoziation oder Traumdeutung und psychoanalytische Entdeckungen wie Familienroman und Ödipuskomplex einerseits bei der Untersuchung scheinbar vertrauter Stoffe zu völlig unerwarteten Erkenntnissen führen, andererseits aus rätselhaften, undurchsichtigen Artefakten allererst brauchbares Material machen. Damit will ich nicht sagen, die psychoanalytische Ausbildung habe bei mir wie eine Kette von Erleuchtungen, Bekehrungen gewirkt. Als ich damit begann, war ich nicht auf dem Weg nach Damaskus. Analyse und Lehrgang haben, was ich an historischer Einbildungskraft besitze, nicht erst geschaffen, sondern aktiviert. Was Freud mir einbrachte, kam ganz von selbst und ohne dramatische Erschütterungen, es baute auf dem schon Vorhandenen auf. Binnen kurzem war es mir nicht eigentlich zur Pflicht, sondern eher zur bequemen, zwanglosen Selbstverständlichkeit geworden.

Der Fairneß halber muß ich hinzufügen, daß ich in den Jahren meiner Ausbildung zwar die diagnostischen Instrumente, die meine Zunft von der Psychoanalyse übernehmen kann, angemessen würdigen lernte, zugleich aber ein ausgeprägtes Gespür für die Grenzen dieser Wissenschaft entwickelte. Zum Teil sind sie, nach meiner Überzeugung, der nahezu unveränderten klinischen Präokkupation praktizierender Analytiker, ihrer zum Prinzip erhobenen, ja ich möchte sagen, leidenschaftlichen Binnenperspektive geschuldet. Ich will den Widerstand der Psychoanalytiker gegen von außen kommende qualifizierte Wissenschaftler, die an ihren Vorstellungen rütteln, gar nicht über Gebühr dramatisieren. Im Gegenteil muß ich dankbar anerkennen, daß ich in meinem eigenen Institut sowie als Gast im New York Psychoanalytic Institute und damit in der unter dem Kürzel »American« bekannten Dachorganisation oft herzliche Aufnahme fand. Doch Psychoanalytiker neigen ebenso zur Ungeduld mit den dem Historiker vertrauten »objektiven« Realverhältnissen, wie Historiker nur zögernd an die geheimnisumwitterten und schemenhaften Gegenstände des Analytikers herangehen. Und die meisten Psychoanalytiker haben Mühe, ihren Argwohn gegenüber allem, was sie etwas widerwillig als »angewandte Analyse« wahrnehmen, in Grenzen zu halten. Der psychoanalytisch orientierte Historiker muß sich darauf gefaßt machen, daß er von Freuds Anhängern mit beinahe ebenso viel Skepsis bedacht wird wie von seinen Verleumdern.

Der Lernprozeß des Historikers, der sich die psychoanalytische Lehre aneignet, sollte daher nicht nur in einer Richtung verlaufen. Die von Freud hinterlassene, in seinen Schriften größtenteils implizit enthaltene Sozialpsychologie bringt zwar ein gewaltiges Erklärungspotential mit. Doch weder Freud noch einer seiner Schüler hat sie jemals zu Ende entwickelt, und nach meinem Eindruck bietet gerade der Historiker alle Voraussetzungen, um diesen sozialpsychologischen Ansatz für das von Freud mit soviel Kraft- und Zeitaufwand betriebene Studium der Kultur (ihrer Ursprünge, Entwicklungstendenzen und unvermeidlichen Konflikte) voll nutzbar zu machen. Dies werde ich weiter unten noch ausführen. Freilich: herauszuarbeiten, was genau die Psychoanalyse vom Historiker lernen könnte, würde – so faszinierend es wäre – den Rahmen dieser Arbeit sprengen. Im folgenden will ich mich darauf beschränken, das, was Freud am Beispiel des Totemismus festhielt, zu verallgemeinern und seinen diversen Implikationen nachzugehen: Das Verständnis des Totemismus, so schrieb er nämlich, sollte »in einem ein historisches und psychologisches sein, Auskunft geben, unter welchen Bedingungen sich diese eigentümliche Institution entwickelt, und welchen seelischen Bedürfnissen der Menschen sie Ausdruck gegeben hatte«. Ineins historisch und psychologisch: Knapper läßt sich mein eigenes Programm nicht zusammenfassen.

Eigentlich wollte ich es dabei erst einmal bewenden lassen. Aber in den Monaten vor der Veröffentlichung dieses Buches hat der alte, die Psychoanalyse seit ihren Anfängen begleitende Streit um die Person Freuds so unglaublich heftige und gehässige Formen angenommen, daß ich ihn nicht einfach ignorieren kann.[2] Der Ver-

---

[2] In gewisser Weise »schuld« an dem um die Mitte der 80er Jahre entstehenden Tumult sind zwei von Janet Malcolm für den *New Yorker* geschriebene und zu Büchern ausgebaute brillante Aufsätze, nämlich *Psychoanalysis: The Impossible Profession* (1981; dtsch.: *Fragen an einen Psychoanalytiker* [1983]) und *In the Freud*

such, die Psychoanalyse zu diskreditieren, indem man ihren therapeutischen Nutzen in Zweifel zieht, ist nicht neu. Auch nicht das krampfhafte Bemühen, Freuds persönlichen Ruf zu schädigen. Aber seit Beginn der 70er und mehr noch der 80er Jahre hat man beides mit neuem Impetus und ein paar einfallsreichen Schwenks wieder aufgenommen. Was die Psychoanalyse als Therapie – im Verhältnis zum Nichtbehandeln und zum Rekurs auf andere Heilmethoden oder auf Placebos – eigentlich bringt, ist nach wie vor Gegenstand einer erbitterten Auseinandersetzung. Ohne Frage widersetzen sich die von der Psychoanalyse reklamierten Heilverfahren erfolgreich der Quantifizierung. Vom empirischen und experimentellen Material her gibt es aber keinerlei Anhaltspunkte für die von besonders kompromißlosen Freudgegnern gefällten vernichtenden Urteile, mögen sie all jenen, die das Freudsche Denken liebend gern aus unserer Kultur ausmerzen würden, noch so gelegen kommen. Im Gegenteil kommen sie mir weit anfechtbarer vor als die Freudschen Thesen, die sie in Mißkredit zu bringen suchen. Doch selbst wenn man zeigen könnte, daß die psychoanalytische Behandlung keinerlei Vorzug vor anderen hat, würde daraus noch lange nicht folgen, daß auch die Hauptstücke der psychoanalytischen Theorie – wie etwa psychischer Determinismus, dynamisch Unbewußtes, infantile Sexualität, Funktionsweise der Abwehrmechanismen – kompromittiert oder gar widerlegt wären.

Dasselbe gilt für Freuds Persönlichkeit. In mancher Hinsicht ist

---

Archives (1984; dtsch.: *Vater, lieber Vater* ... [1986]). Der erste enthält neben einer verständlichen und zwanglosen Einführung in die psychoanalytische Theorie und Therapie eine ungeschminkte, aber zugleich feinfühlige Darstellung dessen, was sich im New York Psychoanalytic Institute abspielt; der zweite macht das breite Leserpublikum mit zwei extravaganten Persönlichkeiten und enttäuschten Freud-Verehrern bekannt (nämlich mit Jeffrey Moussaieff Masson, für eine kurze und stürmische Zeit Projects Director des Freud-Archivs, und Peter Swales, passioniert-detektivischer Amateurforscher in Sachen Freuds Lebenswelt) und berichtet von ihrem Konflikt mit Kurt Eissler, dem Hüter der Freud-Manuskripte. Malcolms Darstellung der Psychoanalyse samt ihrem spektakulären Auf und Ab ist so genial wie instruktiv, aber sie hat die Hunde des Antifreud-Lagers aus ihrem nur allzu leichten Schlaf geweckt.

die gegenwärtige Denunzierungswelle wohl eine unausweichliche, wenn auch peinliche Reaktion auf die Idealisierung, ja Idolatrie, der sich Freuds Verehrer in der Vergangenheit hingegeben haben. (Ausführlicher widme ich mich diesem Punkt im zweiten Kapitel.) Nach den Worten seiner erbittertsten Gegner war Freud ein Lügner, ein Feigling, ein Betrüger, ein Plagiator, ein autoritärer Mensch, ein Chauvi, ein schlampiger Forscher, ein Ehebrecher und (zumindest in seiner schmutzigen Phantasie) ein Pädophiler, allerdings vermutlich kein Päderast.[3] In dieser Karikatur erkenne ich Sigmund Freud nicht mehr wieder, und angesichts des bereits gesicherten Wissens über ihn bezweifle ich auch, daß jemals Belege für sie beigebracht werden. Zwar haben die schlauesten Polemiker seinen Charakter eng mit seiner Theorie verknüpft, offenbar in dem Glauben, daß sie zusammen mit dem ersten auch die letztere erledigen können. Aber selbst wenn Freud sich als ausgemachter und hundertprozentiger Schuft erweisen sollte, hat sein Werk doch unabhängig von ihm Bestand. Das in diesem Buch entwickelte Programm jedenfalls hängt nicht von dem Nachweis ab, daß die Psychoanalyse die beste Methode zur Heilung neurotischer Störungen ist oder daß Freud ein Mann ohne Fehl und Tadel war.

P.G.

---

3 Vgl. Malcolm, *Vater, lieber Vater ...*, die Passagen über Masson und Swales; und besonders: Jeffrey Moussaieff Masson, *The Assault on Truth: Freud's Suppression of the Seduction Theory* (1984; dtsch.: *Was hat man dir, du armes Kind, getan?* [1984]); Frederick Crews, »The Freudian Way of Knowledge«, in: *The New Criterion*, Juni 1984, S. 7-25; Frank Cioffi, »The cradle of neurosis«, in: *The Times Literary Supplement*, Nr. 4240 (6. Juli 1984), S. 743-44. »Es gibt begriffliche Hemmungen«, so schließt Cioffi seine Bücherschau, »das ganze Ausmaß von Freuds Opportunismus zur Kenntnis zu nehmen, so daß es wohl noch eine Weile dauern wird, bis wir endlich von ›Freud, dem unermüdlichen Wahrheitssucher‹ nichts mehr hören werden. (Obgleich einige seiner besonders ausgefuchsten Bewunderer bereits eine Ersatznische einrichten: Freud, der Meineidige aus gutem Grund, für die edle Sache.) Alle, die weder an Freuds Integrität noch an seine edle Sache glauben, können sich über die aktuelle Vergeblichkeit ihrer Aufklärungsversuche mit einer Einsicht trösten, die der Meister höchstpersönlich formulierte: Die Stimme des Intellekts ist leise, aber sie ruht nicht, ehe sie sich Gehör geschafft hat.« (S. 744)

Worum es geht:
Abwehrreaktionen gegen die Psychoanalyse

Historiker weisen die Psychoanalyse als Hilfswissenschaft gern mit einem drastischen, pauschalen Gegenargument zurück: Die Toten kann man nicht analysieren. Wer es dennoch versucht, schleust untaugliche Methoden in die historische Forschung ein, läßt zu, daß das von den Historikern so lange und mit so viel Erfolg geübte Erklärungsverfahren durch bodenlose Spekulation ins Wanken gebracht wird, und reduziert die schöne, bunte Vielfalt des Denkens und Handelns auf eintönige, bedrückende Psychopathologie. Historische Individuen, Gruppen, Klassen, Nationen sind nun einmal keine Patienten auf der Couch, auch nicht auf einer imaginären Couch. Andere Vorwürfe ergänzen diese Ablehnung: Wer mit psychoanalytischen Kenntnissen an die Vergangenheit herangeht, beleidigt den gesunden Menschenverstand, verstößt gegen die Glaubwürdigkeit, übersieht die Relevanz (oder verkennt die Dürftigkeit) des Quellenmaterials, tritt die Grundregeln des Stils mit Füßen. Einige Historiker haben sich vor lauter Entrüstung über die Parteinahme für Freud sogar aus ihrem angestammten Arbeitsfeld herausgewagt und vernehmliche Zweifel daran geäußert, daß man überhaupt jemanden – nicht nur die Toten, sondern auch die Lebenden – analysieren kann. Die Hauptanklagepunkte gegen den psychoanalytisch orientierten Historiker lauten jedoch nach wie vor, er habe nichts beizutragen, lasse alle Skrupel vermissen und sei vulgär.

Ich möchte diese aggressiven Abwehrreaktionen gegen die Psychoanalyse ernst nehmen und sie in eine logische und, wie ich hoffe, einsichtige Abfolge bringen. Bildlich stelle ich mir die Abwehr des Historikers gegen den Freudschen Angriff wie sechs konzentrisch angelegte geistige Festungsringe vor. Muß er die äußere Festungsmauer vor dem Feind räumen, kann er sich noch hinter der zweiten Befestigungsanlage verschanzen und weiter Widerstand leisten;

fällt die zweite Mauer, bleibt noch die dritte, und so fort bis zur eigentlichen Festung, in der der Historiker den Eroberer angstvoll erwartet.[4] Warum sollte – zum ersten – der Historiker sich überhaupt mit psychologischem Spezialwissen herumschlagen, wenn er doch jahrhundertelang mit gesundem Menschenverstand, solider Bildung und gereifter Erfahrung auskam und wenn in jüngerer Zeit manche psychoanalytischen Begriffe so sehr zum Gemeingut geworden sind, daß man sich aus ihrem Fundus wie aus einem herrenlosen Text in aller Seelenruhe bedienen kann? Warum sollte zweitens der Historiker – selbst wenn er konzediert hat, daß man die Psychologie ebenso braucht wie einen akkuraten Umgang mit ihr – ausgerechnet auf die technisch schwierigen Freudschen Begriffe und nicht lieber auf andere, konkurrierende psychologische Systeme zurückgreifen, die allem Anschein nach erheblich einleuchtender und leichter verdaulich sind? Angenommen aber drittens, es spräche unbestreitbar vieles für das psychoanalytische Denken: Ist die Psychoanalyse nicht ihrem ganzen Wesen nach unhistorisch, da sie doch von einer unveränderlichen Natur des Menschen ausgeht, die dem Interesse des Historikers an Entwicklung und tiefgreifendem Wandel dieser Natur zuwiderläuft und in der die einzige unübersehbare Konstante der menschlichen Erfahrungswelt, nämlich das Eigeninteresse, leider wohl zu kurz kommt? Und selbst wenn feststeht, daß Freud sich durchaus mit dem Eigeninteresse befaßt und das Tun der Menschen scharf beobachtet hat: Ist nicht sein Menschenbild bestenfalls die Verallgemeinerung eines lokal begrenzten Typus, nämlich des Wiener Bürgertums der Jahrhundertwende?

Angenommen viertens, die Psychoanalyse wäre nicht gar so unhistorisch und Geschichte kein ganz so unversöhnlicher Gegenpol zur Idee der Menschennatur, wie wir lange Zeit angenommen haben: Bleibt nicht trotz allem wahr, daß die ganz mit ihrem klinischen

---

4 In diesem Buch halte ich mich an den herkömmlichen Gebrauch der Genera und bezeichne mit den männlichen Formen der Pronomen bzw. Nomen beide Geschlechter.

Interesse beschäftigte Psychoanalyse allenfalls einen kleinen Ausschnitt historischer Erfahrung, nämlich das irrationale bzw. neurotisch verzerrte Verhalten, aufklären kann? Hätte sich nun aber – fünftens – die Psychoanalyse als allgemeine Psychologie erwiesen, die kaum weniger über das Vernünftige als über das Unvernünftige aussagt: Kann der Historiker ihren Anwendungsbereich nicht zu Recht einschränken, da die Freudsche Psychologie an einem besonders unheilbaren Individualismus krankt? Erst wenn der Historiker anerkennt, daß die Psychoanalyse durchaus in der Lage ist, nicht nur Gruppenverhalten, sondern auch die beständige Wechselwirkung zwischen Psyche und Außenwelt zu erklären, findet er sich vielleicht bereit, sie zu seinem Werkzeug, seinen Untersuchungsmethoden hinzuzunehmen und zum integralen Bestandteil seiner Vergangenheitsbetrachtung zu machen. Selbst dann verbleibt als letztes Abwehrargument noch die Undurchführbarkeit: So fundiert und aufschlußreich die Psychoanalyse auch sein mag, kann der Fachhistoriker sie überhaupt gebrauchen? Lassen sich die Toten tatsächlich analysieren? Diesen letzten und schwerwiegenden Fragen darf ich nicht ausweichen und will ihnen im Schlußkapitel nachgehen.

I
Geheime Herzensbedürfnisse

1 Psychologen ohne Psychologie

Jeder Fachhistoriker ist immer schon Psychologe – Amateurpsychologe. Ob er es weiß oder nicht, er arbeitet mit einer Theorie der menschlichen Natur; er setzt Beweggründe an, studiert Leidenschaften, analysiert Irrationales und gründet sein ganzes Werk auf die stillschweigende Überzeugung, daß die Menschen bestimmte konstante und fest umrissene Wesenszüge aufweisen und ihre Erfahrungen in bestimmten vorhersehbaren oder zumindest beobachtbaren Formen verarbeiten. Er entdeckt Ursachen, und zu ihnen gehört in der Regel auch das, was sich im Innern der Menschen abspielt. Selbst ein materialistischer Systemverfertiger wie Karl Marx, bei dem der einzelne den unausweichlichen Zwängen der historischen Verhältnisse ausgesetzt ist, hat den Bewußtseinsprozessen ihren Stellenwert eingeräumt und versichert, er vollziehe sie nach. Unter den Hilfswissenschaften des Historikers bildet die Psychologie die heimliche Hauptstütze.

Aber in aller Regel eben heimlich: Als Anhänger des gesunden Menschenverstandes haben die Historiker sich schwer getan, der Psychologie in ihrer Disziplin einen festen Platz zuzuweisen. Dabei ist ihnen in den letzten Jahrzehnten, seit nämlich die Psychoanalyse sich in die Historikerzunft eingeschlichen hat und für eine avantgardistische, isolierte, aber nicht mehr mundtot zu machende Minderheit zur Psychologie par excellence wurde, sichtlich immer unwohler geworden. Die weitaus meisten Historiker haben angesichts der Möglichkeit, daß Freud ihnen den Weg zu den Geheimnissen vergangener Seelen zeigt, mit skeptischem Räsonnieren, kaum verhohlener Angst oder kalter Wut reagiert. Nun könnte man nach altbekannter psychoanalytischer, ebenso verlockender wie unzulässiger Taktik die emotionsgeladenen Abwehrgesten der Historiker als Widerstände deuten und sie – etwas verquer – als unfreiwillige Bestätigung der Freudschen Ideen begrüßen. Aber dem ernstzunehmenden Wissenschaftler lassen sich diese natürlich nur mit überzeugenderen Argumenten nahebringen: Die Zeiten, in denen Freudanhänger rationale Kritik dadurch diskreditieren konnten, daß sie die Kritiker selbst analysierten, sind endgültig vorbei.

Zu Beginn der 40er Jahre hat Marc Bloch darauf hingewiesen, daß der Historiker die – wie er sie nannte – »geheimen Herzensbedürfnisse« der Menschen erforschen müsse. Aber die von ihm ins Auge gefaßte Forschungsarbeit sollte sich an die Oberfläche des Bewußtseins halten: Gegenstand der Geschichtswissenschaft, so schrieb er in seinem unvollendeten, posthum erschienenen Werk *Apologie der Geschichte oder Der Beruf des Historikers*, »ist letztlich das Bewußtsein von Menschen. Die Zusammenhänge, die durch das Bewußtsein hergestellt werden, die Ansteckungen, ja sogar Verwirrungen, die dort auftreten, bilden für sie die Realität selbst.«[5] Obgleich kaum ein Historiker würde leugnen wollen, daß der Mensch den eigentlichen Gegenstand seiner Disziplin darstellt, werden die meisten angesichts jener »geheimen Herzensbedürfnisse«, die noch geheimer sind, als Bloch es sich träumen ließ, von Unruhe gepackt. Und der von Freud gelieferte Wegweiser zu diesen Bedürfnissen ist nicht gerade dazu angetan, die Unruhe zu vertreiben. Viele Historiker, die Marc Bloch als Meister verehren, fanden seinen Gedanken voreilig. Ich hingegen möchte zeigen, daß er trotz der schönen Formulierung zu zögerlich ist.

Der von Unruhe gepackte Historiker, den ich da beschworen habe und immer wieder beschwören werde, ist zwar ein Konstrukt, aber kein Strohmann. Er ist die Verdichtung, das Konzentrat aus

---

5 Bloch, *Apologie pour l'histoire ou métier d'historien* (1949); dtsch.: *Apologie der Geschichte oder der Beruf des Historikers* (1992), S. 144. Seltsamerweise hat ein ganz anders orientierter Historiker, Richard Cobb, eine auffallend ähnliche Metapher verwendet. Ihm zufolge »muß der Sozialhistoriker in bedeutendem Ausmaß Vermutungen anstellen: fast als versuche er, das Unerkundbare zu erkunden und zu den Geheimnissen des Menschenherzens vorzudringen.« *(Paris and Its Provinces, 1792-1802 [1975], S. 117).*

vielen mit Angst und daher Abwehr reagierenden Fachhistorikern und verkörpert den in der historischen Zunft herrschenden Konsens. Die meisten haben ihre Anschauungen über Psychologie im allgemeinen und Freud im besonderen gar nicht erst gedruckt vorgelegt; dennoch bin ich fest davon überzeugt, daß selbst diejenigen Historiker, die den Nutzen einer differenzierten Psychologie für ihre Arbeit womöglich zugestehen, die Freudsche Lehre als für diesen Zweck ungeeignet zurückweisen würden.«Im allgemeinen sind Historiker«, schreibt der Christian-Science-Forscher Stephen Gottschalk in seiner kritischen Rezension einer Psychobiographie von Mary Baker Eddy, »in punkto Anwendung der psychoanalytischen Begriffe auf Geschichte und Biographie äußerst zurückhaltend.«[6] In seinen Worten spricht meine Zunft. Hin und wieder hat ein prominenter Historiker wohldosiertes sympathisierendes Interesse an der Psychoanalyse an den Tag gelegt, aber seine in aller Regel vage und gönnerhafte Empfehlung schadet den Freudschen Zielsetzungen wahrscheinlich mehr als die für seine Kollegen typische unverhohlene Diskreditierung. In seinem vielgelesenen und dezidiert populärwissenschaftlichen Buch *Was ist Geschichte?* räumt der späte E.H. Carr Freud aus zwei Gründen Bedeutung für Historiker ein: Freud lenkt den Blick auf ihren subjektiven Standpunkt, und er zerstört die »alte Illusion«, die manifesten Beweggründe der Menschen »genügten in der Tat zur Erklärung ihrer Handlungen«. Das klingt kaum nach heroischem Beitrag zu einer Wissenschaft vom Menschen, auf die die Historiker sich berufen könnten; Carr lobt denn auch – aus seiner Sicht durchaus angemessen – Freuds Werk als »negative Leistung von einiger Bedeutung«.[7]

Schon ein derart zähneknirschendes Zugeständnis geht natürlich den meisten Historikern zu weit. 1967 machte sich G.R. Elton Gedanken darüber, wie jemand, der die Vergangenheit erforscht, mit dem Einfluß nichtrationaler Triebkräfte auf die historischen Ak-

---

6 Gottschalk, »Mrs. Eddy Through a Distorted Lense«, Rezension von Julius Silberger (Jr.), *Mary Baker Eddy*, in: *Christian Science Monitor* (2. Juli 1980), S. 17.
7 Carr, *What is History?* (1961); dtsch.: *Was ist Geschichte?* (1963), S. 137.

teure fertig wird, und fügte warnend hinzu, »einige Historiker und zumal Biographen« seien zu der Überzeugung gelangt, »daß die Kenntnis der Psychologie (und insbesondere der Psychopathologie) unverzichtbar ist, und deshalb stößt man in der Analyse allzu oft auf ziemlich schreckliche freudsche oder postfreudsche Gemeinplätze«. Das klingt eigentlich ganz annehmbar; immerhin werde auch ich auf den folgenden Seiten ein paar derartige, ziemlich schreckliche Gemeinplätze zitieren. Elton indessen ist kein Freudanhänger, der darauf bedacht ist, ein kostbares und empfindliches Vermächtnis zu schützen. »Noch immer werden wir hin und wieder aufgefordert«, bemerkt er dazu, »uns beim Studium der geschichtlichen Menschen auf Freud zu stützen, obgleich doch die Psychologen gerade im Begriff stehen, ihm massenweise davonzulaufen«; und dabei verwechselt er nur die Launen des breiten Publikums mit den ernstzunehmenden Überzeugungen akademischer Psychologen, die gegenüber der Psychoanalyse mittlerweile im Zweifelsfall sogar aufgeschlossener werden.

Tatsächlich scheinen sich in Sachen menschliches Bewußtsein und zumal Unbewußtes manche Historiker in ostentatives Spießerdenken zu flüchten und mit ihrer Unkenntnis zu prahlen, als wäre sie ein Beweis für souveräne Berufserfahrung. »Vor dreißig Jahren«, erinnert sich Kenneth S. Lynn 1978 mit beifälligem Unterton, »teilte mir Arthur M. Schlesinger Senior – erheblich gereizt – mit, er habe Freud nie gelesen und gedenke es auch nicht zu tun.« Er war beileibe nicht der einzige. »Vor Jahren«, erzählt J.H. Hexter seinen Lesern, »habe ich in der alten Modern Library Giant zwar die meisten Freud-Schriften gelesen, ein paar aber ließ ich dabei aus und bin nicht mehr auf sie zurückgekommen.« Die – nicht näher benannten – Schriften der Modern Library Giant in der fehlerhaften Wiedergabe von A.A. Brill sind seit langem durch bessere Übertragungen ersetzt worden, aber natürlich wollte Hexter nicht mehr auf sie zurückkommen, weil er Freud selbst (und nicht etwa Brills Übersetzungen) mangelhaft fand. Wenn jedoch stimmt, daß die Geschichtswissenschaft, wie Elton zutreffend schreibt, »mit all jenen menschlichen Äußerungen, Gedanken, Handlungen und

Leiden zu tun hat, die in der Vergangenheit virulent waren und in der Gegenwart nachwirken«[8], dann ist der Historiker berechtigt, ja verpflichtet herauszufinden, wie diese Äußerungen, Gedanken, Handlungen und Leiden am erfolgreichsten erforscht und nachempfunden werden können. Allem Anschein nach sind gestandene Meister ihres Faches wie Schlesinger und Hexter stolz auf ihre mangelnde Freudkenntnis, weil sie sich eingeredet haben, daß sie von ihm nichts lernen können.

Vielleicht sollten wir für diese freiwillige Einfalt dankbar sein; andere Historiker haben nach einer in der Regel ohne Kompaß und ohne Sprachkenntnis unternommenen Blitztour durch das Land Freuds sehr viel mehr kaputtgemacht. Ein paar haben sich dabei endgültige – zumindest in ihren eigenen Augen endgültige – Gegenargumente gegen alles zusammengezimmert, was dafür spricht, daß Historiker bei der Psychoanalyse in die Schule gehen. In seinen von keinerlei Zweifel getrübten Aufsätzen über Geschichtswissenschaft und Psychohistorie meint der deutsche Sozialhistoriker Hans-Ulrich Wehler, der sonst für methodische Neuerungen durchaus zu haben ist, die psychoanalytisch fundierte Geschichtswissenschaft sei »eher in einer Sackgasse als auf einem aussichtsreichen Weg in die Zukunft«.[9] David Hackett Fischer listet in seiner Offensive gegen die Trugschlüsse der Historiker »fünf Grundirrtümer« der Freudschen Theorie auf und befindet, daß »die Mängel der an Freud orientierten Historiographie« vermutlich »bis zu einem gewissen Grade auf die Handikaps der psychoanalytischen Methode zurückgehen«. Und mindestens zwei Historiker haben versucht,

---

8 Elton, *The Practice of History* (1967), S. 81, 25; Lynn, »History's Reckless Psychologizing«, in: *The Chronicle of Higher Education* (16. Januar 1978), S. 48; Hexter, *The History Primer* (1971), S. 5; Elton, op.cit., S. 24.

9 Wehler, »Geschichtswissenschaft und ›Psychohistorie‹«, in: *Innsbrucker Historische Studien* I (1978), S. 213; siehe auch ders., »Zum Verhältnis von Geschichtswissenschaft und Psychoanalyse«, in: *Historische Zeitschrift* CCVII (1969), S. 529-54, leicht überarbeitet in: ders., *Geschichte als Historische Sozialwissenschaft* (1973), S. 85-123. Wehler, der seine Leser sonst förmlich in Fußnoten ertränkt, ist bei Freud ganz aufgeschmissen.

die Psychoanalyse so gründlich zu blamieren, daß sie – so ihre Hoffnung – sich unter Historikern nie mehr würde blicken lassen. In einem unterhaltsamen und temperamentvollen Essay mit dem Titel *Clio and the Doctors* will Jacques Barzun seine Muse Klio aus den Fängen aller nur denkbaren Quacksalber retten; und inmitten der Horden von Sonderlingen und Technokraten sehen wir den »Doktor der Psychologie«, der seine Verordnungen für die »Patientin Historie« mal mit drohender Miene, mal mit Späßen begleitet. David E. Stannard stellt in seinem Buch *Shrinking History* nicht bloß fest, die Psychoanalyse habe auf dem Gebiet der Geschichtsschreibung versagt, er wirft ihr mit einer Art Furor auch Versagen auf dem Feld der Therapie, der Logik, der Theoriebildung und der Kulturbetrachtung vor und kommt zu dem Schluß, daß nichts für Psychohistorie spricht, weil nichts für die Psychoanalyse spricht. Stannard fordert den Historiker auf, sich anderswo umzuschauen: »Es muß jetzt endlich vorwärtsgehen.«[10]

Die von mir zitierten Texte stammen zwar erst aus den späten sechziger und den Jahren danach, doch nach meiner persönlichen, sicher nicht untypischen Erfahrung stieß jeder, der die Psychoanalyse in die Geschichtswissenschaft einbrachte, praktisch von Beginn an, d.h. ein Jahrzehnt und mehr als ein Jahrzehnt früher, auf massiven Widerstand. Der erste Satz dieses Kapitels, in dem ich den Historiker als Amateurpsychologen bezeichne, gibt verkürzt die Einleitung zu einem Vortrag wieder, den ich 1960 vor der Society of French Historical Studies hielt. »Wenn die historischen Persönlichkeiten«, so sagte ich damals, am Historiker »vorbeiziehen, kann er zwar ihr Tun wahrnehmen, ihre Motive indessen muß er erschließen.« Dann untersuchte ich, wie die Historiker der Französischen Revolution das von Robespierre, Danton und anderen Rednern aus jener Zeit der großen Rhetorik Gesagte behandelt haben,

---

10 Fischer, *Historians' Fallacies: Toward a Logic of Historical Thought* (1970), S. 189; Barzun, *Clio and the Doctors: Psycho-History, Quanto-History & History* (1974), S. 2; Stannard, *Shrinking History: On Freud and the Failure of Psychohistory* (1980), S. 156. Näheres zu Stannard in der Bibliographie, S. 226 ff.

und legte selbst eine kurze Analyse ihrer Reden vor. Mein Vortrag war der bescheidene Versuch, die Äußerungen der Jakobiner und ihrer Gegner eher auf ihr wirkliches Leben, die rhetorische Überlieferung und den Druck des historischen Geschehens zu gründen als auf ihre Überzeugungen, Idiosynkrasien oder unbewußten Wünsche. Der größte Teil meiner Bemerkungen bewegte sich am manifest Wahrnehmbaren entlang: dem Sprachduktus der Redner, ihren religiösen Metaphern und Versatzstücken aus der klassischen Antike, ihren Plutarch- und Rousseau-Zitaten, dem rückhaltlos und wortgewaltig Gesagten. Erst gegen Ende wagte ich mich auf die hohe See der Psychologie. Ich äußerte die Vermutung, Robespierre könnte im Frühjahr 1794 mit seinem notorischen Angstgefühl und Mißtrauen nur jene fatale Verkettung ausagiert haben, bei der Enttäuschung in Wut umschlägt und diese sich in einem Racheakt entlädt. Und dann machte ich den – als »noch unverhohlenere Spekulation« gekennzeichneten – Vorschlag, man könnte in der Ereigniskette, die von der Flucht des Königs nach Varennes bis zu seiner Hinrichtung reicht, eine Parallele zum Vatermord entdecken, die Schuldgefühle eingeschlossen. Um einem Mißverständnis vorzubeugen, betonte ich, daß »die Antwort auf derlei psychologische Fragen nicht allein in der Psychologie zu finden ist«, sondern auch »in der Politik, im Tagesgeschehen«.[11]

Meine Einschränkungen blieben ungehört; meine ganze Vorsicht war überflüssig. Heute, mehr als dreißig Jahre später, erscheint mir der Vortrag von seiner Methodik und seinen Ansätzen her völlig konventionell. Von Psychoanalyse konnte kaum die Rede sein. Auch der Schlußsatz sollte nach meiner Vorstellung eher besänftigend als alarmierend klingen: Sigmund Freud habe einmal gesagt, so erzählte ich meinen Zuhörern, »es gebe Zeiten, wo ein Mann sich eine Zigarre nur wünscht, weil er mal schön rauchen will«.[12] Dennoch provozierten meine Darlegungen so etwas wie einen klei-

---

11 Gay, »Rhetoric and Politics in the French Revolution«, in: *American Historical Review*, LXVI, 3 (April 1961), S. 664, 674 f.
12 »Rhetoric and Politics«, S. 676.

nen Aufruhr. Ein prominenter Wissenschaftler erhob sich und kritisierte die Historiker als haltlose Anbeter aller möglichen Modegags, von denen, wie er meinte, die Psychoanalyse nur den neuesten bilde. »Ich habe sie kommen und gehen sehen«, sagte er, »erst war es immer die Anthropologie. Dann die Soziologie. Jetzt ist es die Psychoanalyse. Aber auch das wird vorübergehen.« Ein anderer wollte empört wissen, ob Historiker in Zukunft als Zweitfach Psychologie studieren sollten – offenbar eine düstere Aussicht. In der Diskussion, die ich unklugerweise vom Zaun gebrochen hatte, ging es nicht um den Gehalt meiner Darlegungen, sondern um die Bedrohung, die eine fremde und esoterische Disziplin für die Geschichtswissenschaft bildete. Ich kam mir vor wie ein Medizinmann, der durch einen abscheulichen Fauxpas die Einladung erhalten hat, vor den Mitgliedern eines Ärzteverbandes zu sprechen.

Erst zwei Jahre zuvor, nämlich 1958, war die Psychoanalyse dank einer ungewöhnlichen Konstellation über die Historikerzunft hereingebrochen. Was damals zusammenkam, war einerseits William L. Langers vielzitierte Rede als Präsident der American Historical Association und Erik Eriksons Buch *Der junge Mann Luther*, das Freud mit einem Schlag unter Historikern bekannt machte.[13] Langers Rede, in der er an seine Kollegen appellierte, die Ideen der Psychoanalyse für die historische Forschung nutzbar zu machen, rief umso mehr Verwirrung hervor, als der Redner seinen eigenen Ruf mit empirisch lückenlos belegten und methodisch konservativen Büchern zur Geschichte der Diplomatie begründet hatte. Und Eriksons Buch, das sich als »psychoanalytische und historische Studie« präsentierte, löste eine Reihe von leidenschaftlichen Debatten aus. Beide zusammen brachten ein paar finanziell gut ausgestattete Kongresse und einen Fanclub von Nachahmern hervor. Mittlerweile zeigt die Psychohistorie, wie jeder weiß, alle Merkmale eines zur Historikerzunft gehörenden Dauerphänomens: man nehme nur die

---

13 Langer, »The Next Assignment«, in: *American Historical Review*, LXIII, 2 (Januar 1958), S. 283-304; Erikson, *Young Man Luther* (1958); dtsch.: *Der junge Mann Luther. Eine psychoanalytische und historische Studie* (1970).

Erwähnung im Jahresprogramm der American Historical Association sowie mindestens zweimal pro Jahr in deren offizieller Fachzeitschrift und natürlich die problematische Namensgebung. 1973 hatten Fred Weinstein und Gerald M. Platt, zwei Optimisten unter jenen Wissenschaftlern, die die Freudsche Lehre mit offenen Armen aufnahmen, nicht den geringsten Zweifel, daß »Historiker und Soziologen versuchen, von der psychoanalytischen Theorie in systematischer Weise Gebrauch zu machen«.[14] Nach der heftigen Reaktion von Barzun und Stannard zu schließen, fürchten tatsächlich viele gestandene Historiker, daß der »systematische Gebrauch der psychoanalytischen Theorie« in der historischen Arbeit nur allzu sehr daheim ist.

In Wirklichkeit ist, wie ich meine, gar nicht viel geschehen. Logischerweise ereiferten sich diejenigen, die die Psychoanalyse am meisten ablehnten, auch am meisten über die Psychohistorie. In ihren Augen stellt sie sogar eine deformierende und womöglich unheilbare Seuche dar, die die Historikerzunft befallen hat. Das »Drauflos-Psychologisieren« jener »Wirrköpfe, die sich als Psychohistoriker bzw. -historikerinnen bezeichnen«, so Kenneth S. Lynn 1978, habe sich ausgewachsen zu einem »Krebsgeschwür, das im gesamten Körper der historischen Profession seine Metastasen bildet«.[15] Drei Jahre später aber sah Marcus Cunliffe die Lage erheb-

---

14 Weinstein und Platt, *Psychoanalytic Sociology: An Essay on the Interpretation of Historical Data and the Phenomena of Collective Behavior* (1973); dtsch.: *Psychoanalytische Soziologie* (1975), S. 11.
15 Lynn, »History's Reckless Psychologizing«, in: *Chronicle of Higher Education* (16. Januar 1978), S. 48. Wie stark Lynn emotional betroffen ist, zeigt nicht nur seine abscheuliche Metapher, sondern auch der haltlose Angriff, den er in der kurzen, nur eine Seite umfassenden Diatribe gegen den amerikanischen Historiker Richard Hofstadter startet. Nach Lynns Darstellung ist dieser um die Mitte der 60er Jahre den »maßlosen« Manipulationen des »psychologischen Jargons« erlegen, wobei Lynn sich der kühnen Hoffnung hingibt, Hofstadter werde schließlich diesen ganzen Unsinn wieder hinter sich lassen – und das an die Adresse eines der scharfsichtigsten und feinfühligsten Stilisten der historischen Zunft! Lynns besonderes Mißfallen erregt Hofstadters Verwendung des Terminus »paranoider Stil«, mit dem er die Überzeugungen und die Rhetorik einiger Enfants terribles der amerikanischen Politik beschrieb, – eine eindringliche und treffende Bezeichnung, die Hofstadter

lich unverkrampfter und zutreffender. In seiner Rezension zweier psychoanalytischer Biographien nannte er die einschlägigen, für die Psychohistorie stehenden Namen von Erik Erikson bis Christopher Lasch, um dann lediglich hinzuzufügen, er stelle eine ausgesprochene Distanzierung von »aller Arroganz à la Sigmund« fest. Die Psychohistoriker fänden sich mittlerweile zu dem Eingeständnis bereit, daß der Ödipuskomplex weitgehend überholt ist; das Ansehen Eriksons sei im Schwinden begriffen; prominente Historiker, die einmal der Psychohistorie angehangen hätten, hätten sich öffentlich von ihr abgewandt, und – was am meisten für sich spreche – »anerkannte Historiker« wie Jacques Barzun und Geoffrey Barraclough hätten »scharfe Kritik« geübt, während Lawrence Stone die Psychohistorie zum »Katastrophengebiet« erklärt habe. Aus dieser Sicht der Dinge schloß Cunliffe dann, und es klang ein bißchen – nur ein bißchen – wie bei David Stannard: »Die Psychohistorie entpuppt sich als eine Idee, deren Zeit gekommen war – und nun vorbei ist.«[16]

Dieser Satz faßt nach meinem Eindruck die unter den Historikern vorherrschende Dauerstimmung ziemlich genau zusammen. Die kompetenten und manchmal beeindruckenden Publikationen all jener, die sich offen auf die Psychoanalyse berufen, haben nur ein paar Beulen in den Panzer ihrer Kollegen gemacht. All das sehnsüchtige Ja- und frenetische Nein-Sagen kann nämlich nicht darüber hinwegtäuschen, daß sich die Historikerzunft im Grunde gegen die Freudsche Psychologie abgeschottet hat, ganz besonders außerhalb der Vereinigten Staaten, in Großbritannien oder Frank-

---

von vornherein sorgfältig einschränkte. Das Ganze war nach Lynns Überzeugung nichts anderes als der Versuch, »das Ansehen bestimmter Gruppen von Amerikanern, die er entweder mit Argwohn oder mit Angst betrachtete, in den Dreck zu ziehen«.

16 Cunliffe, »From the Facts to the Feelings«, Rezension von Joseph F. Byrnes, *The Virgin of Chartres: An Intellectual and Psychological History of the Work of Henry Adams*, und Charles K. Hofling, *Custer and the Little Big Horn: A Psychobiographical Inquiry*, in: *The Times Literary Supplement* (23. Oktober 1981), S. 1241.

reich, Deutschland oder Italien. Schon 1967 warnte G. Kitson Clark seine Kollegen, die darauf brannten, Gedanken oder Methoden aus anderen Disziplinen zu übernehmen: Hätten früher Zoologie und Anthropologie manches »ziemlich schauderhafte Beispiel« für »übelsten Unsinn« geliefert, so sei nunmehr »wohl die Psychologie an ihre Stelle getreten und zu derjenigen Wissenschaft geworden, die am ehesten zum Mißbrauch einlädt«.[17] Daß er dabei an die Psychohistoriker dachte, versteht sich von selbst.

Veranschaulichen läßt sich diese ganze siegesgewisse Abwehrhaltung an der Reaktion auf das Buch, das John Demos 1982 über die Hexerei im Massachusetts des 17. Jahrhunderts veröffentlichte. *Entertaining Satan: Witchcraft and the Culture of Early New England*, eine ehrgeizige und gut durchdachte Studie, die den Versuch macht, ihren faszinierenden Gegenstand von allen Seiten, von der traditionellen Biographie, von Soziologie, Sozialgeschichte und Psychoanalyse her zu betrachten, wurde in höchsten Tönen gelobt – ausgenommen der psychoanalytische Abschnitt, den, obwohl er einen integralen, unverzichtbaren Bestandteil des von Demos verfolgten Gedankengangs bildet, die Rezensenten entweder irritierend oder unangebracht fanden.[18] Kurz, die Psychohistorie ist überall, aber hauptsächlich als Zielscheibe der Kritik. Allgemein bekannt ist sie ohne Zweifel nicht zuletzt wegen der fatalen Folgen, die ihre über weite Strecken noch unzulängliche Arbeit zeitigt: wegen ihres Hangs zum Reduktionismus, ihrer oftmals barbarischen

---

17 Clark, *The Critical Historian* (1967), S. 21.
18 So nennt etwa Alan Macfarlane das Buch in seiner Rezension (*Times Literary Supplement* vom 13. Mai 1983, S. 493) »interessant, anregend und lesenswert«, zweifelt aber daran, daß »es tatsächlich hilfreich ist, wenn Demos von Affekten und Abwehrmechanismen, von Analität und Oralität, von Narzißmus und Projektion spricht. Das führt nur weg von den Individuen und dem Zusammenhang, in dem sie leben, und geradewegs hinein in dunkle, letztlich unergiebige abstrakte Spekulation«. Für mich ist selbstverständlich genau das Gegenteil wahr: Projektion und Abwehrmechanismen und alles, was sonst noch zum psychoanalytischen Rüstzeug gehört, führen – sofern man gewissenhaft und behutsam damit umgeht – weg von dunkler bzw. abstrakter Spekulation und mitten hinein in die psychische Dynamik.

Sprache, ihres bedenkenlosen Umgangs mit dem Quellenmaterial. Wer das, was als Freudsche Geschichtsschreibung gilt, kritisieren will, kann im bisher Geschriebenen reichlich Belege finden. Doch ganz unabhängig von ihrer Leistungsfähigkeit oder ihren Möglichkeiten ist die Psychoanalyse im Kreis der Historiker nach wie vor fremd und wie ein exotischer und vermeintlich ansteckender Neuankömmling von Mißtrauen umgeben. Nur die äußersten Verteidigungsstellungen der Historiker hat sie durchbrochen; das pausenlose Trommelfeuer der Gegenangriffe ist daher eher ein Symptom als eine zwingend erforderliche Reaktion. Die Invasion der Freudianer konnte in Grenzen gehalten werden.

Daß psychoanalytisches Vokabular heutzutage zur gängigen Münze geworden ist, und zwar selbst bei Historikern, für die die Entdeckung, daß sie bei Freud auch nur die geringste Anleihe gemacht haben, ein richtiger Schock wäre, setzt mein Urteil nicht außer Kraft. Denn die Währung ist nur von minderem Wert. Wörter wie *Konflikt* oder *Projektion* oder *Verdrängung*, ja sogar *Ambivalenz*, also die vom technischen Vokabular am weitesten entfernten psychoanalytischen Termini, sind bereits zu Gemeinplätzen geworden. Ineins damit wurden die radikalen Erkenntnisse und die scharf umgrenzten Bedeutungen, die in ihnen stecken, abgeschwächt oder bereitwillig vergessen. Keith Thomas hat Recht mit seiner Feststellung, daß psychoanalytische Begriffe »Teil des normalen gebildeten Diskurses geworden sind« und daß Freuds Ideen, »wenngleich oft bis zur Unkenntlichkeit vulgarisiert, ins kollektive Unbewußte eingegangen und zum integralen Bestandteil dessen geworden sind, was die meisten von uns als ›gesunden Menschenverstand‹ betrachten«. Selbst ein Historiker wie Richard Cobb, der gegen alle möglichen Theorien zu Felde zieht, kann von Robespierres »Todestrieb« sprechen, ohne sich zu einer Begriffserklärung genötigt zu sehen; und auch G.R. Elton spricht ganz neutral von den »unbewußten« Zweifeln, Einstellungen und Prämissen der Historiker.[19] Gewiß entdeckte Freud psychologische Kategorien wie Todestrieb oder dynamisches Unbewußtes nicht als erster und konnte auch kein Monopol auf sie geltend machen, aber die Tatsache, daß Historiker wie Cobb und Elton diese Termini so nebenbei und ohne jede Rechtfertigungsabsicht verwenden, zeigt doch, wie fest sie zu jener Freudschen Welt gehören, in der wir heute alle, mehr oder weniger widerwillig, leben.

Diese Eroberung des gebildeten Diskurses war für die Psychoanalyse ein denkbar problematischer Erfolg. Freuds Stellenwert im ausgehenden 20. Jahrhundert erinnert – ohne daß er mit ihr gleichzusetzen wäre – ein wenig an Newtons Stellung Mitte des 18. Jahrhunderts. Damals beklagte d'Alembert, der wohl prominenteste französische Newtonschüler, wie borniert seine Vorgänger und wie undankbar seine Zeitgenossen gegenüber dem größten Naturwissenschaftler aller Zeiten seien. Als Newton, so schrieb er, in seinen *Principia* erstmals die Naturgesetze der Erdanziehung aufstellte, hatten französische Gelehrte ihn verspottet und ihm vorgehalten, er kehre zu überlebten, mittelalterlichen okkulten Kräften zurück; ein halbes Jahrhundert später, als sie Newtons Gesetze in ihre wissenschaftliche Arbeit integriert hatten, hielten die meisten von ihnen sie für so selbstverständlich und althergebracht, daß sie nun dazu neigten, Newtons Originalität in Abrede zu stellen. Natürlich war Newton besser dran als Freud: seine frappierenden Entdeckungen konnten partout nicht verwässert werden. Wer sie akzeptierte, mußte sie in ihrem ganzen Umfang annehmen. Die Aufnahme – oder besser Ausbreitung – der Psychoanalyse war weit weniger kompromißlos. Freud prophezeite einmal, die Amerikaner würden die Psychoanalyse übernehmen und sie zugrunderichten. Keine der

---

19 Thomas, persönliche Mitteilung vom 31. März 1984; Cobb, *Reactions to the French Revolution* (1972), S. 6; Elton, *Practice of History*, S. 81, 88, 58. Der amerikanische Renaissance-Historiker William J. Bouwsma bestritt zwar einmal, daß sein einfühlsamer und markanter Aufsatz über »Anxiety and the Formation of Early Modern Culture« (in: Barbara C. Malament, Hrs., *After the Reformation: Essays in Honor of J.H. Hexter* [1980], S. 215-46) unter dem direkten Einfluß der Psychoanalyse steht, fügte dann aber hinzu: »Freud gehört heutzutage so selbstverständlich zu unserer Allgemeinbildung ..., daß er in meinem Hinterkopf immer präsent war.« Persönliche Mitteilung vom 30. April 1984.

beiden finsteren Vorhersagen ist ganz und gar eingetroffen. Aber sein Hinweis bleibt eine Warnung. Freud hat uns zwar alle, und nicht nur die Historiker, gezwungen, in seiner Welt zu leben, die Psyche und ihre Leistungen von einem neuen Blickpunkt aus zu betrachten, Entdeckungen über uns selbst zu machen, von denen wir sonst nichts wüßten, – doch der Preis, den er dafür zahlen mußte, war Schweigen, Feindseligkeit und Mißbrauch. Vieles spricht dafür, daß der letztere am meisten Schaden angerichtet hat.

2 Mißbrauch mit Freud

Daß die Psychoanalyse die Phantasie der Historiker nicht für sich hat gewinnen können, bezeugt schon die Masse der ohne Mithilfe von – oder auch im Gegenzug zu – Freud geschriebenen historischen Literatur; in dramatischer, und zwar etwas paradoxer Form präsentieren es die Werke von Historikern (unter ihnen prominente und ausgezeichnete Meister ihres Fachs), die allem Anschein nach etwas von der Freudschen Lehre verstehen, manches von ihr nach eigenem Bekunden relevant finden, sie aber planmäßig für ihre eigenen Zwecke umgeformt haben. Man nehme zum Beispiel Randolph Trumbachs vielbeachtete, interessante Arbeit über Verwandtschafts- und Familienbeziehungen im englischen Adel des 18. Jahrhunderts. Da Trumbach fest entschlossen war, noch privateste Unterlagen zu interpretieren, mußte er der Frage nachgehen, auf welche Psychologie er sich dabei stützen sollte, und er entschied: »Wann immer ich merkte, daß ich eine psychologische Theorie brauche, habe ich das Freudsche bzw. psychoanalytische Modell bewußt gemieden.« Freud, so räumt er ein, liefert »manche nützliche Information über die Geschichte der frühen Kindheit, aber«, fügt er hinzu, »grundsätzlich wäre es ein Fehler, unser Gefährt an einen sinkenden Stern anzukoppeln«. Ganz »besonders untauglich« findet Trumbach die Freudsche Theorie für das Studium der Kindererziehung, »legt sie doch gegenüber Kindern eine so abgrundtiefe Überheblichkeit an den Tag«. Für Freud, so seine

Schlußfolgerung, ist Kindheit »von Natur aus eine Krankheit«. Den Vorzug gibt Trumbach daher John Bowlbys »Theorie der Bindung«, die ihm zufolge von der Objektbeziehungstheorie herkommt und für Freuds Vorstellung, daß die innige Beziehung zu anderen Menschen »sekundär aus der Befriedigung oraler, analer und sexueller Triebregungen folgt«, keinerlei Verwendung hat. Mehr noch, Bowlby »geht nirgendwo davon aus, daß die Störung des Erwachsenenlebens nur eine frühere Stufe spiegelt«. Schließlich hätten Bowlbys Gedanken für den Historiker auch noch »gewisse praktische Vorzüge«. Freud »richtet sein Interesse auf Triebkräfte, die im Innern angesiedelt sind und sich der Beobachtung entziehen«; Bowlby hingegen »beobachtet das äußerliche Verhalten, und genau das findet der Historiker in seinen Quellen dargestellt«. Keine Frage: »Primär bei Freud ist die Physiologie, primär bei Bowlby das soziale Verhalten«, und »der Historiker ist doch schließlich Soziologe und nicht Biologe«.[20]

All das ist offen gesagt schierer Unsinn. Einmal abgesehen von Trumbachs bloß rhetorischer und von redlichem Argumentieren meilenweit entfernter Randbemerkung, für Freud sei Kindheit eine Krankheit, war Freud den jungen Menschen gegenüber alles andere als überheblich, hat er doch ihr facettenreiches, aufwühlendes und oftmals schmerzliches Innenleben allererst entdeckt und gewürdigt. Mehr als jeder andere bisherige Psychologe lieferte er die wissenschaftlichen Belege für Wordsworth' poetisch zugespitzten Ausspruch, das Kind sei der Vater des Mannes. Und außerdem: Wer Freud als bloßen Physiologen behandelt, übersieht, daß er sein ganzes Leben hindurch darum rang, psychologische Erklärungen für psychische Vorgänge zu finden; wer behauptet, Freuds Interesse habe den der Beobachtung nicht zugänglichen Triebregungen gegolten, ohne hinzuzufügen, daß er jahrelang versuchte, sie der Beobachtung zu erschließen, benutzt eine wahre Aussage zum Zweck der Entstellung.

---

20 Trumbach, *The Rise of the Egalitarian Family: Aristocratic Kinship and Domestic Relations in Eighteenth-Century England* (1978), S. 9-10.

Was Trumbach zu Bowlby sagt, ist nicht besser als seine Bemerkungen über Freud. Mit Gewalt reißt er Bowlby aus dem Zusammenhang des psychoanalytischen Denkens, in dem er steht, heraus und betrachtet ihn im Grunde als Behavioristen. Dabei hat niemand seine Übereinstimmung mit und seine Abweichung von der orthodoxen Freudschen Theorie präziser definiert als John Bowlby selbst: Seine Ablehnung gilt vor allem dem Freudschen Modell der psychischen Energie und seiner Triebtheorie; doch immer wieder betont er in seiner vielbändigen Studie über den Verlust der Mutterfigur, daß »das Bezugssystem meiner Wahl während dieser Untersuchung durchweg das der Psychoanalyse (war)«[21]. Tatsächlich ist der Freudsche Bezugsrahmen in jedem Kapitel seines Werks mit Händen zu greifen. Außerdem geht Bowlby ganz explizit davon aus, daß sich in der Störung des Erwachsenenlebens frühere Verhältnisse spiegeln.[22] Schlimm genug, wenn man auf Freud mit einem Prügel einschlägt, der aus mißverstandenen Stücken seiner eigenen Schriften besteht; schlimmer vielleicht noch, wenn man den Prügel aus den Schriften derjenigen macht, die ungeachtet ihrer eigenen »unorthodoxen« Ideen unermüdlich, offen und prägnant darauf hinweisen, wieviel sie Sigmund Freud verdanken.

Solche Fehler haben Konsequenzen. Sie mögen den Historiker vor den lästigen Lehrsätzen der Psychoanalyse schützen, aber sie

---

21 Bowlby, *Attachment* (1969; 2. Aufl. 1982); dtsch.: *Bindung. Eine Analyse der Mutter-Kind-Beziehung* (1975), S. 13.

22 Überall in seinem vierbändigen Werk *Attachment and Loss - Attachment (Bindung)* ist der erste Band - führt Bowlby diesen Gedanken aus, und nach zwanzig Jahren intensiver Arbeit schreibt er über sein Lebenswerk: »Der Kern meiner These ist folgender: Es besteht eine enge kausale Beziehung zwischen den Erfahrungen eines Individuums mit seinen Eltern und seiner späteren Fähigkeit, affektive Bindungen zu entwickeln.« (»The Making and Breaking of Affectional Bonds« [1976-77], in: *The Making and Breaking of Affectional Bonds* [1979]; dtsch.: »Das Aufnehmen und Lösen von affektiven Bindungen«, in: *Das Glück und die Trauer. Herstellung und Lösung affektiver Bindungen* [1982], S. 167) Zu diesem »Kern meiner These« vgl. auch, im selben Band, »Effects on Behaviour of Disruption of an Affectional Bond« (1967-68; dtsch.: »Die Auswirkungen des Abbruchs einer affektiven Bindung auf das Verhalten«) und »Separation and Loss Within the Family« (1968-70; dtsch.: »Trennung und Verlust innerhalb der Familie«).

schützen ihn nicht gegen die von schlampiger Arbeit herausgeforderte Kritik. Freud und seine Ideen sind zum Gemeingut der modernen Geistesgeschichte geworden; der Historiker, der sich Freiheiten mit ihnen erlaubt, provoziert unbequeme Fragen nach seiner sonstigen Fähigkeit, etwas richtig zu verstehen. Wenn der Leser in Donald M. Lowes Geschichte der bürgerlichen Wahrnehmung liest, daß »Freud darauf hinweist, im Innern der Person gebe es außer dem Es nichts Unbewußtes«, so muß er sich angesichts dieses platten, von keinem Zweifel getrübten Irrtums – unbewußt sind Freud zufolge ja auch das Ich zu einem großen, das Über-Ich zum allergrößten Teil – fragen, ob Lowe der Behandlung eines so anspruchsvollen Themas wirklich gewachsen ist.[23]

Bisweilen wird mit Freud ganz offen, fast bewußt, so willkürlich umgesprungen. Von den schlagendsten Beispielen in der modernen Literatur gibt eines wohl am meisten her: nämlich Lawrence Stones Monumentalwerk über das englische Familienleben vom 16. bis zum 19. Jahrhundert. Das Buch ist besonders einschlägig, weil Stone als geachteter und einflußreicher Sozialhistoriker auf einem Gebiet arbeitet, auf dem die Psychoanalyse durchaus – wenn denn überhaupt irgendwo in der historischen Literatur – einen Platz beanspruchen könnte. Noch instruktiver wird es dadurch, daß es nicht nur die historische Methode, sondern zugleich Sozial- und Kulturgeschichte behandelt und damit recht eigentlich in die Welt der praktischen Forschung gehört, in der Historiker sich besonders zu Hause fühlen.

Da Stone sich mit Sexualverhalten, Vaterautorität und Kindererziehung befaßt, kommt er natürlich um Freud nicht herum. Hier

---

23 Lowe, *History of Bourgeois Perception* (1982), S. 25. Wie bei anderen Historikern sind auch bei Lowe die Termini »unbewußt« und »unterbewußt« austauschbar (S. 14). Wenn ein Historiker etwas über Freuds Gedanken zum »Unterbewußten« sagt, offenbart er mit dieser scheinbar zufälligen Fehlleistung in aller Regel nur, daß er Freuds psychoanalytische Schriften, in denen eben dieser Terminus nur früh und äußerst selten auftaucht, nicht begriffen, ja vielleicht nicht einmal angeschaut hat. Dort, wo Freud das Wort tatsächlich benutzt hat, ist es kein Synonym für »unbewußt«.

und da übernimmt er für seine Argumentation denn auch Aussagen der Psychoanalyse. Bei der Betrachtung der späten Eheschließungen und der niedrigen Zahl nicht-ehelicher Kinder im England des 16. Jahrhunderts schreibt Stone etwas zögerlich, man könne, »wenn man der Freudschen Theorie folgt«, sagen, daß diese Phänomene »womöglich zu jenen Neurosen führten, wie sie damals so regelmäßig den universitären Frieden von Oxford und Cambridge störten; vielleicht wären sie sogar eine Zusatzerklärung für das hohe Maß an kollektiver Aggression, das hinter der ungeheuren expansionistischen Gewalt der damaligen Staaten des Westens steckte«. Macht er Freud hier für die Sozialpsychologie nutzbar, so zieht er ihn auf den Seiten über James Boswell für die Psychobiographie heran. Indem er die Boswell-Quellen zu einer ebenso rührenden wie anrüchigen Anthologie seiner sexuellen Seitensprünge zusammenstellt und auflistet, wie oft Boswell durch den Tripper außer Gefecht gesetzt war, versucht er mit ehrlicher Anstrengung, ein diagnostisches Profil zustandezubringen. Der arme Boswell entpuppt sich als narzißtisch und melancholisch, als jemand, der sich mit »erblich bedingter manischer Depression« und erworbenen Schuldgefühlen herumplagt und sich dreizehn Jahre lang, nämlich im Alter zwischen 16 und 29, durch Glücksspiel und Trunksucht im Netz »einer komplizierten Identitätskrise« verfängt.[24]

Man könnte meinen, ein Historiker, der so ausgiebig – wenn auch lax – mit Fachwörtern hantiert, tue es aus Dankbarkeit gegenüber Freud. Aber nichts dergleichen. Für die Psychoanalyse hat Stone nur Verachtung übrig. In seiner Einleitung nennt er vier zum Teil falsch oder verquer aus den Sozialwissenschaften übernommene Theorien, die »die ernsthafte historische Forschung in Sachen Familie verhindert« haben. Zwei von ihnen, der Funktionalismus à la Parsons und die Extrapolation aus der Biologie, brauchen uns hier nicht zu interessieren. Die beiden anderen aber sind – zumindest in Stones Augen – eindeutig psychoanalytische Theorien. Eine von ihnen ist »die Freudsche These, daß die oralen, analen und sexuel-

---

24 Stone, *The Family, Sex and Marriage in England, 1500-1800* (1977), S. 52-53, 572-99.

len Erfahrungen des Säuglings- und frühesten Kindesalters eine entscheidende Rolle bei der Bildung des Charakters spielen und daß dieser, sobald er sich einmal gefestigt hat, nur unter größten Schwierigkeiten verändert werden kann«. Und diese These, so Stone, »blockierte das Studium der Persönlichkeitsentfaltung, wie sie sich das ganze Leben hindurch unter dem kontinuierlichen Einfluß von Kultur, Familie und Gesellschaft vollzieht«.[25]

Die zweite Freudsche These, die die ernsthafte historische Forschung zur Familie verhindert, lautet Stone zufolge, daß »die Sexualität – das Es – der mächtigste aller Triebe und zu allen Zeiten gleich ist. (...) Der von Freud beschriebene, endlos wiederholte dramatische Konflikt zwischen Es, Ich und Über-Ich steht außerhalb der Geschichte und wird durch sie nicht tangiert.« Nach Stones Überzeugung sind solche unhistorischen Begriffe leicht ad absurdum zu führen: »In Wirklichkeit jedoch ist der Sexualtrieb gar nicht einheitlich«, hängt er doch entscheidend ab von »ausreichender Eiweißernährung und dem Maß an physischer Erschöpfung und psychischem Streß. Auch von einer Person zur anderen unterliegt er gewaltigen Schwankungen.« Darüber hinaus »hat, wie wir wissen, das Über-Ich diesem Trieb – je nach dem, was die kulturellen und zumal religiösen Konventionen vorschrieben – mal Fesseln angelegt und mal mehr Freiheit gelassen«.[26]

Eine ärgerliche Fehlinterpretation. Natürlich hat Freud – das ist eine Binsenwahrheit – Charakterzüge und Neurosen des Erwachsenen auf die Frühstadien der geistig-seelischen Entwicklung und die Gefühlskonstellationen der Kindheit zurückbezogen. Trotz allem, was sich schon bei früheren Forschern in unsystematischer Weise ankündigt, kann die frühkindliche Sexualität ja als entscheidende Entdeckung der psychoanalytischen Psychologie gelten. Aber Freud wollte mit der Hervorhebung des frühen Erlebens weder die biologische Konstitution noch die Erfahrungen des Erwachsenen außer Kurs setzen. Das hat er ausdrücklich und immer wie-

---

25 Ibid., S. 15.
26 Ibid., S. 15-16.

der gesagt. Konstitutionelle und akzidentelle Faktoren, *daimon* und *tyche*, so betont er und meint dabei mit »Tyche« die Welt des Erwachsenen kaum weniger als die Welt des Kindes, »bestimmen das Schicksal eines Menschen«.[27] Freud vollzog einen ständigen Balanceakt: Seiner Überzeugung nach überschätzten die damals tonangebenden psychologischen und anthropologischen Theorien die Prägung des Menschen durch seine angeborenen, konstitutionellen Erbanlagen, und im Gegenzug zu solchen Modevorstellungen ging er den auf das Kind einwirkenden Umwelteinflüssen nach. Aus demselben Grund zog er diese frühesten Einflüsse auch zur Erklärung der von ihm zu Recht für allgemein verbreitet gehaltenen Obsession durch die Traumata des Jugendlichen- und Erwachsenenalters heran. Seine biologische Orientierung gab er zwar nie auf: die zentrale Stellung der Grundtriebe – Sexualität und Aggression – belegt das zur Genüge. Doch in der Auseinandersetzung mit den dogmatischen Theorien über unveränderliche »rassische« Merkmale oder vorprogrammierte Störungen der Adoleszenz rekurrierte er nicht mehr auf die Natur, sondern auf die Erziehung.

Dies bedeutete – um es noch einmal zu sagen – nicht, daß er die infantile Sexualentwicklung als Zwangsjacke betrachtete, aus der sich der Erwachsene, wenn überhaupt, nur durch eine lange, zweifellos mühselige Psychoanalyse befreien kann. Schon 1905 beschrieb er in seinen epochemachenden *Drei Abhandlungen zur Sexualtheorie* die einschneidenden Veränderungen des Sexuallebens in der Pubertät: Während, so Freud damals, die den Sexualakt begleitende Vorlust ein Werk der infantilen Sexualstrebungen darstellt, ist »die Endlust neu, also wahrscheinlich an Bedingungen geknüpft, die erst mit der Pubertät eingetreten sind«. Niemals bezweifelte er, stets hielt er daran fest, daß psychische Leistungen des Ich oder des Über-Ich wie etwa rationale Rechenoperationen oder Gewissensbisse unter dem kontinuierlichen Druck der von ihm kurz und bündig so genannten »realen Rücksichten« zustandekommen.

---

27 Freud, »Zur Dynamik der Übertragung« (1912), in: *Gesammelte Werke Bd. VIII* (1969), S. 364 Anm.

Selbst die Verdrängung des Ödipuskomplexes, dieses privatesten aller Kämpfe, erfolgt nach seinen eigenen Worten »unter dem Einfluß von Autorität, Religionslehre, Unterricht, Lektüre«.[28] Das Kind kann sich im Zuge seiner Entwicklung an die Umwelt anpassen. Statt das »Studium der Persönlichkeitsentfaltung« zu behindern, gaben Freuds Vorstellungen ihm damals vielmehr gewaltigen Anstoß. Für den Erwachsenen halten sie nicht bloß die notwendige psychische Vorgeschichte, sondern auch den erforderlichen psychischen Spielraum bereit.[29] Nirgendwo spricht Stone davon, daß die Psychoanalyse eine dynamische Entwicklungspsychologie ist.

Nicht weniger falsch interpretiert Stone Freuds theoretische Äußerungen zu den Sexualtrieben. Das bei ihm im engeren umgangssprachlichen Sinn benutzte Wort »Sex« bzw. »Sexualität« ist nicht gleichbedeutend mit der zu Beginn weit gefächerten sexuellen Energie, die Freud unter dem Namen Libido zusammenfaßte. Die Libido wiederum ist in ihrem allgemeinen psychoanalytischen Sinn nicht, wie Stone offenbar meint, identisch mit dem Es; als früheste psychische Organisation des Kleinkinds beherbergt das Es sämtliche Triebe, ganze Triebklassen, die sich für Freud – im Gegensatz zu Stone – als ebenso mächtig erweisen wie die Sexualität. Nie war Freud ein Pansexualist. Außerdem hielt er die häufigen unauflösbaren Konflikte zwischen den Trieben oder zwischen Trie-

---

28 Freud, *Drei Abhandlungen zur Sexualtheorie* (1905), *GW V*, S. 112; ders., »Aus der Geschichte einer infantilen Neurose« (1918), *GW XII*, S. 104; ders., *Das Ich und das Es* (1923), *GW XIII*, S. 263.

29 Vgl. meinen Aufsatz »Freud and Freedom«, in: Alan Ryan (Hrs.), *The Idea of Freedom: Essays in Honour of Isaiah Berlin* (1979). In einem Vortrag zum Gedenken an Freuds Geburtsjahr 1856 hat John Bowlby gesagt: »Vielleicht zeigt sich der Einfluß des Freudschen Werks auf keinem Gebiet des zeitgenössischen Denkens so deutlich wie in der Kindererziehung. Zwar gab es immer schon Menschen, die wußten, daß das Kind der Vater des Mannes ist und Mutterliebe dem heranwachsenden Kleinkind etwas Unersetzliches mitgibt, doch erst seit Freud sind diese uralten Wahrheiten zum Gegenstand wissenschaftlicher Forschung geworden«, und diesem Urteil kann ich mich nur anschließen. (»Psychoanalysis and Child Care« [1958], in: Bowlby, *Making and Breaking of Affectional Bonds*; dtsch.: »Psychoanalyse und Kindererziehung«, in: *Das Glück und die Trauer*, S. 13-15)

ben und Abwehr für keineswegs einseitig; mitnichten steht ihr Ausgang von vornherein fest. Gerade dies macht ja das große Freudsche Psychodrama der Kultur so spannend, so faszinierend und so ungewiß.

Nach Freuds Auffassung sind manche Triebe wie etwa der Hunger im Grunde weitaus drängender als der Sexualtrieb und fordern weit schnellere, weit unmittelbarere Befriedigung als die erotischen Bedürfnisse. Nur ist der Sexualtrieb, aus Gründen, die er meinte aufklären zu können, von allen, die sich mit dem Seelenleben befaßt haben, am meisten vernachlässigt worden. Stone hat denn auch seine Probleme mit Freuds Definition der Sexualität; wie wir sahen, spricht er von »oralen, analen und sexuellen Erfahrungen«, wobei er aus Versehen »phallisch« bzw. »genital« mit »sexuell« gleichsetzt, ganz als hätte Freud in sein Entwicklungsschema niemals die prägenitale Sexualität fest eingebaut. Schließlich ist Boswells Narzißmus, von dem Stone so viel Aufhebens macht, eine Störung, die ihren Ursprung in einer sehr frühen, unübersehbar prägenitalen Phase der Sexualentwicklung hat.

Diese Punkte sammele ich nicht, um Punkte zu sammeln. Hätte Stone Recht mit seiner These, daß Freud von einem bei allen Menschen, in allen Klassen und zu allen Zeiten gleichen Sexualtrieb ausgeht, dann hätten psychoanalytische Theorien für den Historiker keinerlei Bedeutung; jeder Versuch herauszufinden, was Freud eigentlich für die Historikerzunft leisten könnte, wäre schlicht und einfach witzlos. Aber Stone irrt. Als Therapeut, der in seiner psychoanalytischen Praxis eine Vielzahl unterschiedlichster Patienten – Männer und Frauen, Russen und Amerikaner, Prinzessinnen und Hausfrauen – behandelte, braucht Freud nicht darüber belehrt zu werden, daß der Sexualtrieb von Mensch zu Mensch erheblich variiert. Seine klassischen Fallgeschichten, geschrieben in der Absicht, das Repertoire der Neurosen einzustudieren, belegen, daß er den Variationsreichtum des Sexualtriebs und -verhaltens erkannt, ja sogar sein Loblied gesungen hat.

Dieses feine Gespür für den Variationsreichtum menschlichen Verhaltens prägt auch Freuds Umgang mit dem Arsenal der psychischen Abwehrmaßnahmen, die der Mensch ergreift, um übermächtige Triebwünsche oder unerträgliche Ängste in Schach zu halten: Im System der Psychoanalyse sind Abwehrmechanismen flexibel, plastisch, also das Gegenteil von konstant. Freud war kein Historiker, aber er wußte, daß das Seelenleben, auch das unbewußte Seelenleben der Menschen sich im Laufe der Zeit verändert und je nach sozialer Klasse variiert.[30] Freuds sämtliche Schriften, und zwar die methodologischen Abhandlungen nicht minder als die Fallgeschichten, sind geprägt von jenem Interesse an Individualität, das den echten Historiker auszeichnet. »Die Verdrängung«, schreibt er, »arbeitet also *höchst individuell.*« Genauso arbeiten die übrigen Abwehrmechanismen – und die von ihnen abgewehrten Triebe. So arbeitet auch die Ambivalenz, die den Kern so vieler psychischer Vorgänge bildet: »Das Ausmaß der nachweisbaren Ambivalenz wechselt erfahrungsgemäß in hohem Grade bei Individuen, Menschengruppen oder Rassen.« Lediglich nach der Seite jener allgemeinen Konstitution, die wir Natur des Menschen nennen, ist die Entwicklung des einzelnen allen übrigen vergleichbar. Bei aller unvermeidlichen Artverwandtschaft mit seinesgleichen aber bleibt jedes Individuum nach Freuds Darstellung doch eben dies: individuell, einzigartig, unwiederholbar und dergestalt, auf seine je besondere Weise, interessant. Freud hatte es auf die Entdeckung allgemeiner psychischer Determinanten abgesehen; als ein Vertreter der Wissenschaft vom Seelenleben konnte er gar nicht anders. Aber – so merkt er in *Das Unbehagen in der Kultur* warnend an – jedes allgemeine Urteil bringt den Forscher »in Gefahr, an die Buntheit der Menschenwelt und ihres seelischen Lebens zu vergessen«.[31] Besser hätte es ein Historiker auch nicht sagen können.

Wenn Lawrence Stone in *Family, Sex and Marriage in England* derart mit den psychoanalytischen Ideen umspringt, so ist das kein überraschender, untypischer Ausbruch eines antifreudschen Af-

---

30 Siehe unten Kapitel 5.
31 Freud, »Die Verdrängung« (1915), *GW X*, S. 252; ders., »Triebe und Triebschicksale«, *GW X*, S. 224; ders., *Das Unbehagen in der Kultur, GW XIV*, S. 421.

fekts. In einer Artikelsammlung, die seine Rezensionen aus fast zwei Jahrzehnten umfaßt, erneuert er seinen Angriff: »Von den historischen Quellen her gibt es kein Argument gegen Freuds Theorie, daß auf den verschiedenen Stufen der infantilen Entwicklung jeweils andere erogene Zonen zum Zentrum der sexuellen Erregung werden«; die Quellen sprechen auch nicht gegen »die Bedeutung der Sublimation oder des nach seiner ureigensten verborgenen Dynamik arbeitenden Unbewußten«. Solche Sätze lesen sich wie der ernsthafte, ehrliche Versuch einer Annäherung zwischen Geschichtswissenschaft und Psychoanalyse. Doch alles, was er konzediert, schwächt Stone sogleich wieder ab, ja nimmt es fast vollständig zurück. Nach Stones Überzeugung ist Freud unhistorisch. Vertritt er doch die These, daß vier Traumata – die Entwöhnung von der Mutterbrust, die Sauberkeitserziehung, die Masturbation und der Generationenkonflikt in der Kindheit – für alle Menschen seit Urzeiten zentrale Bedeutung haben. Nach diesen Traumata suchte er, fand sie »bei seinen Patienten vor und schloß daraus auf ihre Universalität«. In Wirklichkeit aber sind sie »abhängig von besonderen Erfahrungen, wie sie nicht etwa für die meisten Menschen in den meisten historischen Epochen, sondern speziell für die Kultur der großstädtischen Mittelschichten im spätviktorianischen Europa gelten«. Daher sind sie, diese Freudschen Traumata, »untauglich für die Geschichte«.[32] Der Drang, Freud über etwas zu belehren, was er längst weiß, scheint kaum bezähmbar zu sein.

Als Stones Buch über die englische Familie 1977 erschien, zog es im Nu Widerspruch auf sich, aber mir ist keine Rezension bekannt, die seine Methode von diesem speziellen Blickpunkt aus kritisieren möchte. Nicht einmal Alan Macfarlane, dessen umfangreiche, 30 Seiten lange Rezension einem wahren Dauerbeschuß glich, nutzte den ihm reichlich zur Verfügung stehenden Platz, um etwas zu Stones Umgang mit Freud zu sagen. Ein Blick auf Macfarlanes eigene, ebenso spannende wie minutiöse Studie über die Außen- und In-

---

32 Stone, »Children and the Family« (1966), überarbeitet in: ders., *The Past and the Present* (1981), S. 216-17. Siehe unten S. 94.

nenwelt eines englischen Geistlichen im 17. Jahrhundert zeigt, daß diese flagrante Unterlassung ihren Grund darin haben muß, daß er in Sachen Freud einfach aufgeschmissen ist. Bei dem Versuch, die »Seelenwelt« seines Helden zu analysieren, will Macfarlane auch den Sinn der von Reverend Ralph Josselin gewissenhaft in sein Tagebuch notierten Träume herausfinden. Träume, so schreibt er einigermaßen beherzt, »weisen auf das hin, was die Seele beschäftigt, und so liegt es nahe, sie zu erörtern.« Doch welcher Traumtheorie soll er folgen? In dieser Frage ist Macfarlane Agnostiker. »Aus der neueren Traumforschung läßt sich schließen, daß Träume nicht, wie Freud meinte, Symptome unterbewußter Ängste oder unterschwelliger Wünsche sind, sondern eher so etwas wie ein computerähnliches ›Sichten‹ der seelischen Vorgänge mit dem Ziel, die überflüssigen auszusortieren.«[33] Nur allzu wahr ist, daß Psychologen in den vergangenen Jahren diese oder jene Alternative zu Freuds Traumtheorie vorgelegt haben, in jedem Punkt falsch ist jedoch Macfarlanes Darstellung dieser Theorie selbst. Freud zufolge sind Träume weder Symptome (sondern psychische Arbeit zum Zweck der Schlafverlängerung) noch Ausdruck von Ängsten, denn selbst Angstträume folgen der Freudschen Grundregel, nach der der Traum die Verdichtung, das verkleidete und entstellte Konzentrat, von Triebwünschen und jüngsten Erlebnissen bildet. Mit Sublimierung hat er im übrigen nichts zu tun. Es liegt auf der Hand, daß Macfarlane, statt es mit Freud versucht und ihn für untauglich befunden zu haben, ihn vielmehr verführerisch fand und beschloß, ihm aus dem Weg zu gehen.

Alle diese Beispiele – ich könnte noch viele davon aufzählen – ergeben zusammen ein einziges großes Nein. Ein methodisches Hilfsmittel zu verwerfen, das kennenzulernen man keine Gelegenheit hatte, ist eine Sache. Eine ganz andere, es zu verwerfen, nachdem man es völlig verbogen hat. Diese Historiker machen es sich allzu leicht; erst legen sie Freud Unsinn in den Mund, dann können

---

33 Macfarlane, *The Family Life of Ralph Josselin: A Seventeenth Century Clergyman* (1970), S. 183 Anm. Man beachte erneut das allgegenwärtige »unterbewußt«.

sie mir nichts, dir nichts beweisen, daß Freud Unsinn erzählt. Nichts liegt mir ferner, als von jeder Historie zu verlangen, sie müsse psychoanalytisch fundiert sein. Geschichte wird von vielen geschrieben, kollektiv, häufig in der Auseinandersetzung, aber auch oft in Zusammenarbeit. Ein einziger Blick auf ein Bücherregal mit historischen Werken zeigt die reiche Auswahl an Themen und Betrachtungsweisen. Und es gehört eine ordentliche Portion Impertinenz, wenn nicht gar Schwachsinn dazu, den von uns allen verehrten Historikern – wie etwa Elie Halévy, Marc Bloch und einigen anderen – zu unterstellen, sie wären irgendwie bessere Meister ihres Fachs geworden, wenn sie das Glück gehabt hätten, eine Analyse oder analytische Ausbildung zu absolvieren.

Die Fähigkeit eines kompetenten Historikers, ohne eigene Psychoanalyse Ambiguität und Komplexität historischer Situationen oder die geheimnisvollen, miteinander verquickten Beweggründe historischer Akteure zu begreifen, will ich denn auch weder bestreiten noch herabmindern. Sein Werk hat seine eigene Ausstrahlung; seine Schriften haben Bestand als Modelle, denen man nacheifern kann, und nicht als Leistungen, die man protegieren muß. Die Einsichten eines solchen Historikers aber sind gleichsam intransitiv, also gebunden eher an das zufällige individuelle Talent als an die Dienste einer verläßlichen Psychologie. Und selbst der perfekteste Historiker zuckt irgendwann resigniert mit den Achseln, während er doch mit einer psychoanalytischen Orientierungskarte in der Hand weiterkommen könnte. Bei dem Versuch aufzuklären, warum Woodrow Wilson als Präsident der Princeton University so erbittert mit Dean West um die Princeton Graduate School gestritten hat, gibt sich der wohl sachkundigste Wilson-Forscher Arthur S. Link einfach geschlagen: »Seine charakterlichen Extravaganzen ... sind unergründlich.« Alexander und Juliette George hingegen, die diese Bemerkung in ihrer »Persönlichkeitsstudie« von Woodrow Wilson und Colonel House zitieren, gehen weiter: »Wird Wilsons fanatischer Kampf mit Dean West«, so ihre Frage, »nicht weniger unergründlich, wenn man in ihm jene aus der Kindheit stammende leidenschaftliche Suche nach Macht und Befreiung von Herrschaft sieht? Denkbar wäre dann, daß Wilson die Obstination, mit der West auf der Richtigkeit seines Standpunkts beharrte, als empörende Herausforderung seiner Autorität interpretierte; daß Wilson sich durch West irgendwie an seinen Vater erinnert fühlte; daß er Wests Initiativen als Versuch erlebte, ihn zu beherrschen, und sich dagegen mit all der Wut, die er früher gegenüber der Übermacht seines Vaters empfunden, aber nicht zu äußern gewagt hatte, zur Wehr setzte.«[34] Diese Sätze schlagen einen Bogen zurück zu den ersten Kapiteln ihrer Studie und beschwören noch einmal die ohnmächtige Wut des ödipalen Kindes, das – unter der Last der von dieser Wut provozierten Schuldgefühle – immer und immer wieder unbewußt die alten Kämpfe und unerledigten Traumata durchspielt. Hier und in späteren analytischen Passagen des Buches werden Wilsons Stimmungswechsel wirklich ergründet. Die Psychoanalyse – das kann ich gar nicht oft genug betonen – ist weder eine Wunderdroge noch eine Zauberformel; sie ist fundierte Forschungsarbeit und führt zu Antworten, die niemand für möglich gehalten, oder – was noch wichtiger ist – zu Fragen, die niemand zu stellen gewagt hätte.

3 Eine Arena für Amateure

Interessant, wenn auch etwas entmutigend, ist es zu sehen, wie wenig manche Historiker mit Freuds Hilfe zustande gebracht haben; ebenso interessant, allerdings erquicklicher, wie viel sie ohne ihn erreicht haben. Denn ich meine wie gesagt nicht, daß die Historiker vor der Zeit der Psychoanalyse bzw. ohne sie nicht etwa relevante oder weitreichende Fragen gestellt hätten. Doch mit Motivationszusammenhängen oder mit psychologischen Ursachen überhaupt sind sie oft auffallend flüchtig umgegangen. Ernsthafte psychologische Erklärungen kamen zunächst nur quasi als Notlösung zum

---

34 George und George, *Woodrow Wilson and Colonel House: A Personality Study* (1956; 1964), S. 43. Siehe auch Bibliographie, S. 227.

Zuge, wenn alle anderen sich als unbefriedigend erwiesen hatten. Elie Halévy zum Beispiel verwirft der Reihe nach mehrere naheliegende Erklärungen für den Sieg der britischen Seestreitmacht über Napoleon: bessere Konstruktion der britischen Schiffe, straffere Disziplin unter den britischen Seeleuten, zahlenmäßige Überlegenheit der britischen Flotte. Bei Trafalgar und den vorangegangenen siegreichen Seeschlachten war nämlich nichts davon ausschlaggebend. Vielmehr, so beschließt Halévy seine Aufzählung, verdankte Großbritannien seine Siege etwas so Ungreifbarem wie der Kampfmoral, und zwar ihr allein. In ihrem Heimatland genossen die Marineoffiziere und ihre Mannschaften »allgemeine Popularität«: »Sie verteidigen die Sicherheit aller und bedrohen niemandes Freiheit.« Trotz aller Unfähigkeit der Offiziere, trotz der Brutalität der Soldatenwerber (der sogenannten *press gangs*), trotz der erschreckend häufigen Meutereien »sind Admirale, Offiziere und Mannschaften in der Stunde der Schlacht ein Herz und eine Seele und stürzen sich auf die feindlichen Schiffe ›wie der Falke auf seine Beute‹. Wieso das? Was ist das Geheimnis ihrer Stärke? Daß das ganze Land hinter ihnen steht und sie es wissen.«[35] Damit macht Elie Halévy, der doch das 19. Jahrhundert in Großbritannien in und auswendig kennt, für ein handfestes materielles Resultat – den Sieg in einer Seeschlacht – zwei Gefühle und ihre Wechselwirkung verantwortlich: das Vertrauen auf seiten der britischen Bevölkerung und den Stolz auf seiten der Marine. Halévy hält sich nicht dabei auf, die Herkunft dieser Gefühle zu analysieren. Er stellt sie nur fest – und fährt in der Darstellung fort. Aber auf ihnen ruht seine Erklärung.

Zur öffentlichen Reaktion auf die Armut der französischen Bauern am Ende des 19. Jahrhunderts schreibt Eugen Weber: »Mit steigendem Lebensstandard nahm auch das Mitgefühl in der Öffentlichkeit zu. In einer Welt, in der Reichtum und Armut von einer vorherbestimmten und unveränderlichen Ordnung diktiert schie-

---

35 Halévy, *Histoire du peuple anglais au XIXe siècle*, Bd. I: *L'Angleterre en 1815* (1913; überarb. Aufl. 1973), S. 43, 61.

nen, war das Hauptproblem für die meisten das bloße Überleben, und ökonomische Ungerechtigkeit im modernen Sinne kam im kollektiven Bewußtsein gar nicht vor. Waren die Grundbedürfnisse erst einmal ansatzweise befriedigt, hatte man auch Muße, um weitergehende Ansprüche anzumelden: bessere Arbeitsbedingungen, bessere Lebensbedingungen überhaupt. Muße zumal, bis dahin ungeahnte Möglichkeiten ins Auge zu fassen, die durch das Leben in den Städten, durch Schulbildung und nicht zuletzt politische Parteien erstmals ins Blickfeld rückten.«[36] Auf den ersten Blick leuchten diese allgemeinen Aussagen unmittelbar ein. Doch die in Webers Darstellung implizierten psychologischen Prozesse sind keineswegs selbstverständlich. Allem Anschein nach geht Weber von einer bestimmten Energiemenge aus, die der Mensch nur dann in seine Phantasien investieren kann, wenn die Verhältnisse diese Energie frei verfügbar machen. Ein Leben in ununterbrochener Plackerei läßt in aller Regel weder Raum für realistischen Radikalismus noch für utopische Entwürfe. Die Träume von der Verbesserung der eigenen Lage entstehen nicht automatisch, aus dem Nichts. Sie erfordern einen Fundus an Optimismus, die Idee einer offenen oder zumindest offener werdenden Zukunft, außerdem eine sprachliche Konkretisierung, irgendeine Losung oder ein Programm, an die die Wunschphantasien sich heften können: Ohne dies alles ist ein durchgreifender Wandel zum Besseren gar nicht erst vorstellbar. Damit will ich nicht sagen, daß Weber Unrecht hat; im Gegenteil, er hat nach meiner Überzeugung weitgehend Recht. Das von Weber geschilderte Jahrhundert sah sich nämlich einer sprunghaft zunehmenden öffentlichen Bekundung von Schuldgefühlen gegenüber und entwickelte etwas, was wir seither als – sei's religiös, sei's säkular ausgeprägtes – soziales Gewissen kennen, als ein kulturelles Über-Ich, das sich in Kulturkritik, in soziologischer Forschung und Sozial- resp. Gesundheitsgesetzgebung äußert.[37]

---

36 Weber, *Peasants into Frenchmen: The Modernization of Rural France 1870-1914* (1976), S. 277.
37 Vgl. Peter Gay, »On the Bourgeoisie: A Psychological Interpretation«, in: John

Die von ihm beschriebene Mobilisierung der Hoffnung gehörte in einen größeren Zusammenhang, eine Mischung aus neuem Verantwortungsgefühl und begründeten Erwartungen. Ein psychoanalytisch geschärfter Blick auf diesen Zusammenhang hätte vermutlich nichts an Webers Schlußfolgerungen geändert, aber seine Einsichten wären präziser und seine Argumentation entsprechend differenzierter geworden. Die Mobilisierung der Hoffnung (wie ich sie nenne) spielte sich zu großen Teilen außerhalb des Bewußtseins ab.

Gewiß sind nicht alle Historiker völlig ohne Gespür für die Beweggründe und Gefühle der historischen Akteure; ihre Psychologisierungen zeigen mindestens hier und da Ansätze einer spontanen Analyse. Ein schlagendes Beispiel bietet das Buch von Malcolm I. Thomis über die Reaktionen auf die industrielle Revolution. Zu der unter den englischen Fabrikanten weit verbreiteten Überzeugung, daß die aus dem System der industriellen Produktion resultierenden Probleme mit paternalistischer Jovialität zu lösen seien, schreibt er: »Diese Idee – oder dieses Ideal – spukte eine ganze Weile in den Köpfen herum und versprach einen Ausweg aus dem Dilemma des Widerspruchs von Kapital und Arbeit: Die Unternehmer machen den Arbeitern einfach kleine Zugeständnisse und bringen es auf die eine oder andere Weise zu einem so harmonischen Arbeitsverhältnis, daß sämtliche Probleme ohne weitere Formalitäten und vor Ort gelöst werden können und der Staat nicht ein einziges Mal zu intervenieren braucht. Eine Vorstellung, die« – hier bringt Thomis seine eigene Analyse ein – »zu ihrer Verwirklichung auf ein höchst optimistisches Menschenbild und die altruistische Bereitschaft des einzelnen zu selbstlosem, und zwar ohne gesetzlichen Zwang selbstlosem, Handeln angewiesen war. Für eine solche Vorstellung« – so Thomis' Verdikt – »gab es keinerlei Grund.«[38]

Merriman (Hrsg.), *Consciousness and Class Experience in Nineteenth-Century Europe* (1979), S. 187-203; sowie *The Bourgeois Experience: Victoria to Freud*, Bd. I: *Education of the Senses* (1984), dtsch.: *Erziehung der Sinne. Sexualität im bürgerlichen Zeitalter* (1986).

Einmal angenommen, dieses allgemeine Urteil sei zutreffend, so ist das Ganze nichts als Alltagspsychologie im Dienst der Geschichtswissenschaft; die Analyse erschöpft sich in ungeprüften Behauptungen. Der von Thomis registrierte, ebenso unerschütterliche wie unbegründete Optimismus muß nach meinem Dafürhalten ein Konglomerat aus partiell unbewußten Wünschen und Ängsten gewesen sein, aus eigennützigen Vorstellungen, die als selbstzufriedene Prognosen daherkamen und mit einem gehörigen Schuß Verleugnung gepaart waren – wobei beides als Abwehr gegen jene Realität diente, die die Fabrikanten tagtäglich vor Augen hatten, als Abwehrmaßnahme, die ihnen nicht bloß die Geldbörse füllen, sondern auch das Gewissen beruhigen sollte.

Ohne Zweifel ist die Psychologie ein riskantes Hilfsmittel, das dem Historiker, der sich seiner bedient, ebenso gefährlich werden kann wie dem armen historischen Subjekt, an dem er es ausprobiert. Wie zweischneidig es ist, zeigt Donald J. Olsens Arbeit über die Londoner Vororte im 19. Jahrhundert. »Das Wunschbild der Viktorianer hieß: Privatsphäre für die Mittelklasse, öffentliche Sphäre für die Arbeiterklasse und zwischen beiden strikte Trennung. Die ideale Umgebung für das Privatleben des einzelnen und der Familie war der einer einzigen Klasse vorbehaltene Villenvorort. Dort konnte biedere Bürgerlichkeit bestens gedeihen.« Es war die übliche Version des Biederen: ein abschreckendes Schauspiel. »Als besonders erfolgreich erwiesen sich diejenigen Vororte, die am meisten Vorort waren, also die langweiligsten, eintönigsten, mit den wenigsten kulturellen und sozialen Institutionen, denn damit boten sie die wenigsten Gegenattraktionen gegen Heim und Herd.« Olsens Schlußfolgerung ist kaum überraschend: »Langeweile war der Preis, den man für die Erholung von den Anspannungen der Großstadt freiwillig zahlte. Die soziale Segregation nahm der schwierigen Frage, wie man sich zu verhalten, was man auszugeben

---

38 Thomis, *Responses to Industrialization: The British Experience 1780-1850* (1976), S.140.

und was man zu glauben hat, die Spitze: man tat eben einfach, was die Nachbarn taten.«[39]

Psychologie als Satire; witzig und – wie Olsens Buch überhaupt – instruktiv. Aber aus dem Wechselspiel von historischer Analyse und polemischen Einsprengseln wird ein Zweikampf, in dem die Polemik die Analyse aus dem Feld schlägt. Olsen sieht einen Gegensatz zwischen Großstadthetze und Vorortruhe, einen Konflikt zwischen Kulturstreß und häuslicher Erholung, der dazu führte, daß man für die Aussicht auf Geborgenheit freiwillig den Preis des Konformismus zahlte. Gewiß ist das von ihm gezeichnete Bild treffend und zumindest teilweise richtig. Eine tiefergreifende Psychologie aber hätte das Satirische an ihm in den Hintergrund gedrängt, ja weitgehend zum Verschwinden gebracht. Olsen wäre gezwungen gewesen, den in diesen gewöhnlichen, diesen mittelmäßigen Menschen wühlenden unterschwelligen Aufruhr ernstzunehmen: Er hätte gemerkt, welch harten Tribut die Arbeitsroutine ihnen abverlangt, wieviel (ihnen selbst weitgehend verborgene) Leidenschaft in der Suche nach Geborgenheit unter Gleichgesinnten steckt und wieviel Fanatismus in der Konzentration auf Familienfreuden, für die öffentliche Unterhaltung oder überhaupt öffentliches Interesse nur Ablenkung, wenn nicht gar Gefahr darstellte – kurz, er hätte die hinter den vermeintlich freien Entscheidungen des Spießbürgers lauernde Angst gespürt. Vielleicht ist es schade um die Satire. Dennoch: Ein psychoanalytischer Blick auf diese verzweifelt biederen Bürger hätte Olsens Darstellung zwar weniger erheiternd, aber dafür im Wortsinn menschlicher gemacht.

Das heißt nun nicht, daß alle Historiker ihrer Psychologie naiv oder bewußtlos gegenübergestanden hätten. Georges Lefèbvre, einer der berühmtesten Autodidakten unter den Historikern und hervorragender Kenner der Französischen Revolution, setzte sein Bild von Beweggründen und Verhalten der Menschen wie einen Flickenteppich zusammen: das eine bezog er von Soziologen wie Emile Durkheim und Maurice Halbwachs, anderes aus einer sorg-

---

39 Olsen, *The Growth of Victorian London* (1976), S. 23.

fältigen, einfühlsamen Lektüre des unendlichen Quellenmaterials, das Bauern, Volksmassen und Führer des revolutionären Frankreich hinterlassen haben und das Lefèbvre wie keiner sonst in- und auswendig kannte. Der politisch linksstehende Lefèbvre weigerte sich, selbst den schändlichsten und exzentrischsten Helden des Revolutionsschauspiels am Zeuge zu flicken, hob die verstaubten und verborgenen Schätze der Provinz-Archive und konstruierte einen immer gleichen Zusammenhang von Handlungsimpulsen, der haargenau auf das altvertraute Modell von Enttäuschung und Wut paßt. Für seine Analyse der Motive, die die Pariser Bevölkerung zum Sturm auf die Bastille, die Bauern zur Plünderung der Schlösser, nervöse Provinzler zur Verbreitung von Gerüchten über drohende Banditenüberfälle veranlaßten, leistete er ihm jedenfalls gute Dienste. Ohne Frage *sah* Lefèbvre diese Akteure lebendiger, wirklichkeitsgetreuer vor sich als irgendeiner seiner Vorgänger; die hatten nur allzu oft eine bloße Neuauflage jener Schablonen und Karikaturen geliefert, zu denen die Revolutionszeit so sehr verleitet. Zwar blieb Lefèbvres politischer Standpunkt nicht ohne Auswirkung auf sein Wahrnehmungsvermögen und sein Umgang mit den Schöpfern der Ersten Republik von den politischen Urteilen in der Zeit der Dritten geprägt, doch seine kongeniale und fundierte Betrachtung bedeutete einen spürbaren Fortschritt für die historische Psychologie.

Freilich auch einen begrenzten. Die von Lefèbvre entdeckte Impulskette ist ein einfaches, determiniertes Nacheinander psychischer Reaktionen. Sie beginnt mit der Furcht, die dann die Abwehr provoziert, und diese wiederum weckt ein unwiderstehliches Bedürfnis, sich an den »anderen« zu rächen. Erst in seinem berühmten Aufsatz über die revolutionären Massen differenzierte Lefèbvre diese Motivkette und brachte mehrere scharf beobachtete Nuancierungen ein; hier und da meint man gar einen schwachen Widerschein der Freudschen Lehre zu sehen. Bei seiner Suche nach der »revolutionären Kollektivmentalität« hält Lefèbvre fest, daß diese zuerst in Form intellektueller Leistungen, in Form von allgemeinem Urteil und Abstraktion – also der Vereinfachung des unmit-

telbar Erfahrenen – auftrat. Das zwangsläufige Resultat war der
»menschliche Typus«, eine blutleere erstarrte Gestalt, die – zumal
in Zeiten überschäumender Emotionen – als Substitut der Wahrnehmung selbst dient. Die Revolutionäre konstruierten Helden
und Schurken, idealisierten die einen und statteten sie mit allen nur
denkbaren Tugenden aus, schmähten die anderen und machten sie
zu schamlosen Ausbeutern. Eine derart grobe und bequeme Vereinfachung nennen die Psychoanalytiker »Spaltung« oder »Isolierung« und sehen in ihr einen Rückzug aus der eher erwachsenen
Wahrnehmung der Welt. So auch hier: Die von Lefèbvre aufgespürte Stimmung ist eine Mischung aus Hoffnung, Idealismus und einem gehörigen Schuß Erwartungsangst – *inquiétude*; ihr entspringt
ein Verhalten, das in sich widersprüchlich scheint, aber seiner eigenen ehernen Binnenlogik gehorcht. Große Erwartungen sind untrennbar gekoppelt an die leidenschaftliche Überzeugung, daß die
Wünsche überhaupt nur dann Realität werden können, wenn der
Feind vernichtet ist: »Soll das Gemeinwohl hergestellt, das
Menschheitsglück gesichert werden, so braucht man sich nur die
gegnerische Klasse zu unterwerfen.« Statt die Massenmentalität zu
verklären, erkennt Lefèbvre, daß ein so verbohrter Optimismus
und ein derart ehrgeiziger Idealismus »den mit Haß und Rachsucht
verquickten Bestrafungswunsch« hervorbringen.[40] Mag ihre Sache
noch so gerecht sein, Massen sind immer Opfer ihrer Leidenschaften.

Diese dezidierten Äußerungen lassen eine umfassende psychologische Erklärung erwarten. Am Ende aber räumt Lefèbvre ein,
daß das Phänomen der *mentalité collective* ihn ratlos macht. Ist es
nicht, so fragt er ein wenig kleinlaut, zumindest teilweise bedingt
durch »so etwas wie physiologischen Magnetismus«? Kein Wunder,
daß sich auch Lefèbvres Leser ratlos fühlten. An den Rand seines
in der Yale Library ausliegenden Aufsatzes über die »Foules révo-

---

40 Lefèbvre, »Foules révolutionnaires« (1934), in: ders., *Etudes sur la Révolution Française* (1954), S. 278-82. Siehe auch Lefèbvres »Le Meurtre du comte de Dampierre (22 juin 1791)« (1941), ibid., S. 288-97.

lutionnaires« hat jemand die klägliche und ungeduldige Frage gekritzelt: »*Mais qu'est-ce que c'est la ›mentalité collective révolutionnaire‹? (Was ist das denn nun, die ›revolutionäre Kollektivmentalität‹?)*« Das scheint eine berechtigte, allerdings auch etwas kleinliche Frage; denn Lefèbvre ist es zwar nicht gelungen, das revolutionäre Massenverhalten auf seine unbewußten Ursprünge zurückzuführen und zu erklären, was eigentlich die einzelnen zu jener Gemeinschaft zusammenschweißt, die mitten in mörderischer Aggression Freude und kollektive Unschuld empfindet, doch immerhin hat er Beobachtungen geliefert, die als unabdingbare Vorarbeit zu einer solchen Erklärung dienen können.

Wie ich bereits andeutete, gibt es verstreute, aber ermutigende – wenigstens für jene Historiker, die die Psychoanalyse in ihrem Kreis willkommen heißen würden, ermutigende – Belege dafür, daß man mittlerweile über diese Vorarbeit hinausgehen kann. Die Wissenschaftler, die mit Freud arbeiten, haben nicht immer nur Reinfälle produziert. Einer unter ihnen, E.R. Dodds, schuf sogar ein Meisterwerk, das exemplarisch zeigt, was psychoanalytisch orientierte Geschichtswissenschaft sein kann; veröffentlicht wurde es 1951 und hat noch Jahrzehnte danach nichts von seiner Geltung verloren. Die Einsicht, daß auch Freud einen Weg zur Vergangenheit weisen kann, brachte mehrere Neuansätze zu historischer Forschungsarbeit mit sich: etwa die hochkonzentrierte Psychobiographie oder die Analyse von Ausnahmesituationen und Ausnahmepersönlichkeiten (d.h. der durch Aufstände, Seuchen oder weltgeschichtlich bedeutsame Psychotiker verursachten Katastrophen). Aber die Psychoanalyse kann auch, wie Dodds mit sicherer Hand demonstrierte, das Studium der herrschenden Sittengesetze und Glaubensrichtungen sowie der jeweiligen Kulturstile, kurz, der »normalen« Vergangenheit fundieren helfen. Dodds hat die Historiker also eingeladen, bei ihrer Geschichtsschreibung in Zukunft von einem erweiterten Blickwinkel zu profitieren.

Sein fundierter und kongenialer Umgang mit Freud ist zugleich – wie wäre es anders denkbar – gänzlich undoktrinär. Im abschließenden Blick auf die spannende Analyse, in der er den Übergang der Griechen von der Schamkultur zur Schuldkultur verfolgt, erklärt er voller Emphase seine Unabhängigkeit von der Psychoanalyse. »(Ich) erwarte nicht, daß dieser besondere Schlüssel, oder irgendein Schlüssel überhaupt, alle Türen öffnet. Die Evolution einer Kultur ist ein zu komplexes Phänomen, als daß sie mit einer einzigen Formel erklärt werden könnte, ohne daß ein Rest bliebe, sei diese Formel eine ökonomische oder psychologische, sei sie von Marx oder von Freud aufgestellt. Wir müssen der Versuchung widerstehen, Kompliziertes zu simplifizieren.«[41] Dieses Bekenntnis zum Methoden- bzw. Erklärungspluralismus hat Dodds aber nie gehindert, sich beherzt die Gedanken jenes Psychologen zu eigen zu machen, den andere Historiker ungenießbar, belanglos und abschreckend fanden. Nicht lange vor seinem Tode im Jahr 1977 fragte ich in einem Brief bei ihm an, ob er plane, etwas über Freuds Einfluß auf sein Werk zu schreiben; Dodds antwortete, er habe nicht die Absicht, fügte aber hinzu: »Er half mir, mich selbst und andere Menschen ein wenig besser zu verstehen, doch diesen Gewinn teile ich mit Millionen anderen.« Es ist ein Gewinn, den die Historiker in aller Regel ausgeschlagen haben. Zumindest bislang.

---

41 Dodds, *The Greeks and the Irrational* (1951); dtsch.: *Die Griechen und das Irrationale* (1970), S. 35. Eine eingehendere Darstellung des Buches findet sich unten auf S. 203-209.

II
Freuds Leistung

1 Der Eindruck des Dünkels

Selbst wenn man einräumt, daß der Historiker tatsächlich von der Psychologie profitieren kann, warum sollte er sich gerade von Freud leiten lassen? Die Antwort auf diese unbequeme Frage ist weitaus schwieriger, als die Anhänger der Psychoanalyse wahrhaben wollten. Die Arbeit von E.R. Dodds und anderen bietet zwar überzeugende Beispiele, doch der Anspruch der Psychoanalyse auf Beachtung durch den Historiker bedarf nicht nur konkreter Beispiele, sondern auch der theoretischen Prüfung. Der Psychoanalytiker, der sich mit seiner Lehranalyse, seinen Fallbesprechungen, seiner praktischen Arbeit, seiner immer neuen Lektüre des Schriftenkanons vollgesogen hat, findet die Freudsche Lehre durch und durch überzeugend. Allenthalben entdeckt er beweiskräftiges Material, auch wenn und wo er gar nicht danach Ausschau hält: bei seinen Kindern, im Verhalten von Politikern, aber vor allem bei seinen Analysanden mit ihren Träumen und Assoziationen, ihrem Schweigen und ihren Symptomhandlungen. Der Analytiker, der seinen Patienten mit gleichschwebender Aufmerksamkeit, mit jener sorgfältig ausgebildeten Technik der Aufnahme von Mitteilungen und des Kombinierens, zuhört, partizipiert an Erfahrungen, die allesamt den Weitblick des Begründers unterstreichen und von seinem Genius zeugen. Vielleicht verändert er Kleinigkeiten der psychoanalytischen Theorie, macht eigene Entdeckungen, die er mit Sicherheit in Freuds Schriften angedeutet finden kann, oder füllt die eine oder andere Lücke in dem vom Meister nur in Umrissen entworfenen Programm. Vielleicht befaßt er sich mit Problemen (wie etwa die primären Objektbeziehungen), auf die Freud nur hingewiesen hat. Schließlich ist seine Wissenschaft, wie er gern sagt, noch sehr jung. In ihren Grundzügen aber sieht seine Landkarte der Seele ziemlich genau so aus, wie Freud sie immer wieder skizziert hat. Die für ihn verbindlichen Begriffe wie etwa Regression und Verdrängung, Projektion und Verleugnung, Ambivalenz und Übertragung und all die anderen Fachtermini betrachtet der Psychoanalytiker als präzise Beschreibungen durchaus realer psychischer Vorgänge. Deshalb ist er versucht, Skeptiker als unwissend oder dumm zu behandeln, unter Garantie aber in Abwehrhaltung zu sehen. Ihre Forderung nach noch mehr Beweisen für etwas, das doch schon so oft bewiesen worden ist, muß ihm pervers, muß ihm wie ein zwanghaftes und überängstliches Tun vorkommen. Steht denn nicht alles in der – hier und da durch geringfügige Erklärungen ergänzten – *Standard Edition* der Freudschen Schriften bzw. in seinen *Gesammelten Werken*?

Zur relativen Befremdung und Bestürzung des Analytikers ist der Historiker selten bereit, diese weitreichenden Ansprüche anzuerkennen. In aller Regel findet er die Techniken der Psychoanalyse esoterisch, ihre Sprache dürftig und ihre Lehrsätze, gelinde gesagt, von seiner Vergangenheitserforschung meilenweit entfernt. Im besten Fall erscheinen sie als verschlüsselte Formulierungen von Selbstverständlichkeiten; zumeist aber kommen sie ihm vor wie ein abstruses Potpourri aus abwegigen Spekulationen und Selffulfilling prophecies. Wenn überhaupt, dann liest er die psychoanalytische Literatur mit dem immer stärkeren Verdacht, daß die Freudianer nichts anderes sind als religiöse Fanatiker, ein Klan von Gläubigen.[42]

Seit die Psychoanalyse sich ins Blickfeld des Historikers drängt, steht dieser der Psychologie nur umso ratloser gegenüber. »Die Fra-

---

42 Saul Friedländer, einer jener Historiker, die der Anwendung der Psychoanalyse auf die Geschichte durchaus wohlwollend gegenüberstehen, hat moniert, daß »zahlreiche Analytiker – egal welcher Richtung – ihre Interpretation des Freudschen Denkens für ein unantastbares Ganzes (halten), so daß jeder, der auswählen möchte, auf erbitterten Widerstand (stößt), wie er eher zu den Anhängern einer religiösen Sekte als zu den Vertretern einer noch in Entwicklung befindlichen Wissenschaft paßt.« (*Histoire et psychanalyse: Essai sur les possibilités et les limites de la psychohistoire* [1975], S. 18)

ge: ›Ja, aber *welche* Psychologie?‹«, so Jacques Barzun, »ist wichtig« – wichtig und, wie er stillschweigend meint, nicht zu beantworten.[43] Selbst wenn der Historiker der Psychologie unter den Wegen zum historischen Verstehen eine Vorrangstellung einräumte, würde seine Wahl nicht gerade auf die Psychoanalyse fallen. Warum Freud? Warum nicht Jung, der sich zur Erklärung von kollektiven Phantasien und universellen Mythen anbietet? Warum nicht die Phalanx der Revisionisten (Karen Horney, Erich Fromm, Harry Stack Sullivan), die sich mit ihrer Sozialpsychiatrie in greifbarer, fast beruhigender Nähe zu jener Welt halten, in der der Historiker – jedenfalls nach der Vorstellung, die er gern von sich hat – zu Hause ist? Warum nicht Behavioristen und Lerntheoretiker, deren Psychologie steht und fällt mit dem Experiment und jene quantifizierbaren Daten verschafft, die die Historiker mittlerweile durchaus schätzen oder mit denen sie mindestens leben gelernt haben?

Wer so fragt, ist weder unvoreingenommen noch naiv. Sämtliche von modernen Historikern herangezogenen Disziplinen (Anthropologie, Soziologie, Ökonomie) sind umstritten; alle zwingen sie dazu, sich unter mehreren Schulen für eine zu entscheiden. Der Historiker etwa, der sich mit der Industrialisierung im 19. Jahrhundert befaßt, hält sich an einen bestimmten, in den Wirtschaftswissenschaften gängigen Erklärungstypus und schließt Alternativen aus; sein Kollege, der über die Entstehung des Protestantismus forscht, stützt sich auf Max Webers Religionssoziologie. Bei der Psychologie aber ist der Historiker sehr viel unentschiedener, als wenn er sonst als Wissenschaftler einer unvertrauten Fachdisziplin gegenübersteht; seine Wahl ist emotional belastet. Von der Psychologie nämlich verlangt er einen Konsensus und eine Präzision, die keine andere Wissenschaft aufzubringen vermag, sowie Beweise, die die Psychoanalytiker eher verweigern.

Diese Weigerung hat zwar ihren guten Grund, schränkt aber die Eignung der Psychoanalyse für den Historiker spürbar ein. Psycho-

---

43 Barzun, *Clio and the Doctors: Psycho-History, Quanto-History & History* (1974), S. 6.

analytiker wirken häufig, ohne es selbst so recht zu merken, auffallend unkooperativ oder zumindest ambivalent, wenn Außenstehende versuchen, ihr Tun zu enträtseln, gar zu begreifen. Der Historiker, der seinen Kollegen die Freudsche Theorie ans Herz legen will, muß von vornherein einräumen, daß die Selbstdarstellungen der Psychoanalyse nicht gerade einladend sind – nicht einmal für den wohlmeinendsten Liebhaber. Für die Freudschen Lehrsätze gibt es eindrucksvolle empirische und experimentelle Belege; den Fachhistoriker aber haben sie nicht erreicht, geschweige denn überzeugt, weil sie normalerweise in hochspezialisierten Fachzeitschriften und in einer Form vorgelegt werden, die selten Konzessionen an den allgemeinen gebildeten Diskurs macht. Noch problematischer ist, daß die Psychoanalytiker – und Freud vorneweg – jener für andere Disziplinen selbstverständlichen, jedem zugänglichen Verifizierung gegenüber nicht gerade aufgeschlossen sind. In einem Brief an den amerikanischen Psychologen Saul Rosenzweig aus dem Jahr 1934 zeigt Freud an der experimentellen Überprüfung psychoanalytischer Lehrsätze zunächst ein höfliches Interesse, dann aber läßt er plötzlich alle Höflichkeit beiseite und setzt hinzu, er messe ihnen wenig Wert bei, denn »die Fülle sicherer Beobachtungen, auf denen jene Behauptungen ruhen, macht sie von der experimentellen Prüfung unabhängig. Immerhin, sie kann nicht schaden.«[44] Die Abertausende von Stunden, in denen Freud seinen unzähligen Analysanden lauscht, die brillanten Fallgeschichten und kurzen Fallbeispiele, die er in seinen Schriften mitteilt, die reichen Erkenntnisse, die seine Schüler in psychoanalytischen Zeitschriften ausbreiten, – all das liefert nach seiner Überzeugung hinreichend Beweise für die psychoanalytischen Wahrheiten. Spätere Analytiker pflichten ihm darin bei: Den experimentellen Nachweis finden sie ebenso bestärkend wie überflüssig. Mittlerweile sind

---

44 Freud an Rosenzweig, 28. Februar 1934, im deutschen Original abgedruckt in: David Shakow und David Rapaport, *The Influence of Freud on American Psychology* (1964; 1968), S. 129 Anm. Siehe ferner den ausführlichen Kommentar der Autoren, S. 130 Anm.

dank des klinischen Materials, das psychoanalytische Zeitschriften, Monographien und Kongresse aufgetürmt haben, die empirischen Belege noch weiter differenziert worden. Die meisten Analytiker geben sich daher einfach zufrieden mit der analytischen Situation, in der sie das zweckmäßigste und einzig adäquate Instrumentarium zur Überprüfung der tagtäglich von ihnen angewendeten Freudschen Lehrsätze sehen.

Freud hatte Gründe für seine Skepsis: So mancher Experimentator, der von der Psychoanalyse nur unzureichend Ahnung hatte, trug mit seinen Untersuchungen, seinen Ergebnissen und seinen Deutungen – ganz unabhängig von seinen jeweiligen Schlüssen – denkbar wenig zur Stützung der psychoanalytischen Thesen bei.[45] Dennoch hat Freuds vielzitierter Brief an Rosenzweig der Sache der Psychoanalyse regelrecht Schaden zugefügt. Allerdings hatte Freud solche Vorbehalte nicht immer. In den späteren Ausgaben seiner *Traumdeutung* begrüßt er die »feinsinnigen Beobachtungen« und »schönen Beispiele«, kurz, die »wichtigen Beiträge«, die der österreichische Psychologe Herbert Silberer, rätselhafter Sportler, Ballonfahrer und Mystiker, zur wissenschaftlichen Traumdeutung geleistet hatte. Unter dem Eindruck von Freuds epochalen Entdeckungen übte Silberer sich in systematischer Selbstbeobachtung, später auch in der Hypnotisierung anderer Menschen, um so die Gültigkeit der Freudschen Traumtheorie zu belegen – und sich für sie stark zu machen. Das war noch vor dem Ersten Weltkrieg, lange bevor Freud allgemeine Beachtung fand. Etwas später, im Jahr 1919, zitiert Freud zustimmend die mittlerweile klassische Schrift, die Otto Pötzl, prominenter Wiener Vertreter der etablierten Psychologie, zwei Jahre zuvor publiziert hatte, und hält fest, daß Pötzls »neue Art, die Traumbildung experimentell zu studieren, von der früheren groben Technik« erheblich unterschieden ist.[46]

---

45 Ernest R. Hilgard, »Psychoanalysis: Experimental Studies«, in: David L. Sills (Hrs.), *International Encyclopedia of the Social Sciences*, 17 Bände (1968), Bd. XIII, S. 39.
46 Freud, *Traumdeutung* (1900), GW II/III, S. 507, 52 Anm., 106 Anm., 188 Anm. Zu Silberer und Pötzl siehe auch weiter unten, S. 230.

Gewiß war Freuds Mißtrauen gegenüber dem Laborversuch typischer für ihn, doch die eben zitierten – wenig bekannten, aber bezeichnenden – Sätze zeigen, daß er unternehmungslustige und fachkundige Psychologen, die sich für seine Entdeckungen interessierten, durchaus mit Sympathie betrachtete.

Seit mehreren Jahrzehnten haben sich nicht wenige solcher Psychologen zusammen mit einer Handvoll Psychoanalytiker an diesen – aufnahmebereiteren, gegenüber den Verfahren der akademischen Psychologie aufgeschlosseneren – Freud gehalten. Sie haben eine Reihe faszinierender Experimente durchgeführt und dabei entdeckt, daß die Arbeit zwar lohnt, aber überaus schwierig ist. In den Lehrsätzen, die sie der Nachprüfung unterziehen wollten, geht es um so innerliche, von kruder Instrumentalisierung, Quantifizierung und sogar direkter Beobachtung so weit entfernte psychische Vorgänge, daß ihre Affirmation – und Widerlegung – vorläufig bleiben und die wissenschaftlichen Urteile alles andere als einstimmig ausfallen mußten. Die Pionierversuche von Silberer und anderen waren natürlich nicht sehr esoterisch. Sie machten sich an der augenfälligsten psychischen Äußerung fest, auf die Freud aufmerksam gemacht hatte: auf die in den Träumen verwendeten Sexualsymbole. In seiner *Traumdeutung* hatte Freud die Symbole bei der Deutungsarbeit unübersehbar auf den zweiten Platz verwiesen, für die frühen Experimentatoren aber waren sie leichter zu überprüfen als manche komplizierteren Freudschen Theorien über das Seelenleben. So veranstalteten sie Hypnosesitzungen, bei denen eine weibliche Versuchsperson träumen sollte, ihr Arbeitgeber habe sie bei einem Besuch vergewaltigt; nach dem Erwachen erzählte sie dann, sie habe von einem überraschenden Besuch ihres Chefs geträumt, bei dem er aus einem mitgebrachten Koffer eine Banane – oder in leicht abgewandelter Fassung: eine glitschige Schlange – geholt habe. Die späteren Versuche waren erheblich weniger primitiv; doch auch wenn man bloß demonstrierte, wie die Traumarbeit unerträgliche Gedanken erträglich macht, lieferte man immerhin anschauliche Belege dafür, daß an Freuds befremdlichen, subversiven Ideen etwas dran ist.

Etwas, aber wieviel? Die Freudsche Lehre ist keine kohärente, einheitliche Theorie, die die Ableitung allgemeiner Gesetze aus empirischen Aussagen ermöglicht und in einem einzigen entscheidenden Versuch ihren endgültigen Nachweis findet.[47] Vielmehr besteht sie aus eng aufeinander bezogenen, oftmals sich wechselseitig stützenden Thesen, die von empirischen Feststellungen über begrenzte Allgemeinurteile bis zu umfassenden Theorien über das Seelenleben reichen. Das Ganze der psychoanalytischen Theorie ist so etwas wie ein imposantes, ausgedehntes Schloß, dessen Architekt eine solche Koryphäe war, daß seine Nachfolger, wenn sie weitere Flügel anbauen oder unsichere Mauern abstützen ließen, ihre Neuerungen mit Bedacht seinem Stil anpaßten. Hinter dieser übertriebenen Verbeugung vor der Autorität verschwindet die Tatsache, daß einige Flügel und Nebengebäude eine gewisse Unabhängigkeit vom Rest aufweisen, so daß bei einem Feuer im einen Teil des Komplexes das übrige unbeschädigt bleiben könnte. Kurz, die experimentelle Überprüfung der Freudschen Lehrsätze liefert – was immer man anstellen mag – niemals den letzten Beweis. Gleichwohl können wir nach buchstäblich Hunderten von ingeniösen, immer ausgefalleneren Versuchen mit posthypnotischer Suggestion, Projektionstests, gesteuerten Interviews und Präzisionsinstrumenten doch einige weitreichende, allerdings noch vorläufige Schlüsse ziehen. Das von Freud erbaute Haus steht noch heute.

Aller Wahrscheinlichkeit nach werden sich manche von Freuds radikalsten metapsychologischen Spekulationen wie etwa seine spätere strikte Triebtheorie bei aller Suggestivkraft auch in Zukunft der experimentellen Überprüfung entziehen. Und mit Sicherheit erfordern weite Bereiche der psychoanalytischen Theorie noch mehr und größere Aufmerksamkeit von seiten der Experi-

---

47 Siehe besonders: Paul Kline, *Fact and Fantasy in Freudian Theory* (1972; 2. Aufl. 1981), 1. Kap., »Freudian Theory and Scientific Method«; und David Rapaport, *The Structure of Psychoanalytic Theory: A Systematizing Attempt* (*Psychological Issues*, Monograph 6), New York 1960 (dtsch.: *Die Struktur der psychoanalytischen Theorie* [1973]), ein mutiger und anregender Versuch, die vielfältigen Gesetze und Beobachtungen, welche die Freudsche Lehre ausmachen, zu systematisieren.

mentatoren als bisher. Die Grundlagen des Lehrgebäudes hingegen
– der psychische Determinismus, die Allgegenwart der Triebwünsche, das dynamische Unbewußte – haben eindrucksvolle experimentelle Absicherung gefunden. Experimentell nachgewiesen
wurden auch Freuds zuerst hochskandalöse und immer noch etwas
umstrittene Entdeckung der infantilen Sexualität und die unbewußten Abwehrmechanismen, insbesondere die Arbeit der Verdrängung. Auf dem Gebiet der unbewußten Abwehr nämlich haben Vertreter der experimentellen Psychologie ein paar schöne
Versuchsreihen durchgeführt, die unter dem – 1947 von Jerome
Bruner und Leo Postman erdachten – Namen »Untersuchungen
zur Wahrnehmungsabwehr« firmieren. Dabei bietet der Versuchsleiter (mit Hilfe eines Tachistoskops, das Wörter exponieren und
die Dauer der Exposition auf Bruchteile von Sekunden genau messen kann) den Versuchspersonen eine Reihe von – möglichst gleich
langen und gleich geläufigen – Wörtern dar. Von ihnen sind einige,
wie etwa »spoon (Löffel)« oder »trees (Bäume)«, eher frei von affektiven Konnotationen, während andere, wie »bitch (Hündin/Flittchen)« oder »prick (Stachel/Pimmel)«, emotional aufgeladen, nämlich entweder faszinierend oder beängstigend oder auch
beides zugleich sind. In einer Versuchsvariante nimmt man ein
zweideutiges Wort wie »fairy (Fee/Schwuler)« und setzt es in zwei
deutlich voneinander unterschiedene sprachliche Zusammenhänge, bei denen man einmal Homosexualität, das andere Mal die Brüder Grimm assoziiert. Nach der Verdrängungstheorie soll die Versuchsperson harmlose Wörter schneller, also mit geringerer tachistoskopischer Exposition, lesen können als jene, die erotische oder
aggressive Empfindungen oder auch Schuldgefühle wecken. Diese
Versuche sind aus psychoanalytischer Sicht immer wieder als Erfolg gewertet worden, obgleich die zugrunde liegenden Thesen so
gewagt sind, daß Ergebnisse gar keine Relevanz für die Lehre haben können.[48] Eigentlich kann jeder auf die experimentelle Über-

---

48 In seinem Buch *The Standing of Psychoanalytic Theory* (1981) hat der skeptische
englische Philosoph B.A. Farrell zum Beispiel behauptet, in den Untersuchungen

prüfung psychoanalytischer Lehrsätze gestützte Schluß nur vorwiegend indirekt oder induktiv und bisweilen fragwürdig sein.

Andere Teile der Freudschen Lehre – die Arbeit der Phantasie, die Übertragung und die Angst – sind entweder experimentell direkt verifiziert oder durch Versuche über etwas anderes nebenbei plausibilisiert worden. Aufschlußreiche Spuren haben die Psychologen sogar von dem oft mißbrauchten Ödipuskomplex gefunden, und zwar in einer Reihe von Stilversuchen, die seine von Freuds Theorie entworfene Gestalt weitgehend bestätigt haben.[49] Nur voreilige und leichtgläubige Historiker würden behaupten, all dieses intensive, allerdings noch bruchstückhafte Forschen habe sichere Beweise für das System der Psychoanalyse geliefert. Diejenigen aber, die es unterschätzen oder einfach ignorieren, wären schlechterdings unwissenschaftlich.

Dabei haben, wie schon angedeutet, sogar die Psychoanalytiker selbst es ignoriert. Ihr von keinem Zweifel getrübter und scheinbar so arroganter Glaube, ihr Laboratorium sei die Couch, hat bei denen, die von außen auf die Psychoanalyse blicken, auch bei vielen Historikern, für Ärger gesorgt. Nach deren Eindruck würde ihnen Bescheidenheit besser zu Gesicht stehen als diese Selbstzufriedenheit. »In verschiedenen tiefenpsychologischen Glaubenslehren, vorneweg der Freudschen selbst«, schreibt der Historiker Paul K. Conkin, »haben Wissenschaftler versucht, den allgemeinen Aufbau der Psyche zu bestimmen, und empirisches Denken wenigstens der Form nach in diese schlammigen Gewässer eingebracht. Aber ihre Termini waren schwer verständlich, die von ihnen angesetzten Strukturen zu undeutlich und zu spekulativ für eindeutige Überprüfung, ihre Vorstellungen zu metaphorisch, zu poetisch und zu phänomenologisch, als daß sie zu mehr als zum unverbindlichen

---

zur Wahrnehmungsabwehr gehe es überhaupt nicht um die Verdrängung (S. 34); als Anwort darauf siehe Kline, *Facts and Fantasy*, S. 210-28.

49 Zum Ödipuskomplex siehe weiter unten, S. 107-114. Prognosen spielen bei der psychoanalytischen Verifizierung eine relativ geringe Rolle, da nach dem Grundsatz der Überdeterminierung ein einzelner Ursachenkomplex viele verschiedene Wirkungen zeitigen kann. Siehe unten, S. 199f.

klinischen oder zum vagen spekulativen Denken hätten gut sein können.« Dieser eine Historiker geht sogar so weit, aus seinen Zweifeln verzweifelte Ratschläge abzuleiten: Er beklagt den Rekurs auf den – wie er es nennt – »metaphorischen Freudianismus« und fordert entschlossen dazu auf, »der Historiker sollte, statt unter dem Deckmantel der Versiertheit nur Naivität anzubieten, sich lieber an das wie immer bornierte und zweideutige Wissen des gesunden Menschenverstandes halten«.[50] Allem Anschein nach durchforscht Conkin die Höhlen der Vergangenheit lieber beim flackernden Kerzenschein des gesunden Menschenverstandes als beim blendenden Lampenlicht einer Fachpsychologie, die sich eine ihr eigentlich gar nicht zur Verfügung stehende Leuchtkraft zugutehält. Was aber seine Verärgerung über die von Marcus Cunliffe so genannte »Arroganz à la Sigmund« betrifft, so hat Conkin die meisten Historikerkollegen auf seiner Seite.

2 Rückblick auf den Begründer

Das Wie der psychoanalytischen Argumentation finden die Zweifler nicht weniger suspekt als ihr Was. Die meisten gebildeten Menschen, die sich selbst keiner Analyse unterzogen haben (und das heißt die überwältigende Mehrheit der Historiker), stellen sich die Psychoanalytiker als Hüter heiliger Mysterien vor, die entweder von dem autoritären Hohenpriester und Gründungsvater Freud oder von dessen auserwählten und in seinem Namen sprechenden Jüngern geleitet werden. Eifersüchtig wacht man über die Zulassung zu diesen Riten: Zum Selbstschutz und aus Überheblichkeit vertreten Analytiker den Standpunkt, der einzig verläßliche Weg zum Verständnis ihrer Lehre sei die psychoanalytische Erfahrung selbst. Immer wieder, solange Freud seine Tätigkeit ausübte, versicherte er, einen anderen Weg gebe es nicht. Es ist »so schwer«,

---

50 Paul K. Conkin und Roland N. Stromberg, *The Heritage and Challenge of History* (1971), S. 165, 170.

schreibt er 1932, »dem, der nicht selbst Psychoanalytiker ist, einen Einblick in die Psychoanalyse zu geben. Sie können mir glauben«, fügt er fast, aber nicht ganz wie zur Rechtfertigung hinzu, »daß wir nicht gern den Anschein erwecken, als seien wir Geheimbündler und betreiben eine Geheimwissenschaft.« Dennoch versteift er sich darauf, »daß niemand das Recht hat, in die Psychoanalyse dreinzureden, wenn er sich nicht bestimmte Erfahrungen erworben hat«, und damit meint er die Erfahrungen auf der Couch.[51] Will man sich Gehör verschaffen, dann muß man wenn schon nicht selbst Analytiker, so doch mindestens analysiert worden sein.

Zu dieser von unüberwindlichem Fachsnobismus zeugenden Abwehr gegen Außenstehende paßt, daß in psychoanalytischen Schriften und Monographien fast unterschiedslos die Worte des Begründers zitiert werden, und zwar nicht als schmückendes Beiwerk zu einem Argument oder als Blick in die Vorgeschichte, sondern als handfeste Stütze, wenn nicht gar als letzter Beweis.[52] Der Geistesgeschichtler Gerhard Masur drückte es einmal, als er Freuds intellektuelle Selbstbezogenheit kritisierte, so aus: »Als er 1914 die Geschichte der psychoanalytischen Bewegung schrieb, stellte er fest, er hätte besser als irgendein anderer ein Anrecht darauf zu wissen, was Psychoanalyse sei. ›La Psychoanalyse [sic] – c'est moi!‹«[53] Und haben Freuds Schüler ihn mit ihrer Unterwürfigkeit nicht in seinem Größenwahn bestärkt?

---

51 Freud, *Neue Folge der Vorlesungen zur Einführung in die Psychoanalyse* (1933), *GW* XV, S. 76.

52 »Noch heute ist es nichts Ungewöhnliches«, stellt der angesehene Psychoanalytiker Mark Kanzer 1980 fest, »daß das eigentliche Freudsche Vermächtnis – der Versuch, aus eigenen Stücken und ohne Rücksicht auf die Überlieferung oder auch die eigenen früheren Ansichten zu forschen, Neues zu schaffen und Entscheidungen zu treffen – Opfer der Verehrung wird«. (»Conclusion«, in: Mark Kanzer und Jules Glenn (Hrsg.), *Freud and His Patients* [1980], S. 429) Die wohl härteste Kritik an dieser Einstellung aus den Reihen der Analytiker findet sich bei Edward Glover, »Research Methods in Psycho-Analysis« (1952), in: ders., *On the Early Development of Mind* (1956), S. 390-405, besonders S. 391-92.

53 Masur scheut sich nicht einmal, die kleine Gruppe von Anhängern, die Freud um sich scharte, als »eine Art Politbüro der Psychoanalytiker« zu bezeichnen. Sein

Masurs Anspielung auf Ludwig XIV. ist ebenso unpassend, wie seine Schilderung von Freuds angeblich beherrschendem Einfluß auf seine Anhänger provozierend ist. Dennoch findet sie Gehör, und zwar weitgehend deshalb, weil das öffentliche Auftreten der Psychoanalytiker wenig zu ihrer Widerlegung beigetragen hat. Deren offensichtliche Gewißheit, daß allein in der hermetisch abgedichteten analytischen Situation etwas zu lernen ist und daß Freuds Worten besondere Autorität zukommt, verstößt gegen die liebsten Überzeugungen der Historikerzunft. Das erste klingt wie ein Nachhall jenes unglücklichen Glaubensartikels (»Es bedarf aller Kräfte, um sich selbst zu erkennen«), der in praxi dem Tun des Historikers ein Ende setzen würde; ist dieser doch per definitionem – und unabhängig von seiner zeitlichen, räumlichen oder kulturellen Entfernung – mit der Welt des anderen befaßt, den er nach seinen persönlichen Kriterien, auf je eigene Art und Weise behandelt. Was das zweite betrifft, so mag ja in der scholastischen oder talmudischen Disputation und im theologischen Denken die sklavische Abhängigkeit der Psychoanalytiker von den Worten des Meisters am Platze sein; ganz und gar nicht ist sie es in einer Disziplin, die sich wissenschaftlicher Wahrheitssuche verschrieben hat. Historiker denken da vielleicht an Alfred North Whiteheads berühmten Aphorismus – »Wenn eine Wissenschaft nicht kurzerhand ihre Begründer vergißt, ist sie verloren« –, der den Schluß nahelegt, daß die Psychoanalyse fast von Beginn an, seit nämlich Freuds erste Schüler dazu übergingen, ihre Argumente mit entsprechenden Zitaten aus seinen Schriften abzusichern, für die Wissenschaft verloren war.

In Wirklichkeit ist die psychoanalytische Lehre weder so hermetisch noch so autoritär, wie es solche Äußerungen und derlei forensische Gepflogenheiten nahelegen. Es gibt ja eine Masse von Literatur, die sich mit der Popularisierung der Psychoanalyse befaßt

---

Abriß der Freudschen Ideen bewegt sich auf demselben Niveau. (*Prophets of Yesterday: Studies in European Culture, 1890-1914* [1961]; dtsch.: *Propheten von Gestern. Zur europäischen Kultur 1890-1914* [1965], S. 319-39, besonders S. 333-34)

und zu der Freud selbst sein Leben lang fleißig Beiträge geliefert hat. Er hielt allgemein verständliche Vorlesungen, die er in lebendiger Weise mit eindringlichen Bildern und treffenden Beispielen spickte und die auf mögliche Fragen und Zweifel von seiten der Zuhörer eingingen; sie luden dazu ein, die Probleme und Lehrsätze der Psychoanalyse mit der freundlichen, keineswegs arroganten Hilfe ihres Entdeckers zu durchdenken. Als harmloser Verführer begann er seine Darlegungen mit Alltagserfahrungen wie etwa Versprechern oder Vergessen von Namen, wies dann nach, daß das Seelenleben Gesetzen untersteht und das Unbewußte starken Einfluß auf die psychischen Vorgänge ausübt, und kam am Ende auf seine schwierigere Neurosentheorie zu sprechen. Nicht zufällig hat er einige seiner Darstellungen für das breitere Publikum in Dialogform geschrieben. Besser als irgendein anderer wußte er, wie provozierend, unwahrscheinlich, ja unglaublich seine Ideen waren, hatte er doch selbst ähnlich an ihnen gezweifelt. Seine ganze immense literarische Bildung mobilisierte er, um die psychischen Prozesse in all ihrer Komplexität vor Augen zu führen und die abschreckende Seite der menschlichen Natur ohne Affront gegen seine Leser offenzulegen, und nahm sich bei seinen voll belegten Tagen noch die Zeit, klar verständliche Artikel für Enzyklopädien, kurze Einführungen und Zusammenfassungen für ein breiteres Publikum zu schreiben. Sein letztes Buch, das er nicht mehr vollenden konnte, war ein Abriß der Psychoanalyse, ein passender Schluß zur Arbeit eines ganzen Lebens. Nie hätte er derart viel Mühe auf solche Darlegungen verwendet, wenn er der analytischen Situation eine so ausschließliche – und endgültige – wissenschaftliche Autorität eingeräumt hätte, wie er zuweilen behauptete.

Auffallend ist zudem, wie oft und wie gewissenhaft Freud seine metapsychologischen und klinischen Schriften mit Einschränkungen versah und auf Bereiche hinwies, in denen noch Ungewißheit und blankes Nichtwissen herrschte. Freud war ein Meister des Diskutierens; seine Überzeugungskünste hätten dem gewieftesten Anwalt Ehre gemacht. Als fraglos genialer Advokat kann es ihm kaum entgangen sein, daß seine höchstpersönliche Mischung aus Humor,

Vitalität und wissenschaftlicher Sorgfalt einen faszinierenden Stil bildete, der seinem Gegenstand – gleichgültig wie abstoßend oder uneinsichtig seine Ideen auf den ersten Blick erscheinen mochten – partout nicht schaden konnte. Aber obgleich das Innehalten und Um-Geduld-bitten, mit dem Freud seine Leser konfrontiert, ihm durchaus als Vehikel für die Verbreitung seiner Botschaft diente, war es doch mehr als ein taktisches Mittel der Überredungskunst; festgehalten wird so auch der jeweilige Stand der von ihm jahrzehntelang aus- und umgearbeiteten Disziplin.

Unter den gravierenden Vorwürfen, die man der Psychoanalyse gemacht hat, sind die langlebigsten Dogmatismus und Inkohärenz. Aber der erste ist ungerecht und der zweite übertrieben. Liest man Freuds Lebenswerk in chronologischer Reihenfolge, so erweist sich die Psychoanalyse als eine junge Wissenschaft, in der – wie beim geduldigen Kartographieren einer kaum erschlossenen Gegend – alles im Fluß ist. Sowohl dem gebildeten Publikum, den Männern und Frauen, die – wie er wußte – nie mit der analytischen Couch in Berührung kommen würden, wie auch den Psychoanalytikerkollegen bot Freud das Schauspiel des Suchens, eines unendlichen Forschens, das nach neuen Entdeckungen drängt und für einschneidende Veränderungen offen bleibt. Die von Freud meisterhaft begründete didaktische Literatur zur Psychoanalyse kann zwar die persönliche, besondere Erfahrung des Analysiertwerdens nie ganz ersetzen, aber dem Historiker doch durchaus ein Bild davon verschaffen, wie Freud und seine Anhänger sich das menschliche Seelenleben vorstellen. Der von H. Stuart Hughes gemachte reizvolle Vorschlag, wenigstens einige jüngere Historiker sollten sich einer Analyse unterziehen oder in einem psychoanalytischen Institut arbeiten, stößt, wie man sich denken kann, in unserer Zunft praktisch auf keinerlei Resonanz. Dabei ist ein solcher Gedanke zwar ausgefallen und mit der hochgegriffenen Erwartung verbunden, daß man Zeit, Geld und Kraft in einem Maße aufbringt, das nur wenigen Historikern zuzutrauen ist, aber eigentlich ganz und gar vernünftig.[54]

Selbst dem Historiker, der die Psychoanalyse nur über die Lektüre kennenlernt, kann die erstaunliche Spannweite des Freudschen Denkens, das unvergleichliche Talent, mit dem er Quellen studiert, Verknüpfungen herstellt und möglichen Einwänden begegnet, nicht entgehen. Zwangsläufig muß er deshalb erkennen, daß Freuds Stellung in der von ihm begründeten Disziplin ebenso einmalig ist wie die von dieser Disziplin verwendeten Techniken. Die Umstände, unter denen Freud zu seinen epochemachenden Entdeckungen kam, waren höchst ungewöhnlich und wenig vielversprechend: Als ehrgeiziger Neurologe, der mehr als einmal den Ruhm knapp verfehlte, als angesehener Therapeut, der sich durch vertrauenswürdige Heilmethoden empfahl, rückte er widerstrebend, ja unter großen Mühen, weit von seinen medizinischen Ausgangspunkten ab. Die Technik des Widerstandes, von der er später in seinen klinischen Schriften so viel sprach, könnte Freud an sich selbst beobachtet haben. Sehr gegen seinen Willen verwarf er die vorherrschenden physiologischen Erklärungen psychischer Vorgänge und die anerkannten Hypothesen über Geisteskrankheiten zugunsten seiner eigenen skandalösen Aussagen. Vieles spricht dafür, daß er gegenüber der sexuellen Ätiologie der Neurosen und der sexuellen Frühreife der Kinder eher reserviert war. Seinen Weg fand er durch die bewußte Beobachtung seiner Patienten, die ihm vieles mitteilten.[55] Und in einer beispiellosen Selbstanalyse durch-

---

54 Hughes, »History and Psychoanalysis: The Explanation of Motive«, in: ders., *History As Art and As Science: Twin Vistas on the Past* (1964); dtsch.: »Geschichte und Psychoanalyse«, in: Hans-Ulrich Wehler, *Geschichte und Psychoanalyse* (1971), S. 27-46. Hughes' Vorschlag paßt nämlich, wenn man ihn einmal ganz durchspielt, durchaus zum sonstigen Umgang des Fachhistorikers mit seinen Hilfswissenschaften und folglich seinem Quellenmaterial überhaupt; er fordert ja lediglich dazu auf, jene Sachkompetenz sicherzustellen, die er im Fall anderer Disziplinen für gänzlich unabweisbar halten würde. Die Erfahrung der analytischen Situation mit ihrer hochbesetzten Beziehung zwischen Analytiker und Analysand und ihrem Regressionszwang ist gar nicht weit entfernt vom Tun jenes Historikers, der die Reisen des Columbus auf den damaligen Routen und unter den damaligen Bedingungen nachvollzieht, – nicht weit entfernt, allerdings noch schwieriger. Eine andere, weniger strikte Sicht findet man bei Weinstein und Platt, *Psychoanalytic Sociology* (1973); dtsch.: *Psychoanalytische Soziologie* (1975), S. 155 Anm. 1.
55 Dazu siehe Peter Gay, »Sigmund Freud: A German and his Discontents«, in: ders.,

drang er die Nebelwand der ›guten Gründe‹ und versuchte, die wirklichen Gründe zu erkennen. Ein Vorbild für diese mutige Erforschung seines Inneren, seiner Träume, Assoziationen, Wünsche und Ängste, besaß er nicht, vielmehr mußte er bei seinem Tun alles selber schaffen und in den immer neuen fürchterlichen Entdeckungen dessen Resultate wiedererkennen.

Selbst für den kaltblütigsten Historiker ist es schwer, diese heroischen Jahre von Freuds Leben zu studieren, ohne in maßlose Übertreibung zu verfallen. Freud hat zwar vieles von anderen, von Dichtern, Romanciers, sogar Psychologen übernommen. Sein Lehrgebäude jedoch und die meisten Materialien, aus denen er es errichtet hat, stammen weitgehend, in verblüffendem Ausmaß von ihm selbst. Die Historiker, die ja den Blick und die Achtung für die Einzigartigkeit des Individuums lernen, müssen erkennen, daß Freud von ganz anderer Statur ist als geniale Wissenschaftler sonst. Nicht ohne Neid schreibt Freud einmal an Marie Bonaparte, Einstein sei glücklich dran gewesen, habe er sich doch – von Newton an – auf überragende Wissenschaftler stützen können; er selbst hingegen sei gezwungen, sich allein seinen Weg durch das Dickicht zu bahnen.[56] Wie wir heute wissen, hat Sigmund Freud die Kluft, die ihn von seinen Mit-Psychologen und auch von seinen Vorgängern trennte, ein wenig übertrieben; einige seiner Zeitgenossen, Philosophen und Psychologen, hatten Unbewußtes, Verdrängung, ja sogar die infantile Sexualität wie immer bruchstückhaft durchaus wahrgenommen. Wer Vorläufer sucht, kann bis zu Dr. Adolf Patze zurückgehen, einem obskuren Wundarzt »erster Klasse« in Grabow bei Stettin, der 1845 in einem Büchlein über Bordelle feststellte, der Geschlechtstrieb mache sich schon bei sechs-, vier-, ja dreijährigen kleinen Kindern bemerkbar.[57] Was Freud außerdem von

---

Freud, Jews and Other Germans: Masters and Victims in Modernist Culture (1978); dtsch.: »Sigmund Freud. Ein Deutscher und sein Unbehagen«, in: *Freud, Juden und andere Deutsche* (1986), S. 51-114, besonders S. 103-110.

56 Freud an Bonaparte, 11. Januar 1927, in: Ernest Jones, *The Life and Work of Sigmund Freud, 1919-1939: The Late Phase* (1957); dtsch.: *Das Leben und Werk von Sigmund Freud. III: Die letzte Phase, 1919-39*, (1962), S. 160.

Meistern der Medizin wie Ernst Brücke und Jean-Martin Charcot übernahm, ist nie ein Geheimnis gewesen und nie verleugnet worden. Aber selbst wenn man das damalige Klima in Medizin und Psychologie ins günstigste Licht rückt und als relativ guten Nährboden für die Entstehung der Psychoanalyse beschreibt, so erschüttert das doch Freuds Stellung als einsamer Begründer einer höchst subversiven Wissenschaft nicht im geringsten.

Den Biographen, die das Plädoyer für Freud partout diskreditieren wollten und Belege für seine Abhängigkeit von den Sexualwissenschaftlern seiner Zeit und von seinem Freund Fliess beibrachten, ist es nicht gelungen, den »Mythos« vom Gründungsvater Freud auszuräumen oder auch nur anzukratzen.[58] Freud selbst ließ sich zwar hier und da zu polemischen Übertreibungen hinreißen, baute aber auch gegen sie vor. Er war ein unübertroffener Leser wissenschaftlicher Literatur: Das Eingangskapitel der *Traumdeutung* ist eine kurzgefaßte, in jeder Hinsicht ergiebige bibliographische Übersicht über die damals greifbaren – neueren oder älteren – Monographien; in den *Drei Abhandlungen zur Sexualtheorie* nennt er gleich auf der ersten Seite nicht weniger als neun zeitgenössische Sexualforscher, aus deren Schriften er gelernt hat; sein Buch über den Witz weist auf vier Autoren hin, deren Arbeiten zum Thema Humor für sein eigenes Werk von Bedeutung waren, insbesondere auf den Philosophen Theodor Lipps, dessen kurz zuvor erschienener Untersuchung über Komik und Humor er, wie er großzügig anerkennt, »den Mut und die Möglichkeit verdank(t), diesen Versuch zu unternehmen«[59]. In seinen Rückblicken, in den Namen seiner Kinder hielt Freud voll Dankbarkeit fest, was er von anderen übernommen hatte.[60] Er war sogar bereit, seinen An-

---

57 Patze, *Ueber Bordelle und die Sittenverderbniss unserer Zeit* (1845), S. 48 Anm.
58 Siehe Frank J. Sulloways Buch *Freud, Biologist of the Mind: Beyond the Psychoanalytic Legend* (1979), dtsch.: *Freud, Biologe der Seele. Jenseits der psychoanalytischen Legende* (1982), das ich trotz (vielleicht auch wegen) seines zielstrebigen Beharrens auf Freuds Abhängigkeit von Fliess nicht überzeugend finde.
59 Freud, *Der Witz und seine Beziehungen zum Unbewußten* (1905), *GW* VI, S. 5 Anm.

spruch auf den Titel eines Begründers der Psychoanalyse einzuschränken; die Vaterschaft sollte, wie er mehr als einmal schrieb, eigentlich Josef Breuer zugesprochen werden. Als Riese stand Freud auf den Schultern großer Männer. Seine Originalität war wie alle Originalität etwas Zusammengesetztes: Zu ihr gehörte die Erkenntnis, wieviel Anregungen in der Arbeit seiner Vorgänger steckten, und die Fähigkeit, sie zu Ende zu denken – wozu er wiederum durch ihre Funde ermutigt wurde. Ideen, die bei früheren Forschern nur gelegentlich und vereinzelt aufgetaucht waren, kombinierte er so, daß sie sich gegenseitig befruchten konnten. Außerdem machte er seine eigenen bahnbrechenden Entdeckungen.

Auch wie ein religiöser Prophet oder ein charismatischer Führer verhielt Freud sich nicht, obgleich einige seiner Epigonen versucht haben, so etwas aus ihm zu machen. Genauso wie auf seine Patienten, hörte er auf seine Erfahrung und seine Mitstreiter: Die Geschichte der Psychoanalyse, das sind in den ersten vier Jahrzehnten vor allem die Veränderungen, die Freud an seinen Ansichten über den Aufbau der Psyche, über die therapeutische Technik, das Wesen der Triebe, über weibliche Sexualität und Angst vornimmt, – lauter Stichworte, die bezeugen, wie aufnahmebereit er nicht bloß für neues empirisches Material, sondern auch für eine neue Sicht des schon vertrauten Materials war. Nach Freuds Tod im Jahr 1939 hat sich ohne weitere Beeinträchtigungen von »orthodoxer« Seite der größere, unendlich wichtige Themenbereich der Objektbeziehungen, jener frühesten Erfahrungen noch vor Beginn der ödipalen Phase, herausgebildet. Einige Analytiker haben Freuds Vorstellungen von der weiblichen Sexualität revidiert, andere die Behandlung der Aggression als eines Grundtriebs in Frage gestellt, obgleich sie nur innerhalb des Fachkreises gelesen wurden.[61] Eher in der

---

60 Den einen seiner Söhne nannte Freud Ernst nach Ernst Brücke, den anderen Martin nach Jean-Martin Charcot, beide also nach den Lehrern, die er am meisten bewunderte. Vgl. Peter Gay, »Six Names in Search of an Interpretation: A Contribution to the Debate over Sigmund Freud's Jewishness«, in: *Hebrew Union College Annual*, LIII (1982), S. 295-307.

61 Der hervorragende Analytiker Leo Stone zum Beispiel bestreitet, daß »Aggression«

Außenperspektive und aufgrund des von manchen Analytikern angeschlagenen abweisenden Tons (dessen Abwehrgestus der Verbiesterung ihrer Gegner in nichts nachsteht) ist die Psychoanalyse ungerechterweise in den Ruf geraten, eine hermetisch abgeschlossene Kultgemeinde zu sein.

Natürlich weist sie auch reichlich Stabilität auf. Nicht nur hat Freud sein Leben lang an den Grundideen der Psychoanalyse festgehalten; in seinen Schriften sah er außerdem Probleme voraus und wies auf Lösungen hin, über die Analytiker noch heute nachdenken können. Ich verweise nur auf die vor dem Ersten Weltkrieg geschriebenen erstaunlichen Schriften zur analytischen Technik. Freuds Werk ist eine denkwürdige Erfahrung, auf die man zurückgreifen und die man immer neu durchforschen kann. Das gibt zwar den Analytikern mit ihrer Angewohnheit, Freud als letzte Autorität zu zitieren, nicht einfach Recht. Doch stellt es ihre Angewohnheit in den Zusammenhang, in den sie gehört. Was sollten sie machen bei einem solchen Vater, einem Genius, der scheinbar alles geschaffen hatte? Man konnte ihn weder vergessen oder verleugnen noch umbringen. All das wäre zwar psychologisch verständlich, aber doch schreiender Undank und schiere wissenschaftliche Torheit gewesen. Die einzige Lösung war, sich mit ihm zu arrangieren und seine Größe anzuerkennen. Beim Anblick dieses erschütternden Schauspiels sollte der Historiker erneut über Freuds Stellung

---

ein einheitlicher Begriff ist (»Reflections on the Psychoanalytic Concept of Aggression«, in: *The Psychoanalytic Quarterly*, XL [April 1971], S. 195-244); vor ihm hat sich schon Otto Fenichel, der in der psychoanalytischen Profession unverändert hohes Ansehen genießt, nachdrücklich mit Freuds dualistischer Triebtheorie auseinandergesetzt (»A Critique of the Death Instinct« [1935], in: *The collected Papers of Otto Fenichel, First Series* [1953]; dtsch.: »Zur Kritik des Todestriebes«, in: *Aufsätze*, hrs. von Klaus Laermann [1979], Bd. I, S. 361-71); etliche angesehene Analytiker und analytisch orientierte Psychologen haben sogar gefordert, die Metapsychologie aus dem verbindlichen Korpus des Freudschen Werks zu entfernen (ich verweise zumal auf einige Schriften von George S. Klein wie etwa »Two Theories or One?« [1970], in: ders., *Psychoanalytic Theory: An Exploration of Essentials* [1975], S. 41-71, und auf die Essaysammlung zum Gedenken an Klein, hrs. von M. Gill und Philip S. Holzman, *Psychology versus Metapsychology* [1976]).

nachdenken und offen eingestehen, daß sie in der modernen Geistesgeschichte, so unglaublich das klingen mag, tatsächlich einmalig ist.

3 Eine umstrittene Theorie

Freuds monumentale Statur ist keine Garantie für die Gültigkeit seines Systems. Die Vorwürfe der Kritiker, die dem Begründer der Psychoanalyse Arroganz und den Schülern Unterwürfigkeit (nach ihrem Eindruck wohl zwei Seiten ein und derselben Medaille) vorhalten, wiegen nur allzu schwer. Und weitere, vielleicht viel vernichtendere Kritik hängt wie ein Damoklesschwert über ihr. Mehr als ein halbes Jahrhundert lang hat man dem Freudschen Denksystem zum Beispiel schlichtweg den Status einer Wissenschaft abgesprochen. Nach der festen Ansicht ihrer Gegner ist die psychoanalytische Theorie nichts anderes als eine behaglich geschlossene Gesellschaft von wechselseitig sich stützenden Begriffen und ebenso korrupt und egoistisch wie ein von Nepotismus durchsetzter politischer Apparat; sie erschöpft sich in selbstaffirmativen, gegen jede Überprüfung immunen Sätzen und verkündet ihre »Entdeckungen« in so unverbindlicher, unklarer und nebulöser Sprache, daß sie jedes nur denkbare menschliche Erfahren und Erleben abdeckt. Eine Erklärung für alles und jedes aber ist eine Erklärung für nichts. In eben diesem herabsetzenden Sinne hat man die Psychoanalyse eine Religion genannt, eine Sammlung großartiger, dichterischer Mythen.

Schaut man sich Äußerungen aus den 70er und 80er Jahren an, dann hat man den Eindruck, daß diese Beurteilung, obgleich alles andere als neu, nichts von ihrer Attraktivität verloren hat. David Stannard etwa erklärte »große Teile« der psychoanalytischen Theorie für »quasi mystisch«. Bezeichnender-, aber nicht erstaunlicherweise entnehmen solche Kritiker, wenn sie zum Schlag gegen Freud ausholen, ihre tödlichen Metaphern der Religion. »Die Geschichte der Freudschen Psychoanalyse«, schreibt Jacques Barzun mit höflicher, aber deplazierter Genauigkeit, »hat in achtzig Jahren mindestens drei Phasen durchlaufen und sich zu guter letzt in ebenso viele Sekten aufgelöst, wie es Theoretiker und Ärzte gibt.«[62] Dieselben Einwände und Vorbehalte begegnen uns schon gleich nach dem Ende des Ersten Weltkriegs, als der junge österreichische Philosoph Karl R. Popper – damals war er gerade mal 17 Jahre alt – die Psychoanalyse zu den im revolutionären Wien um Beachtung kämpfenden »Pseudowissenschaften« zählte. Der Zusammenbruch des Kaiserreichs Österreich-Ungarn und die die Hauptstadt erschütternden Unruhen hatten einen regelrechten Rausch geistiger Erneuerung ausgelöst. »Die Luft«, so erinnert Popper sich später, »war voll von revolutionären Losungen, Ideen und neuen und oftmals wüsten Theorien«; inmitten dieses hektischen Treibens sei ein kühler, kritischer Kopf, der – wie Popper selbst – auf akzeptable Beweise dringt, ebenso notwendig wie selten. Das imposanteste der heiß debattierten Gedankengebilde war ihm zufolge Einsteins Relativitätstheorie, aber auch drei andere Theorien – der Marxismus, Adlers »Individualpsychologie« und die Psychoanalyse – machten heftig von sich reden. Allen dreien, so Popper, fehlte es nicht im geringsten an Beweisen. Im Gegenteil, für den Uneingeweihten hatten sie beachtliche »*Erklärungskraft*«; ebenso wie die anderen schien auch die Psychoanalyse »in der Lage, praktisch alles, was geschah, zu erklären«. War man erst einmal überzeugter Anhänger, so sah man »überall nichts als bestätigende Beispiele: Die Welt wimmelte nur so von *Verifikationen* der Theorie«. Ihrem Anspruch auf den Titel einer Wissenschaft aber schadete dieser glückliche Umstand ganz entschieden. »Positive Beweise sollten nur Gewicht haben, wenn sie aus *ungesicherten Prognosen* resultieren. Eine Theorie, die von keinem vorstellbaren Ereignis widerlegt werden kann, ist unwissenschaftlich. In der Theorie ist Unwiderlegbarkeit nicht (wie oft angenommen) eine Tugend, sondern ein Laster.« Kurz, die Psychoanalyse verstieß gegen den wissenschaftlichen

---

62 Stannard, *Shrinking History: On Freud and the Failure of Psychohistory* (1980), S. 87; Barzun, *Clio and the Doctors*, S. 33.

Grundsatz der Falsifizierbarkeit. Im Gegensatz zu einigen seiner Verehrer, die sich als nicht ganz so großmütig erwiesen, räumt Popper gern ein, Freud habe einige wichtige Dinge richtig gesehen; außerdem konzediert er, daß wahre Wissenschaften ihren Ursprung in eben solchen Mythen haben, wie Freud sie schuf. Gleichwohl hält er strikt daran fest, daß »die ›klinischen Beobachtungen‹, die Analytiker ahnungslos für die Bestätigung ihrer Theorie nehmen, es nicht mehr und nicht weniger sind als die tägliche Bestätigung, die Astrologen in ihrem Tun sehen.« Im selben Jahr 1919, als Popper zu diesem fatalen Schluß kam, las auch Sidney Hook Freuds Schriften und stellte seinen eigenen Falsifizierbarkeitssatz auf. Er machte eine Umfrage bei Psychoanalytikern, von denen er wissen wollte, aufgrund welcher Beweise sie feststellen könnten, daß ein Kind keinen Ödipuskomplex hat. Die von ihm gesammelten ausweichenden und empörten Antworten bestärkten ihn in dem Glauben, daß die Psychoanalyse ein »monistisches Dogma« sei und Freud in den Bereich »dichterischer Mythenstiftung« gehöre.[63]

In Anbetracht der Skepsis, auf die Poppers Kriterium für verläßliche Erkenntnis bei immer mehr Wissenschaftsphilosophen gestoßen ist, könnte man meinen, jede nähere Betrachtung tue ihnen schon zuviel Ehre an. Der Falsifizierbarkeitstest hat sich, zumindest in der Popperschen Zuspitzung, mittlerweile als logisch dubios

---

63 Popper, »Philosophy of Science: A Personal Report«, Vortrag von 1953, in: C.A. Mace (Hrs.), *British Philosophy in Mid-Century* (1957), S. 156-58, später in: Popper, *Conjectures and Refutations: The Growth of Scientific Knowledge* (1963, 2. Aufl. 1965), S. 33-65; Hook, »Science and Mythology in Psychoanalysis«, in: ders. (Hrsg.), *Psychoanalysis. Scientific Method and Philosophy: A Symposium* (1959), S. 214-15, 223. Popper hat seine Meinung nie geändert. So schrieb er vor nicht langer Zeit, daß »keine logisch mögliche Beschreibung menschlichen Verhaltens - wie immer sie lauten mag - mit den psychoanalytischen Theorien von Freud, Adler oder Jung unvereinbar sein« würde. (*Objective Knowledge: An Evolutionary Approach* [1972]; dtsch.: *Objektive Erkenntnis* [1984], S. 38 Anm.). Poppers emphatischster Anhänger in diesem Punkt ist (abgesehen von David Stannard) Peter B. Medawar, der sich über Freuds Thesen einfach lustig macht: Vgl. seine Bücher *The Art of the Soluble* (1967), dtsch.: *Die Kunst des Lösbaren. Reflexionen eines Biologen* (1972), S. 10-12, 54-59; und *Introduction and Intuition in Scientific Thought* (1969), S. 6-7, 49-50.

und psychologisch unplausibel erwiesen.[64] Wissenschaften und Wissenschaftler arbeiten nun mal nicht so. Der solide, sei's durch gewissenhafte Beobachtung, sei's durch kontrollierte Experimente beigebrachte Beweis bleibt die sicherste Stütze für wissenschaftliche Hypothesen. Auf den folgenden Seiten, die sich auch mit anderen Angriffen gegen den Anspruch der Psychoanalyse auf den Titel einer Humanwissenschaft befassen, gehe ich auf Popper allerdings deshalb ein, weil die Historiker auf ihrer Suche nach Argumenten gegen Freud noch immer große Stücke auf Poppers angeblich vernichtende Kritik halten. Zielsicher und unbeirrt greift Stannard in *Shrinking History* darauf zurück. Auch der politische Journalist Robert Sherrill nimmt sie 1984 in seiner Rezension einer von dem amerikanischen Historiker Robert Dallek vorgelegten psychoanalytischen Studie über Ronald Reagan zu Hilfe: »Was ist falsch an Dalleks Theorie, die derzeitige Regierung beziehe ihre besondere Gestalt aus Reagans Kindheit? Vielleicht gar nichts. Theorien dieser Art lassen sich ja gar nicht als falsch erweisen.«[65] Schon einige der sonstigen Vorwürfe gegen das Verfahren der Psy-

---

64 Das Thema hat seine Tücken; davon zeugt der folgende sachkundige Kommentar des Wissenschaftsphilosophen Ernest Nagel, dem man kaum Sympathien für die Psychoanalyse nachsagen kann: »Offensichtlich macht Medawar sich Poppers These zueigen, daß zwar keine wissenschaftliche Theorie letzte Beweiskraft hat, alle Theorien aber definitiv widerlegbar sind. Natürlich gibt es eine formale Asymmetrie zwischen Verifizierung und Widerlegung allgemeiner Aussagen. Gleichwohl wäre es übertrieben zu behaupten, jede Theorie sei bis ins letzte falsifizierbar. Während nämlich ein einziges Gegenbeispiel eine Theorie widerlegt, kann die Entscheidung darüber, ob ein sichtlich widerstreitendes Faktum tatsächlich mit der Theorie unvereinbar ist, häufig nur im Licht mehrerer, zumindest im Zusammenhang der jeweiligen Fragestellung als vernünftig angenommener Prämissen getroffen werden.« (»What is True and False in Science«, in: *Encounter*, XXIX [September 1967], S. 70) Wichtige Gegenargumente gegen Poppers Standpunkt aus psychoanalytischer Sicht finden sich bei Clark Glymour, »Freud, Kepler, and the Clinical Evidence« (1974), in: Richard Wollheim und James Hopkins (Hrsg.), *Philosophical Essays on Freud* (1982), S. 12-31; sowie bei B.R. Cosin, C.F. Freeman und N.H. Freeman, »Critical Empiricism Criticized: The Case of Freud«, ibid., S. 32-59.
65 Sherrill, »How Reagan Got That Way«, Rezension von Dallek, *Ronald Reagan: The Politics of Symbolism* (1984), in: *The Atlantic*, CCLIII, 3 (März 1984), S. 130.

choanalyse – sie nutze die Beeinflußbarkeit des Patienten aus, sie sperre sich gegen die unabhängige Prüfung der analytischen Schlüsse – wiegen für sich genommen schwer genug. Zusammen mit Poppers Einwänden sind sie für viele Freudkritiker vernichtend geworden.

Natürlich müssen die Prämissen der Analytiker – die psychischen Gesetzmäßigkeiten, die Tiefenlektüre von Romanen oder Gemälden, die Deutungen während der analytischen Sitzung – der rationalen Kritik, der Ratifizierung und Revision durch spätere experimentelle Forschung, klinische Erfahrung und logische Reflexion, zugänglich sein. Andernfalls – wären sie nämlich so dehnbar, daß sie auf alle nur vorstellbaren Situationen zuträfen und alles nur denkbare Verhalten erklären könnten – würden sie den Psychoanalytiker zum inspirierten Propheten erheben – bzw. herabsetzen. Dann hätte Popper Recht: Der Analytiker wäre nicht besser als der Astrologe, der in jedem von ihm gestellten Horoskop die willkommene und gar nicht überraschende Bestätigung seiner pseudowissenschaftlichen Überzeugungen findet. Der Königsweg zu psychoanalytischer Erkenntnis würde sich als Irrweg zum selbstaffirmativen Aberglauben erweisen. Glücklicherweise sind wir für die Entscheidung zwischen den konfligierenden Standpunkten nicht auf bloßes Raten angewiesen. Sowohl an Freuds Schriften wie auch am Material aus späteren Analysen und an den Versuchsreihen der letzten Jahrzehnte läßt sich das Verdikt, die Psychoanalyse sei der Katholizismus in der Psychologie, vorzüglich messen.

Das schon erwähnte experimentelle Beweismaterial ist durchaus geeignet, Zweifel an derlei Abqualifizierungen zu wecken. Auch die analytische Sprechstunde, wie sie in Fallgeschichten und kurzen Fallbeispielen festgehalten ist, bietet entlastendes Material. In der Art, wie Freud die Mitteilungen seiner Analysanden aufnimmt, wird das logische Problem der Verifikation in der Psychoanalyse weder reproduziert noch verleugnet, es wird vielmehr explizit angesprochen und mit zahlreichen Lösungsvorschlägen beantwortet. Nach Ansicht von Popper oder Stannard können die Reaktionen des Patienten die Vermutungen des Analytikers nur bestätigen.

Sein Ja, so meinen sie, bedeutet Ja, aber auch sein Nein ist ein Ja; diese bequeme Möglichkeit, sich Bestätigung zu verschaffen, hat Freud einmal mit der ihm eigenen Witterung für Kritik in die beißende englische Wendung »Heads I win, tails you lose« gefaßt. »Die Art, wie unsere Patienten ihre Einfälle während der analytischen Arbeit vorbringen«, so schildert Freud das suspekte Verfahren, »gibt uns Anlaß zu einigen interessanten Beobachtungen. ›Sie werden jetzt denken, ich will etwas Beleidigendes sagen, aber ich habe wirklich nicht diese Absicht.‹ Wir verstehen, das ist die Abweisung eines eben auftauchenden Einfalles durch Projektion. Oder ›Sie fragen, wer diese Person im Traum sein kann. Die Mutter ist es *nicht*.‹ Wir berichtigen: Also ist es die Mutter. Wir nehmen uns die Freiheit, bei der Deutung von der Verneinung abzusehen und den reinen Inhalt des Einfalls herauszugreifen.«[66]

Diese sorglose Vernachlässigung des Nein, so Freuds Kritiker, beherrscht die gesamte Deutungstätigkeit des Analytikers und verschafft seinen Urteilen den beneidenswerten Status absolut unwiderleglicher Aussagen. Stimmt der Analysand der Deutung des Analytikers zu, beweist das ihre Richtigkeit; lehnt er sie aber ab, so ist ihre Richtigkeit nur umso sicherer bewiesen. Freud geht direkt auf diesen Vorwurf ein. »Das heißt, wenn er uns zustimmt, dann ist es eben recht; wenn er aber widerspricht, dann ist es nur ein Zeichen seines Widerstandes, gibt uns also auch recht. Auf diese Weise behalten wir immer recht gegen die hilflose arme Person, die wir analysieren, gleichgiltig wie sie sich gegen unsere Zumutungen verhalten mag.«[67] Freud formuliert hier mit der für ihn charakteristischen Klarheit das, was Popper meint. Da er Methoden und Prämissen der positivistischen Wissenschaft gründlich studiert hatte, brauchte er kaum darauf hingewiesen zu werden, daß die Äußerungen der Analysanden der Verifizierung logische ganz ebenso wie empirische Hindernisse in den Weg legen.

---

66 Freud, »Konstruktionen in der Analyse«, *GW XVI*, S. 43; ders., »Die Verneinung«, *GW XIV*, S. 11.
67 Freud, »Konstruktionen in der Analyse«, *GW XVI*, S. 43.

Hindernisse allerdings, die – wie Freud zuversichtlich meint – der Analytiker überwinden kann. Wenn er die von ihm selbst formulierten Einwände widerlegt, demonstriert er nicht nur, daß er sich nicht aus der Ruhe bringen läßt, sondern auch, daß er ein gutes Auge für die Befürchtungen seiner Kritiker hat. Daß Freud sich weder in langatmigen Gegenargumenten verliert noch schlichtweg entrüstet, beweist sein Selbstvertrauen. Er steht ganz einfach auf dem Standpunkt, daß all diese verständlichen Diffamierungen das psychoanalytische Verfahren drastisch verzerren. Analytiker, so schreibt er, sind ebenso mißtrauisch gegenüber einem Ja wie gegenüber einem Nein; die Ablehnung einer Deutung durch den Patienten ist nicht immer Material, das den Vermutungen des Analytikers indirekt Recht gibt, sondern kann ein völlig berechtigtes und überzeugendes Gegenargument gegen diese Vermutungen sein. Wie Psychoanalytiker in ihren Schriften zur Technik wiederholt unterstrichen haben, kann der sogenannte »gute Patient« de facto sogar der allerwiderspenstigste sein. Jener Analysand, der nie eine Sitzung versäumt, stets pünktlich erscheint, ohne Punkt und Komma freie Assoziationen liefert, die Sprechstunde mit zahllosen bedeutungsvollen Träumen füllt und vor allem jede Deutung seines Analytikers umstandslos akzeptiert, verteidigt seine Neurose vielleicht weitaus zäher, weil unmerklicher, als ein Patient, dessen Widerstand offen zutage liegt.[68]

Das Interesse des zuhörenden Analytikers gilt nicht dem, was mit schmeichelhafter Gefügigkeit daherkommt, sondern jenen Mitteilungen, die in irgendeiner Form durch die unbewußte Zensur des Patienten durchschlüpfen, zur sprachlichen Ebene vordringen und, so seine Hoffnung, letztlich begreifbar werden können. Sie erscheinen als Versprecher, Assoziation, Geste oder Traum, als regelmäßige Verspätung und Versehen beim Ausfüllen des monatlichen

---

[68] Die klassische und nach wie vor lesenswerte Schrift über diesen Patiententypus ist Karl Abrahams Aufsatz »Über eine besondere Form des neurotischen Widerstandes gegen die psychoanalytische Methodik« (1919), in: ders., *Gesammelte Schriften in zwei Bänden*, hrs. von Johannes Cremerius (1971; 1982), Bd. I, S. 276-83.

Schecks – auch als Annahme oder Ablehnung der vom Analytiker vorgeschlagenen Deutungen. Aus bruchstückhaften und in aller Regel unfreiwilligen Enthüllungen setzt der Analytiker nach und nach die Einsicht in die Neurose seines Patienten zusammen und schlüsselt die Dynamik seines Charakters auf. Bekanntlich ist die Psychoanalyse die Wissenschaft des Argwohns; sie lebt von der Überzeugung, daß vieles nicht das ist, was es zu sein scheint. Aber sie weiß sehr wohl, daß verwirrenderweise vieles doch das ist, was es zu sein scheint. Nicht anders als der Historiker muß auch der Analytiker einräumen, daß das Seelenleben unendlich kompliziert ist.[69]

All dies bedeutet, daß der Analytiker, ganz ebenso wie der Historiker, nicht voreilig urteilen darf. Die analytische Situation ist ineins ein Forum für Aufrichtigkeit und eine Arena des Widerstands. Mit den seltenen Einwürfen des Analytikers und seinem gleichbleibend neutralen Ton, mit der entspannten Rückenlage des Analysanden und seinen ins Leere gesprochenen Bekenntnissen soll sie das Klima der Beichte schaffen. Zugleich aber kommt es zu einem Konflikt zwischen der Weigerung des Patienten, seine Geheimnisse preiszugeben und auf seine Krankheit zu verzichten, und seiner erklärten, so aufrichtig wie möglich befolgten Absicht, ohne Zögern und ohne Auslassung alles zu sagen, was ihm durch den Kopf geht. Der Prozeß der psychoanalytischen Enthüllung ist daher ein Joint venture, ein immer schwieriger und auf Umwegen erreichter Kompromiß. Beide, Analytiker und – sobald er in die Mysterien eingeführt ist – Patient, müssen irreführende Codes deuten und monatelang über ihren Sinn im unklaren bleiben. Eben deshalb hat Freud sowohl in seinen technischen Schriften wie auch in seinen Fallgeschichten nachdrücklich betont, daß der Analytiker durchaus irrt und zumeist unsicher ist. So schreibt er in einem kurzen Aufsatz, der sich gegen die von ihm so genannte »wilde« Psy-

---

69 Vgl. besonders Marshall Edelson, »Is Testing Psychoanalytic Hypotheses in the Psychoanalytic Situation Really Impossible?«, in: *PSC (Psychoanalytic Study of the Child)*, XXXVIII (1983), S. 61-109.

choanalyse richtet, »daß man manchmal falsch rät und niemals imstande ist, alles zu erraten«.[70] Der Analysand verfügt über ein so reiches Innenleben und eine so hochentwickelte Verstellungskunst, daß noch die unbestreitbarste Diagnose unvollständig bleiben muß und sich zu guter Letzt gar als falsch erweisen mag. Das Ja des Patienten zu einer Interpretation kann sowohl bedeuten, daß man den Kern getroffen, wie auch daß er eine peinliche Mitteilung zurückzuhalten hat; sein Nein, daß das fachkundige Raten des Analytikers einen wunden Punkt berührt hat oder im Gegenteil weit vom Eigentlichen entfernt bleibt. Jede Deutung ist ein kleiner, in gutem Glauben gestarteter Versuchsballon – Irreführen gehört nicht zu den Techniken des Analytikers –, der niemals nutzlos ist, sondern oft weiterhilft, auch wenn er danebentrifft. »Der Analytiker«, um seinen Lieblingssatz zu zitieren, »kann alles verwerten.«

Von den Fertigkeiten des Analytikers am meisten geschätzt wird das Zuhören, und wie in so vielen Dingen war Freud lange Zeit auch hierin vorbildhaft für seine Zunft. Bereits die 1895 zusammen mit Josef Breuer publizierten allerersten Fallgeschichten, die Fingerübungen zur Psychoanalyse, bezeugen seine produktive Passivität. Die Kunst des Zuhörens lehrten ihn Frau Emma von N., Fräulein Elisabeth von R. und andere mehr. Bei ihnen lernte er, den langatmigsten, inkohärentesten Erzählungen seiner Patienten zu folgen, seine Einwürfe zurückzuhalten und vor allem, genügend inneren Freiraum zu gewinnen, um über das ihm Erzählte zu staunen.[71] Dieses Erstaunen wachzuhalten, gehört zum Besten, was der Analytiker für seine Technik lernen kann; es dient als Gegenmittel gegen Anfälle von Unfehlbarkeit. Die analytische Situation ist ja kein sportlicher Wettkampf, bei dem jeder Punkte sammeln, sondern ein gemeinsames Forschen, bei dem man Entdeckungen ma-

---

70 Freud, »Über ›wilde‹ Psychoanalyse« (1910), *GW VIII*, S. 124. Dieser kurze Artikel ist als Warnung vor gewissenlosen und übereilten Diagnosen außerordentlich lesenswert. Siehe auch Freud, »Konstruktionen in der Analyse«, *GW XVI*, S. 48-49.
71 Die bezeichnendsten Stellen finden sich in Freud und Breuer, *Studien über Hysterie* (1895), *GW I*, S. 114, 115f, 189, 200, 240; sowie Freud, »Die Abwehr-Neuropsychosen« (1894), *GW I*, S. 66-67.

chen will. Die Verneinung hat in der Psychoanalyse eine exponierte, ungesicherte Stellung, aber der Analytiker kann – allem zum Trotz, was man über ihn sagt – ein Nein als vollgültige Antwort nehmen.

Und zwar einfach deshalb, weil ungeachtet der verzerrenden Darstellungen das psychoanalytische Denken – in den Grenzen einer Tiefenpsychologie – bestrebt ist, den anspruchsvollen Rahmenbedingungen objektiver Beweisbarkeit zu genügen. Auch wenn der Schein dagegen spricht. Man nehme nur Freuds wichtige kurze Schrift über »Charakter und Analerotik« von 1908, in der er berichtet, er habe eine Reihe von Patienten, die zugleich ordentlich, sparsam und eigensinnig seien. Obgleich das Zusammentreffen dieser drei Charakterzüge der Intensität und proportionalen Verteilung nach wechselte, fand Freud es »unabweisbar, daß irgendwie alle drei zusammengehören«. Er stellte fest, daß diese Konstellation für eine gemeinsame Kindheitserfahrung steht: nämlich für das ungewöhnlich späte Erlernen der analen Kontinenz, das mit einer ungewöhnlich starken Lust an der Zurückhaltung des Stuhls einhergeht. Freud vermutete daher, »daß die Konstanz jener Trias von Eigenschaften in ihrem Charakter mit der Aufzehrung der Analerotik in Verbindung gebracht werden darf«: Der Charakter des Erwachsenen trete also nur das Erbe bestimmter, unvollständig überwundener infantiler Fixierungen an. Er kam zu dem Schluß, daß die »bleibenden Charakterzüge« solcher Patienten »entweder unveränderte Fortsetzungen der ursprünglichen Triebe, Sublimierungen derselben oder Reaktionsbildungen gegen dieselbe« sind.[72]

Dies, denke ich, ist eine provokante These, ein rotes Tuch für alle Verfechter der Falsifizierbarkeit. Freuds Diagnose der Analerotik bezieht sich sowohl auf Patienten, die eine bestimmte Trias von sichtbaren Eigenschaften aufweisen, wie auf solche, die über die genauen Gegeneigenschaften verfügen, und schließlich auf Patienten, die ihre geschickte Umbildung bewerkstelligt haben. Freud

---

72 Freud, »Charakter und Analerotik« (1908), *GW VII*, S. 204, 209.

scheint also schlichtweg zu behaupten: Ist der Analysand sauber, sparsam und eigensinnig, so spricht das für eine anale Fixierung; ist er schlampig, freigebig und anpassungsbereit, so trifft dieselbe Diagnose zu; und wenn er es schafft, seine Charakterstruktur für wertvollere Tätigkeiten nutzbar zu machen und Eisenbahnfahrpläne zu entwerfen, eine Sparkasse zu leiten oder im Boston-Marathon als Langstreckenläufer zu glänzen, dann belegt auch diese Anpassung an die Erwachsenenwelt nur, daß er nicht imstande ist, die Abkömmlinge seiner infantilen Widerstände gegen die Sauberkeitserziehung sowie seiner ungewöhnlichen Lust an der Zurückhaltung seiner Exkremente zu überwinden. Nach dieser Darstellung kann sich die Diagnose »Analerotik« nie ins Unrecht setzen. Und wenn sie nie im Unrecht sein kann, ist sie irrelevant.

In Wirklichkeit ist es so, daß die Diagnose zwar ein größeres Gebiet abdeckt und für einen ganzen Symptomkomplex gilt, aber weder Anspruch auf Universalität noch auf Unfehlbarkeit erhebt. Der Analcharakter ist Freud zufolge nicht jedermanns Schicksal; anders als einige seiner besonders enthusiastischen Schüler zumeist von außerhalb des psychoanalytischen Lagers verhalf er ihm nicht einmal zu der zweifelhaften Ehre, Organisationsprinzip des modernen Kapitalismus zu sein. Die betreffende Konstellation ist für ihn nur eine von mehreren möglichen Charakterstrukturen. Viele Individuen überwinden die Analerotik im Laufe ihrer mehr oder weniger gesunden Entwicklung; bei anderen bleiben nur Spuren, die hinter den Anforderungen anderer, auffälligerer Züge zurücktreten. Der Charakter ist etwas Resultatives, Vielschichtiges, mit eigener Geschichte, weit differenzierter und undurchsichtiger als eine abgrenzbare Krankheit wie Tuberkulose oder Bluthochdruck. Bankfachmann oder passionierter Läufer kann man aus vielerlei Gründen werden. Freud hat in der Logik seiner Charakterologie also allerhand Fälle vorgesehen, bei denen eine Analerotik-Diagnose allzu simpel oder gar verfehlt wäre. »Wir haben uns gewöhnt«, schreibt er in seiner berühmten Fallgeschichte des »Wolfsmannes«, »das Interesse am Gelde, *soweit es libidinöser und nicht rationeller Natur ist*, auf Exkrementallust zurückzuführen und«, so fügt er mit jenem unbeirrbaren gesunden Menschenverstand, den man ihm so häufig abgesprochen hat, hinzu, »vom normalen Menschen zu verlangen, daß er sein Verhältnis zum Gelde durchaus von libidinösen Einflüssen frei halte und es nach realen Rücksichten regle.«[73] Nie hätte Freud die Zwänge der Außenwelt geleugnet.

Im übrigen ist die Diagnose »Analerotik« bei aller provozierenden Fähigkeit, Gegensätzliches zu erklären, durchaus falsifizierbar. Die im Frühstadium der Analyse angestellte Vermutung, die stillschweigende Prognose, daß die Analyse diese Struktur zutage fördern wird, kann sich im Licht weiterer klinischer Entdeckungen als schlechterdings unhaltbar erweisen. Prüfstein einer derartigen Diagnose ist, wie bei allen anderen auch, das Quantum an affektiver Besetzung, das die Motive, Gedanken und Handlungen des Patienten auszeichnet. »Mit einem normalen, noch so intensiven Gedankenzuge«, schreibt Freud einmal, »wird man endlich fertig.« Diagnostisches Interesse verdient er nur dann, wenn er »trotz aller bewußten und willkürlichen Denkbemühungen der Person nicht zersetzt und nicht beseitigt werden kann«. Wenn der Kleine Hans (um einen von Freuds bekanntesten Fällen zu nehmen) große Zärtlichkeit gegenüber seinem Vater zeigt, so vermag das allein noch nicht den Verdacht des Analytikers zu wecken, daß sich hinter der demonstrativen Liebe des kleinen Knaben uneingestandener Haß verbirgt. »Nur das Übermaß und das Zwangsmäßige der Zärtlichkeit verrät uns«, daß Liebe und Haß im Unbewußten des Kleinen Hans miteinander ringen.[74] Wo Rauch ist, ist nicht immer Feuer; es bleibt Raum für leidenschaftlichen Zorn oder leidenschaftliche Bewunderung. Die psychischen Anzeichen dafür, daß das Rauchwölkchen tatsächlich für ein ersticktes Feuer stehen könnte, sind übermäßige Erregung, unangemessene Reizbarkeit oder ein

---

73 Freud, »Aus der Geschichte einer infantilen Neurose« (1918), *GW XII*, S. 104, Hervorhbg. von mir.
74 Freud, »Bruchstück einer Hysterie-Analyse« (1905), *GW V*, S. 214; ders., »Hemmung, Symptom und Angst«, *GW XIV*, S. 130. Zur Multikausalität in der Geschichte und deren Analyse vgl. Peter Gay, *Art and Act: On Causation in History – Manet, Gropius, Mondrian* (1976).

vom kulturellen Umfeld mißbilligter Fanatismus. Besonders anschaulich wird das, was Freud als »das Übermaß und das Zwangsmäßige« bezeichnet, im Abwehrmechanismus der Reaktionsbildung, bei der ein unzulässiger aggressiver oder sexueller Triebwunsch vom – übersteigerten – gegensätzlichen Verhalten zugedeckt wird. Mitgefühl für Tiere ist eigentlich harmlos, aber beim fanatischen Vivisektionsgegner liegt der Verdacht nahe, daß er früher einmal einem besonders grausamen infantilen Sadismus gefrönt hat. Der kämpferische Pazifist verrät mit seiner Verbiesterung eine ganz ähnliche Frühzeit. Solche Verkleidungskünste macht Freud keinem Menschen zum Vorwurf: Ohne sie käme es kaum zu anerkannten Kulturtechniken wie etwa Sauberkeit oder Bescheidenheit. Ob aber bzw. wie stark diese unbewußten Mechanismen am Werk sind, hängt ab von Intensität und Zwanghaftigkeit, mit der Glaubenssätze vertreten und Überzeugungen verteidigt werden. Als Goethe sich mit aller Macht zwingt, auf den Turm des Straßburger Münsters zu steigen, tut er das nicht, um den herrlichen Blick auf die Stadt und ihre Umgebung zu genießen, sondern um sich vom Schwindel zu heilen, von einem Schauder, der ihn als Beeinträchtigung seiner Männlichkeit belastet und seinem Selbstwertgefühl schadet. Hinter seinem manifesten Tun verbirgt sich also etwas, das der Psychoanalytiker Otto Fenichel kontraphobisches Verhalten nennt, eine heimliche neurotische Absicht, die die Aufmerksamkeit des Analytikers oder des psychoanalytisch geschulten Historikers eben deshalb auf sich zieht, weil Goethe sich in dieses Bravourstück mit einer Leidenschaft stürzt, die mit der unkomplizierten Suche nach Genuß unvereinbar ist. Die Lösung solcher Fälle, die verifizierbar – und falsifizierbar – sind wie andere, alltäglichere Beobachtungen auch, läßt sich ablesen an der vorhandenen (oder nicht vorhandenen) irrationalen Erregung, an Art und Ausmaß des emotionalen Engagements, an der Kluft zwischen dem tatsächlichen und dem vernünftigerweise notwendigen Kraftaufwand. Damit haben wir zwar keine sehr exakten Maßeinheiten, und es wird zu unterschiedlichen Urteilen kommen. Doch sind sie so präzise und treffend, wie es eine mit wirklich relevantem psychischem Material arbeitende Psychologie eben zuläßt.

Die Entdeckungen der Psychoanalyse kommen dem Historiker mit seiner Leidenschaft für Komplexes eigentlich entgegen. So sind Menschen wirklich: gebeutelt von Konflikten, ambivalent in ihren Gefühlen, darauf bedacht, durch Abwehrtricks die Spannung zu verringern, und zumeist vage (oder auch gar nicht) ahnend, warum sie eigentlich so oder so empfinden und handeln – warum sie sich etwa ihre Karriere vermasseln oder immer dieselben Reinfälle erleben, warum sie mit einer Leidenschaft lieben und hassen, die ihnen in Augenblicken vernünftiger Überlegung ganz unverständlich ist. Fühlen und Handeln der Menschen sind in hohem Maße überdeterminiert, haben zwangsläufig mehrere Ursachen und mehrere Bedeutungen.[75] Weil der Psychoanalytiker und der Historiker, jeder nach seiner Art, es auf Entdeckung und Nachweis der Überdeterminierung abgesehen haben, sind sie Verbündete im Kampf gegen den Reduktionismus, gegen naive und grobschlächtige monokausale Erklärungen. Wenn ich also nach der Logik psychonalytischen Erkennens und den verschiedenen Formen analytischen Denkens frage, habe ich mehr im Sinn als nur den notwendigen Kampf gegen die Karikaturen der Freudschen Theorien und Techniken. Es geht mir um nichts Geringeres als um das psychoanalytische Bild von menschlicher Erfahrung und das heißt seine Relevanz für die Arbeit des Historikers. Gerade die scheinbare Unlogik der psychoanalytischen Beobachtungen, sowie der besondere Stellenwert, den sie ungelösten Spannungen einräumen, machen Freud zu dem meisterhaften Geographen des Seelenlebens, der er ist. Freud zufolge ist der Mensch ein Geschöpf aus Widersprüchen und Verschleierungen. In jedem von uns gibt es ne-

---

75 Einige dieser Ursachen und Bedeutungen sind gesellschaftlicher Natur: Ich behaupte keineswegs, daß der Geschichtsverlauf nur von den Motiven und Handlungen der einzelnen bestimmt wird und daß die den Historiker besonders interessierenden Konflikte sich genau mit jenen decken, die der Psychoanalytiker täglich zu bearbeiten hat. Zur gesellschaftlichen Relevanz der Freudschen Lehrsätze siehe unten, 5. Kapitel.

beneinander Liebe und Haß, den Drang nach Zerstörung und das Bedürfnis nach Liebkosung. Hinter den festesten Standpunkten und den doktrinärsten Überzeugungen verbergen sich Zweifel und Ängste. Don Juan fürchtet sich vor Impotenz, vielleicht gar vor verdrängter Homosexualität. »Gegensätze«, schreibt Freud, »sind immer eng miteinander verknüpft und häufig so gepaart, *daß der eine Gedanke überstark bewußt, sein Widerpart aber verdrängt und unbewußt ist.*«[76] Eben dieser Kampf zwischen gegensätzlichen, unversöhnlichen Gefühlen macht aus dem Ödipuskomplex ein Paradigma menschlicher Existenz. Der kleine Knabe liebt und haßt seinen Vater gleichermaßen; das kleine Mädchen, das abends die Mutter liebevoll umarmt, hat ihr noch nachmittags den Tod gewünscht.

All diese Zugeständnisse an die Komplexität, die sich um Eindeutigkeit und scheinbar auch um den Grundsatz der Aufwandsersparnis nicht scheren, kommen wie gesagt dem Historiker besonders entgegen, hat er es doch mit tagtäglich, ihr ganzes Arbeitsleben hindurch agierenden Menschen – Individuen und Gruppen – zu tun. Daß in den Menschen Konflikte stecken, ist ein unbequemer Gedanke, weil er aus der Verifizierung ein mühsames und ungesichertes Unterfangen macht, um so mehr als der Psychoanalytiker daran festhält, daß die spannendsten Schlachten im Unbewußten stattfinden und nur bruchstückhafte Spuren hinterlassen. Der Unglücksbote Freud ist, wie so viele seinesgleichen, behandelt worden, als hätte er selbst das Unglück gebracht. Vom Hals halten will man sich damit nur die notwendige Beschäftigung mit dem wirren Geflecht aus Motiven und Zwängen, bewußten Wünschen und unbewußten Hemmungen, objektiven Realitäten und psychischen Repräsentanzen, wie es das Seelenleben eben jener Menschen ausmacht, die zu verstehen die Aufgabe des Historikers ist.

Viele Historiker haben die Musik der Vergangenheit gehört, dann aber für Blechflöte umgeschrieben. Es versteht sich von selbst, daß die größten und besonders feinfühligen Meister ihres Fachs durchaus ein Gespür für die überwältigende Vielfalt mensch-

---

76 Freud, »Bruchstück einer Hysterie-Analyse«, *GW V*, S. 215.

lichen Verhaltens, für die Auseinandersetzungen des Menschen mit Macht, Technik, Natur (und sich selbst) hatten und sie zu begreifen suchten. Ihre besten Werke waren eingängig, spannend und scharfsinnig. Die Geschichte aber bedarf noch intensiverer Nachforschungen. Als ihren Beitrag zur Aufklärung vergangener Erfahrung liefert die Psychoanalyse eine Reihe von Entdeckungen und eine – zwar nicht unfehlbare, auch unzureichend getestete und schwer anwendbare, gleichwohl nach meiner Überzeugung derzeit konkurrenzlose – Methode, mit der man die von Rissen durchzogene Oberfläche der menschlichen Natur abtasten und ihre unergründeten Tiefen ausloten kann.

III
Menschliche Natur und Geschichte

1 Gegen den Historismus

Als William James gegen Ende seines Lebens Sigmund Freud entdeckte, kam er ihm vor wie ein »Besessener« mit »fixen Ideen«: einer unverständlichen Traumtheorie, gefährlichen Vorstellungen über Symbolik und borniertem Unverständnis in Sachen Religion. Mit der für ihn charakteristischen Aufgeschlossenheit jedoch wünschte James ihm Erfolg. »Ich hoffe, daß Freud und seine Schüler ihre Ideen zu Ende denken werden«, schrieb er gegen Ende des Jahres 1909, »dann erfahren wir vielleicht, worin sie wirklich bestehen. Bestimmt werfen sie ein Schlaglicht auf die menschliche Natur.«[77]

Die Historiker waren in aller Regel weniger großzügig. Auch ihnen kommt Freud wie ein Besessener vor, aber sie bezweifeln, daß die Psychoanalyse ein Schlaglicht auf die menschliche Natur werfen kann. Sofern sie überhaupt irgendeinen Sinn in der Freudschen Lehre sehen, weisen sie ihr einen fest umrissenen, sorgfältig abgesperrten Geltungsbereich zu. Die in Wien aus der Taufe gehobene und großgezogene Psychoanalyse erscheint ihnen zutiefst wienerisch und außerhalb ihres bestimmten, eng begrenzten Lebensbereichs nichtssagend; ihre Thesen lassen sie (wenn überhaupt) nur für den neurotischen Patienten par excellence, nämlich die von Langeweile geplagte, wohlhabende, unterdrückte Hausfrau aus dem Wiener Judentum, und nur für sie – ausgenommen vielleicht ihre amerikanische Schwester – gelten. »Freud«, so schreibt Henry F. Ellenberger in seiner Geschichte der Tiefenpsychologie kurz und bündig, »war Wiener bis in die Fingerspitzen.« Andere Historiker

---

77 William James an Theodore Flournoy, 28. September 1909, in: Henry James (Hrsg.), *The Letters of William James*, 2 Bde. (1920), Bd. II, S. 327-28.

haben die Konsequenzen aus dieser Vorstellung gezogen. Die »Zeitgebundenheit« der Freudschen »Begriffswelt«, so klagt der deutsche Sozialhistoriker Hans-Ulrich Wehler, werde nicht selten »unterschätzt«. Nach seiner Ansicht bezieht sich Freuds »wissenschaftlicher Diskurs« letzten Endes auf »sehr spezifische Probleme des österreichischen Fin-de-Siècle-Bürgertums«. Und David Hackett Fischer nennt als ersten von »fünf Grundirrtümern« der Freudschen Theorie, daß »sie mit ihrer autochthonen Prägung strikt an das kulturelle Umfeld gebunden ist«. Lawrence Stone ist nur scheinbar weniger strikt; er läßt die Freudsche Theorie über Wien hinaus für die europäischen Mittelschichten des 19. Jahrhunderts gelten, macht dann aber fast alles, was er nur widerwillig zugestanden hat, wieder rückgängig: »Nichts wäre falscher«, schreibt er, »als die Annahme, die sexuellen Erfahrungen und Einstellungen der Mittelschicht-Europäer des ausgehenden 19. Jahrhunderts könnten für alle bisherigen Menschen oder für alle Europäer der vergangenen drei Jahrhunderte oder auch nur für alle sozialen Klassen der spätviktorianischen Gesellschaft stehen.«[78] In den Au-

---

78 Ellenberger, *The Discovery of the Unconscious: The History and Evolution of Dynamic Psychiatry* (1970); dtsch.: *Die Entdeckung des Unbewußten*, 2 Bde. (1973), S. 636; Wehler, »Geschichtswissenschaft und ›Psychohistorie‹«, in: *Innsbrucker Historische Studien*, I (1978), S. 207; Fischer, *Historians' Fallacies: Toward a Logic of Historical Thought* (1970), S. 189; Stone, *The Family, Sex and Marriage in England 1500-1800* (1977), S. 15-16. In einer polemischen Schrift über die Geschichte der psychoanalytischen Bewegung hat Freud sich mit ein paar sarkastischen Sätzen diesem Vorwurf gestellt: »Wir haben alle den interessanten Erklärungsversuch der Entstehung der Psychoanalyse aus dem Wiener Milieu vernommen; Janet hat es noch 1913 nicht verschmäht, sich seiner zu bedienen, obwohl er gewiß stolz darauf ist, Pariser zu sein, und Paris kaum den Anspruch erheben kann, eine sittenstrengere Stadt zu sein als Wien. Das Aperçu lautet, die Psychoanalyse, respektive die Behauptung, die Neurosen führen sich auf Störungen des Sexuallebens zurück, könne nur in einer Stadt wie Wien entstanden sein, in einer Atmosphäre von Sinnlichkeit und Unsittlichkeit, wie sie anderen Städten fremd sei, und stelle einfach das Abbild, sozusagen die theoretische Projektion dieser besonderen Wiener Verhältnisse dar. Nun, ich bin wahrhaftig kein Lokalpatriot, aber diese Theorie ist mir immer ganz besonders unsinnig erschienen, so unsinnig, daß ich manchmal geneigt war, anzunehmen, der Vorwurf des Wienertums sei nur eine euphemistische Vertretung für einen anderen, den man nicht gern öffentlich vorbringen wolle. Wenn

gen dieser Historiker – und sie sprechen für die meisten – gebietet Freud nur über einen ganz eingeschränkten Bereich.

Es gibt keinen Grund, sich an der Liquidierung des Freudschen Reiches zu beteiligen. So gierig die Historiker nach der Legende von der Wiener Jüdin als Analysandin par excellence gegriffen und sie verbreitet haben, so wenig hat sie – bei aller Hartnäckigkeit – mit den wirklichen Verhältnissen zu tun. Selbstverständlich hat Freud zumal in den ersten Jahren seiner ärztlichen Praxis sein Denken und seine theoretische Reflexion aus den Mitteilungen der seine Sprechstunde aufsuchenden Patienten bezogen. Diese empirische Basis konnte er erst erweitern, als er berühmter wurde und Anhänger gewann, die das von ihnen gesammelte Fallmaterial in den Fundus des psychoanalytischen Wissens einbrachten. Doch schon zu Beginn hatte Freud, wie bereits erwähnt, sehr viel unterschiedlichere Analysanden, als die Legende wahrhaben will. Die – entweder von ihm selbst behandelten oder ihm vom Hören bekannten – späteren Patienten boten dann einen einigermaßen repräsentativen Querschnitt durch die Mittel- und Oberschichten der westlichen Gesellschaft: Gleichermaßen vertreten waren ältere und jüngere Personen, Männer und Frauen, Nichtjuden und Juden, englische Laien und amerikanische Ärzte. Ein ausführlicher Katalog der Freudschen Analysanden ist leider nicht zugänglich, aber schon seine meistzitierten Fälle demonstrieren, wie weit gestreut das psychische Leiden war: Der Kleine Hans ist ein fünfjähriger Knabe, der Wolfsmann ein russischer Aristokrat, Schreber ein deutscher Richter, H.D. eine amerikanische Dichterin, Marie Bonaparte eine französische Prinzessin, Dora die Schwester eines Freundes und Sigmund Freud selbst – womöglich sein aufschlußreichster Patient – weder von Langeweile geplagt, noch wohlhabend, noch Frau,

---

die Voraussetzungen die gegensätzlichen wären, dann ließe sich die Sache hören (...) Die Wiener sind weder abstinenter noch nervöser als andere Großstädter. Die Geschlechtsbeziehungen sind etwas unbefangener, die Prüderie ist geringer als in den auf ihre Keuschheit stolzen Städten des Westens und des Nordens.« (»Zur Geschichte der psychoanalytischen Bewegung« [1914], in: *GW X*, S. 80-81)

noch besonders jüdisch. Nach dem Ersten Weltkrieg – so berichtet Hanns Sachs – machte Freud mehr Analysen in englischer als in deutscher Sprache.[79]

So bruchstückhaft unsere Informationen über Freuds praktische Tätigkeit auch sein mögen, so viel wissen wir doch, daß er seine Ideen auf eine ansehnliche Sammlung von Fallbeispielen stützen konnte. Das allein garantiert natürlich nicht die Übertragbarkeit der psychoanalytischen Lehre auf andere Kulturen und andere Epochen. Freud aber zweifelte nicht im mindesten daran, daß er von seiner klinischen Erfahrung auf Menschen in ganz entfernten Epochen und Landstrichen schließen konnte, und zwar aus zwei Gründen: Neurotiker gleichen, wie er allmählich erkannte, in fast jeder Hinsicht normalen Menschen, – so sehr, daß die Vorstellung von Normalität selber in Frage gestellt werden muß. Charakterzüge, die jeder Mensch besitzt, werden bei ihnen nur übersteigert, verzerrt und überbetont, ihre Funktionsweisen dramatisch zugespitzt. Ja, die Charakterzüge der Neurotiker sind nach Freuds Überzeugung nichts anderes als Sonderfälle oder Abkömmlinge ziemlich unveränderlicher, allgemein verbreiteter Anlagen, die man unter dem viel gebrauchten und oft mißbrauchten Titel der menschlichen Natur zusammenfassen könnte.

Selbstverständlich wäre eine Psychologie, die sich nur auf die paar Wiener Bürger um die Jahrhundertwende bezieht, ausschließlich eine Sache für die wenigen Spezialisten, die gerade historische Darstellungen ihrer Stadt um das Jahr 1900 schreiben. Eine Psychologie hingegen, die den Anspruch erhebt, ein Schlaglicht auf die menschliche Natur zu werfen, hätte Bedeutung für die

---

79 Peter Gay, »Sigmund Freud. Ein Deutscher und sein Unbehagen«, in: *Freud, Juden und andere Deutsche* (1986), S. 51. Selbst wenn Freud sein Fallmaterial aus einem so reduzierten Kreis bezogen hätte, wie seine Gegner gern behaupten, würde das den Wahrheitsgehalt seiner Thesen nicht im geringsten beeinträchtigen; sie wären nur mit Sicherheit weniger überzeugend. Tatsächlich aber decken seine Fälle ein erstaunlich breites Spektrum ab. Daß man noch keine lückenlose Aufstellung der Freudschen Fälle zustandegebracht hat, liegt natürlich an der restriktiven Praxis der Archive gegenüber den Forschern.

gesamte Historikerzunft. Die Idee der menschlichen Natur kommt nun aber den Historikern alles andere als gelegen. Lange Zeit fühlten sie sich genötigt, darüber nachzudenken, wie man sie definieren kann; ja ob es so etwas überhaupt gibt. Das scheint eine abstrakte Frage, aber in der Historikerzunft ist sie ganz und gar heimisch geworden. Wie ich zu Beginn erwähnte, arbeiten Historiker zwar mit einer Theorie der menschlichen Natur, aber ohne daß man es merkt – ja ohne daß sie selber es merken. Im ganzen 19. Jahrhundert ist diese Frage, ob es die menschliche Natur gibt, vom Historismus, von Ranke und seinen Anhängern, gestellt worden, und zwar nicht einfach so, sondern in polemischer Abgrenzung gegen die *philosophes*, die Vorgänger der Historisten im 18. Jahrhundert. In ihren historischen Schriften, so die Ranke-Schule, brachten die *philosophes* mit dem, was sie menschliche Natur nannten, eine gigantische Fiktion unter die Leute, einen unveränderlichen Komplex von Leidenschaften und Beweggründen, deren Wirken sie angeblich in allen Epochen und allen Gesellschaftsformen beobachtet hatten. Diese Fiktion hat den düsteren Erklärungen der Historisten zufolge der Geschichtsschreibung einen beispiellos schlechten Dienst erwiesen, weil sie den wahrhaft *historischen* Blick auf die Vergangenheit verhinderte. Die einst berühmten Werke von Gibbon, Voltaire und Hume erschienen der historischen Schule nun zweidimensional, ohne jede Tiefe, da ihnen sowohl die erforderliche Distanz zu wie die ebenso unverzichtbare Identifikation mit den von ihnen behandelten Menschen fehlte. Eigentlich waren *The Decline and Fall of the Roman Empire* oder *Le siècle de Louis XIV* oder die *History of England* in ihren Augen gar keine Geschichtswerke, sondern (wie wir heute sagen würden) Beiträge zu einer rückblickenden Soziologie.

Dieser Angriff auf die Historiker der Aufklärung diente nicht nur als Plattform für den Neuanfang des 19. Jahrhunderts in einer alten Fachdisziplin. Er war zwar ein unvermeidlicher geistiger Vatermord, hat sich aber als Kritik und Postulat bis in unser Jahrhundert hinein gehalten. R.G. Collingwood in England, Benedetto Croce in Italien, Ortega y Gasset in Spanien, Lucien Febvre in

Frankreich, – sie alle haben dieselbe frohe Botschaft verbreitet: Der Mensch (so etwa Ortega) hat keine Natur; er hat nur Geschichte. »Was das Wesentliche betrifft, ist der Mensch zu allen Zeiten und überall immer derselbe ... Das ist mir schon klar«, schreibt Lucien Febvre im Jahr 1925 sarkastisch und mit der ihm eigenen Heftigkeit, »ich kenne die alte Leier. Aber das ist nur ein Postulat. Und, wie ich hinzufügen möchte, ein Postulat, das für den Historiker wertlos ist. Für ihn gibt es (ebenso wie für den Geographen [...] nicht den Menschen, sondern Menschen.«[80] Das klassische Geschichtswerk über diese Schule, Friedrich Meineckes *Die Entstehung des Historismus* von 1936, war alles andere als eine unparteiische, neutrale Darstellung; sie war eine kategorische, gezielte Absage an jene Idee der menschlichen Natur, die nach Meineckes fester Überzeugung das historische Denken allzu lange behindert hat.

Die beiden dynamischen Prinzipien, die Meinecke am historistischen Geschichtsbild rühmt und in allen mit einer Theorie der menschlichen Natur arbeitenden Geschichtswerken schmerzlich vermißt, sind Individualität und Entwicklung. Zwar sieht er in der nach seiner Ansicht von den *philosophes* kultivierten »generalisierenden Betrachtung geschichtlich-menschlicher Kräfte« einen »richtigen Kern«. Er betont jedoch, diese Auffassung habe kein Verständnis für »die tiefen Wandlungen und die Mannigfaltigkeit der Gestaltungen, die das seelische und geistige Leben der Einzelnen und Gemeinschaften trotz eines dauernden Bestandes menschlicher Grundeigenschaften erfährt«. Um das antihistorische Vorurteil in seiner ganzen trostlosen Dürftigkeit bloßzustellen, zieht Meinecke zwei Beispiele von David Hume heran: »Die Menschen sind zu allen Zeiten und an allen Orten so sehr die gleichen, daß die Geschichte uns hierin nichts Neues oder Fremdes lehrt«, zitiert er ihn. Und weiter unten referiert er: »Der Rhein fließt (...) nach Norden, die Rhône nach Süden, aber beide entspringen auf demselben

---

80 Febvre, *Der neugierige Blick. Leben in der französischen Renaissance* (1988, fünf Essais aus *Pour une histoire à part entière* [1982]), S. 14.

Gebirge und werden zu ihren entgegengesetzten Richtungen durch dasselbe Gesetz der Schwere bestimmt. Die verschiedene Neigung des Grundes, den sie durchfließen, verursacht auch alle Verschiedenheit des Laufes.« Dieses Denken mußte Meinecke zufolge überwunden werden, damit sich die echte historische Disziplin herausbilden konnte. Und es *wurde* überwunden, natürlich von deutschen Denkern, die damit »die höchste bisher erreichte Stufe in dem Verständnis der menschlichen Dinge« erklommen.[81]

Die historistische Lehre besteht im wesentlichen in Erläuterungen zu Rankes berühmtem Ausspruch: Jede Epoche ist unmittelbar zu Gott.[82] Nach Rankes Vorstellung soll der Historiker jedes Ereignis und jedes Zeitalter als unwiederholbar nehmen und jedem seinen Eigenwert lassen, das heißt es nicht von der höheren Warte der Nachgeborenen, sondern aus sich selbst heraus beurteilen. Ironischerweise hat sich Meinecke selbst in seinem Stolz an entscheidenden Punkten von diesem Toleranzgebot abgewendet. Von der »höchsten Stufe in dem Verständnis der menschlichen Dinge«, auf der er sich recht zufrieden selber sieht, schaut er fast buchstäblich auf die *philosophes* herab: War ihre Epoche doch letztlich nicht so unmittelbar zu Gott wie seine eigene. Ohne Zweifel zeugt Meineckes Plädoyer für den Historismus – gegen seinen Willen – eher von dessen uneingelösten Versprechen; denn erstaunlicherweise haben die Historisten gegen das von ihnen zum obersten Prinzip erhobene Ineins von Unparteilichkeit und Nachempfinden selber ungehindert verstoßen. Die *philosophes* hingegen haben trotz ihrer Mission bisweilen genau dieses Prinzip verwirklicht. Voltaire forderte: »Wir müssen uns hüten vor der Angewohnheit, alles von unseren Sitten her zu beurteilen.« Gibbon war der Ansicht, daß man den »philosophischen Geist«, womit er den historischen Geist meinte, bilden könnte, indem man »sich angewöhnt, mal zum Griechen, mal zum Römer, mal zu Zenons, mal zu Epikurs Schüler zu

---

[81] Meinecke, *Die Entstehung des Historimus*, 2 Bde., durchgehend paginiert (1936), S. 2-3, 213-14, 5.
[82] Peter Gay, *Style in History* (1974), 2. Kap.

werden«. Und David Hume, derselbe Philosoph, der Rhein und Rhône partout zusammenkriegen wollte, stellte die Frage: »Würdet ihr einem Griechen oder Römer nach englischem Recht den Prozeß machen?« und antwortete: »Laßt ihn sich nach seinen Wertmaßstäben verteidigen; dann erst fällt das Urteil.«[83] Die Lektüre der von den *philosophes* verfaßten Geschichtswerke zeigt, daß solche programmatischen Äußerungen nicht bloß frommes Gerede oder nichtssagende gute Vorsätze waren.

Es kann nicht in meinem Interesse liegen, die über das 18. Jahrhundert arbeitenden Historiker auf Kosten derer, die über das 19. Jahrhundert arbeiten, aufzuwerten. All ihrem Undank, all ihrer Selbstüberhebung zum Trotz haben die Historisten ihre Disziplin in Sachen Methodik und Technik gegenüber der Aufklärung erheblich vorangebracht. Ihre Leidenschaft für die Archive haben die *philosophes* nicht geteilt. Die Männer der Aufklärung schwelgten in klassischen Dramen und Lehrstücken, die für sie die Vergangenheit ausmachten, und konnten daher dem unendlichen Reichtum menschlicher Erfahrung nicht gerecht werden. »Voltaire«, schreibt Stendhal, »fehlte *the comprehensive soul*, jene notwendige Eigenschaft des Dichters; deshalb sind alle seine Charaktere einander so ähnlich.«[84] Dabei meinte er Voltaires Tragödien, aber er hätte denselben Vorwurf gegen seine Geschichtswerke erheben können. Freilich: Daß der Historiker von Berufs wegen an Veränderung interessiert ist, macht ihn nicht zwangsläufig blind gegen die alles durchwaltende Struktur (die doch nichts anderes ist als Bewegung im Schneckentempo), und auch sein Individualitätskult kann das Bedürfnis nach Vergleichen und Verallgemeinern nicht aus der Welt schaffen. Der Historiker, der sein Handwerk mit Geschichtenerzählen gleichsetzt, ist ebenso einseitig wie derjenige, der die von ihm so genannte *histoire événementielle* nicht tolerieren will. Es klingt fast banal, aber es muß wohl noch einmal gesagt werden:

---

83 Siehe Peter Gay, *The Enlightenment: An Interpretation*, Bd. II: *The Science of Freedom* (1969), S. 380-85.
84 Stendhal, *Pensées*, in: *Oeuvres de Stendhal*, Bd. 28 (1968), Teilbd. II, S. 60.

Unter dem schnellen Strom der Veränderung verbergen sich – bisweilen bis zur Perfektion – die trägen Tiefen der immer gleichen menschlichen Wünsche, Befriedigungen und Enttäuschungen. Der »historische Sinn«, hat T.S. Eliot einmal treffend gesagt, ist »eine Art Organ, genauso für das Zeitlose wie für das Zeitgebundene.«[85] Selbst Meinecke, der historistische Hohepriester der Entwicklung und Einmaligkeit, fühlte sich letzten Endes – mit seiner eher zweideutigen Anerkennung eines »richtigen Kerns« im Vergangenheitsbild der Aufklärung und eines »dauernden Bestandes menschlicher Grundeigenschaften« – genötigt, etwas Ähnliches zu erklären. Es ist ein Akt poetischer Gerechtigkeit, daß der von den Historisten als Schutzheiliger reklamierte Goethe sich hin und wieder zum eloquenten Vertreter des antihistoristischen Standpunkts gemacht hat. In der Klassischen Walpurgisnacht seines *Faust* läßt er Mephisto klagen, er sei zu dem nächtlichen Fest in der Erwartung gekommen, Fremde vorzufinden, und dabei treffe er allenthalben nur auf Verwandte:

> *Hier dacht ich lauter Unbekannte*
> *Und finde leider Nahverwandte;*
> *Es ist ein altes Buch zu blättern:*
> *Von Harz bis Hellas immer Vettern!*

Goethes Sprachrohr ist zwar hier ein abgewrackter, lebensmüder, sarkastischer Teufel.[86] Aber seine Bemerkung, ausgelöst durch einen verführerischen Zug erotischer Vampire und Teufelinnen, enthält doch zwischen den Zeilen eine allgemeine Wahrheit, um die alle, die sich von Goethe bis Freud mit der Menschheitsgeschichte befaßten, sehr wohl wußten: Die Erscheinungsformen der sexuellen Phantasien sind – ihrer je individuellen Gestalt zum Trotz – mit

---

85 Eliot, »Tradition and the Individual Talent« (1919), in: *Selected Essays* (1932); dtsch.: »Tradition und individuelle Begabung«, in: *Werke*, Bd. 2 (*Kultur und Religion. Bildung und Erziehung. Gesellschaft, Literatur, Kritik*, 1967), S. 347.
86 Goethe, *Faust, Der Tragödie Zweiter Teil*, II. Akt, Vers 7740-43.

ihrem Drängen und ihrer Unersättlichkeit von dem *einen* Stamm des Begehrens. Die Historisten haben diese grundlegende Verwandtschaft nicht recht ernst nehmen mögen.

Noch der emphatischste Soziohistoriker wird die Tatsache der Bewegung, noch der andächtigste Rankeschüler die Tatsache der Permanenz nicht leugnen: Davon zeugt nicht zuletzt die abgedroschene Formel »Kontinuität und Wandel«, die normalerweise als Feld-, Wald- und Wiesentitel für bunt zusammengewürfelte Essaysammlungen herhalten muß. In der Historikerzunft ist Platz sowohl für diejenigen, die (wie Namier oder Braudel) Strukturen analysieren, wie für die vielen, die ein Nacheinander erzählen. Die meisten Historiker machen notgedrungen beides auf einmal. Was dabei herauskommt, hängt natürlich von der Gewichtung ab. Aber es ist etwas anderes, ob so oder so gewichtet wird. Der Historiker, der ganz offen zu seinem Rekurs auf die Idee der menschlichen Natur steht, weckt ja bei den meisten seiner Kollegen die abschreckende Vorstellung von blutarmen Klassifikationen und statischen, monotonen Wiederholungen, die der Erfahrung des Menschen, daß die Vergangenheit ebenso vielfältig wie stets in Entwicklung befindlich und immer unfertig ist, Hohn sprechen. Tatsächlich aber hat die menschliche Natur ihre eigene Geschichte; Veränderung ist nichts anderes als eine – von der Welt gespielte – Reihe subtiler Variationen über immer gleiche, oft schwer faßbare Themen.

Während also Veränderung die Bedingung der Möglichkeit von Geschichte ist, ist Unveränderlichkeit die Bedingung der Möglichkeit von historischem Verstehen. Die menschliche Natur konstruiert (genau wie das Schachspiel) aus wenigen Elementen und einer Handvoll Regeln eine dramatische und unerschöpfliche Vielfalt. Dennoch muß – und kann – unterschieden werden. Humes Behauptung, daß in Sachen menschliche Leidenschaften und Verhaltensweisen »die Geschichte uns ... nichts Neues oder Fremdes lehrt«, ist wohl allzu pessimistisch: Für den erfahrenen Fachhistoriker ebenso wie für den erprobten Analytiker behalten die Lebensgeschichten ihre Fähigkeit, Neues und Fremdes hervorzubringen. Aber sie folgen vertrauten Wegen und ereignen sich zu mehr oder minder prognostizierten Zeiten. Deshalb ist die Geschichte, nicht anders als die Psychoanalyse, partiell berechenbar und doch immer gleich faszinierend. Aus wenigem macht die menschliche Natur viel.

2 Triebe und Triebschicksale

Die Erfahrungen, die Historiker und Analytiker mit den von ihnen behandelten Menschen machen, treffen und überschneiden sich; gleichwohl liegt der Nutzen, den die psychoanalytische Auffassung von der menschlichen Natur für die Sache des Historikers haben kann, nicht auf der Hand. Ihre Bedeutung muß erst herausgekitzelt werden. Die psychoanalytische Theorie begründet die Kontinuität der Erfahrung damit, daß für alle Menschen gleichermaßen eine Reihe von unausweichlichen allgemeinen Voraussetzungen gelten. Der Mensch wird geboren als das unfertigste aller Lebewesen und bedarf in geradezu rührender Weise der Ernährung und Beschützung durch andere; ausgerüstet ist er mit wenigen Grundtrieben sowie jenen anderen, die sich all ihrer Beharrlichkeit zum Trotz sei's zum Guten, sei's zum Bösen bilden und erziehen lassen. Das Unbewußte, schreibt Freud in seinem großartigen, diesem Gegenstand gewidmeten Aufsatz aus dem Jahr 1915, ist »lebend, entwicklungsfähig«. Das Lernen übernimmt die Aufgabe jener von den anderen fühlenden Lebewesen mitgebrachten, genau vorprogrammierten Instinkte – und das verschafft dem Menschen die Sonderstellung des Kulturwesens. Einen Großteil der Information, die andere Tiere in den Genen aufbewahren, bezieht das Menschenkind aus seiner Umgebung. Bekanntlich weisen Ernährung und Erziehung von Kultur zu Kultur, von Land zu Land, von Klasse zu Klasse und sogar – was allerdings weniger ins Auge fällt – von Familie zu Familie erhebliche Unterschiede auf. Allen Menschen gemeinsam aber ist der Umstand, daß sie jahrelange Pflege und Unterweisung brauchen. Die von Freud so genannte »lange kindliche Hilflosigkeit und Abhängigkeit des Menschen«[87] ist etwas unumgänglich Biologisches, das je verschiedene, aber doch prognostizierbare psychische Konsequenzen hat. Sie macht aus dem modernen Historiker, dem alten Ägypter, dem Kwakiutl-Indianer, um mit Goethe zu reden, »Vettern«.

Trotz seiner – verglichen mit anderen Tieren – größeren Freiheit in den Anpassungsleistungen und Schutzvorkehrungen ist der Mensch aber nicht gänzlich frei von Trieben, und diese tragen bei aller Plastizität noch zu jener Familienähnlichkeit bei, die ihm seine lange Schutzbedürftigkeit von Anfang an beschert. Zwei dieser Triebe, Sexualität und Aggression, stehen für den Analytiker im Mittelpunkt. Und diese beiden liefern – im Reifestadium sowie in diversen Kombinationen und Verkleidungen – den Treibstoff für das menschliche Handeln. Sie machen Geschichte.

Es wäre müßig zu behaupten, daß Freuds Triebtheorie bis ins letzte klar ist. Freud selbst war nie gänzlich mit ihr zufrieden und erklärte einige ihrer Schwierigkeiten mit der ungesicherten Stellung der Grundtriebe in der zeitgenössischen Biologie und Psychologie. Die Trieblehre, so schreibt er 1932, »ist ein Feld, auf dem wir mühsam nach Orientierung und Einsichten ringen«, er nennt sie »unsere Mythologie«. Triebe sind nach seinen Worten »mythische Wesen, großartig in ihrer Unbestimmtheit«.[88] Ein Jahrzehnt zuvor veröffentlichte er seine Strukturlehre, in der er seine Auffassung von den Trieben erheblich revidierte und dem für die letzte Phase kennzeichnenden Dualismus eine so endgültige Form verlieh, daß viele Analytiker sich weigerten, ihm hierin noch weiter zu folgen. In den Pionierjahren war Freud von zwei Haupttriebgruppen (Sexual- und Ichtrieben) ausgegangen: die eine für die Arterhaltung, die andere für die Selbsterhaltung. Anfang der 20er Jahre entdeckte er dann den Gegensatz zwischen den mächtigen konstruktiven Kräften des Eros und den ebenso mächtigen destruktiven Kräften

---

87 Freud, »Das Unbewußte« (1915), *GW X*, S. 289; ders., »Das Ich und das Es« (1923), *GW XIII*, S. 263. Zum Thema der Entwicklung siehe auch weiter unten, S. 168-175.
88 Freud, *Neue Folge der Vorlesungen zur Einführung in die Psychoanalyse* (1933), S. 101.

des Todestriebs. Die ganze Verwirrung hat er überhaupt nicht selber angerichtet. Wie schon erwähnt, schreibt Lawrence Stone in seiner harschen Kritik an Freuds angeblich starrem Denken, daß »der Sexualtrieb gar nicht einheitlich« ist, sondern »von einer Person zur anderen gewaltigen Schwankungen unterliegt«. Eigentlich hat Freud selbst es besser gesagt.

Tatsächlich sagt er es oft und deutlich.[89] Freud erkennt, daß die biologische Konstitution bei jedem Kleinkind verschieden ist: von Geburt an verfügt jeder über eine ganz besondere Triebstärke, eine individuelle Reizbarkeit oder Angstbereitschaft. Daß es stille und lebhafte Babies gibt, macht der psychoanalytischen Theorie gar kein Kopfzerbrechen: Die Kinderanalytiker haben damit sehr viel anfangen können. Zudem sind für Psychoanalytiker die Triebe keine einfachen, einzelnen Strebungen, in denen sich ein einfaches, einzelnes Bedürfnis äußert, sondern ganze Komplexe aus häufig unvereinbaren Triebwünschen, die gleichermaßen auf Befriedigung dringen. Als Grenzphänomene »zwischen Seelischem und Somatischem« unterscheiden sich die Triebe nach Quelle, Drang, Ziel und vor allem Objekt. Das Objekt, so hebt Freud hervor, »ist das variabelste am Triebe, nicht ursprünglich mit ihm verknüpft, sondern ihm nur infolge seiner Eignung zur Ermöglichung der Befriedigung zugeordnet«. Im Laufe seiner »Lebensschicksale« kann es »beliebig oft gewechselt werden«.[90] Welche Liebesobjekte gewählt werden und welches Schicksal sie haben (ob die eigene Person oder die Mutter, ob der Schulfreund oder die Ehefrau geliebt wird), wird weitgehend vom kulturellen Umfeld bestimmt und im Innern der Person in psychische Repräsentanzen umgesetzt. Was ich weiter oben von der menschlichen Natur im allgemeinen gesagt habe, gilt auch – und mit derselben

---

89 »Machen wir uns klar, daß jeder Mensch durch das Zusammenwirken von mitgebrachter Anlage und von Einwirkungen auf ihn während seiner Kinderjahre eine bestimmte Eigenart erworben hat, wie er das Liebesleben ausübt ...« (»Zur Dynamik der Übertragung« [1912], *GW VIII*, S. 364; siehe auch die lange Fußnote auf derselben Seite.)
90 Freud, »Triebe und Triebschicksale« (1915), *GW X*, S. 214-15.

Begründung – für die Triebe im besonderen: Sie haben ihre Geschichte.

An diesem Punkt können psychoanalytische Theorie und geschichtswissenschaftliche Erfahrung wirklich voneinander profitieren. Die psychoanalytische Auffassung von den Trieben trägt sowohl der Einheit wie der Vielheit Rechnung; der Satz, daß Triebe etwas Komplexes sind und zusammen mit anderen eng verwandten Strebungen um Befriedigung ringen, benennt die Gründe dafür, daß der Historiker die menschlichen Motive bei weit entfernten Individuen und Gesellschaften erkennen und analysieren kann, ohne sie auf blutleere Abbilder seiner eigenen kulturellen Merkmale zu reduzieren. Dabei weist die unter dem Sammelnamen Aggression – dem harmloseren Namen, den die meisten Analytiker dem Freudschen Todestrieb gegeben haben – bekannte Triebgruppe ein noch breiteres Spektrum von Betätigungsfeldern auf als der Sexualtrieb, ohne daß freilich der einheitliche Ursprung ganz verschwindet.

Dieselbe Mischung aus Plastizität und Verwandtschaft kennzeichnet auch die Abwehrmechanismen. Eine zweite Konstante menschlichen Lebens nämlich – eine weitere gemeinsame und in erstaunlicher, aber nicht unbegrenzter Vielfalt sich äußernde Erfahrung – besteht darin, daß das Kind zumindest einige seiner Wünsche als Bedrohung für seine gute Meinung von sich selbst, für sein Bedürfnis nach Liebe und Anerkennung sowie in besonders zugespitzten Fällen auch für sein Überleben empfindet. Beim Nachdenken über den Ablauf des Seelenlebens entdeckt der Analytiker Konflikte, die vermieden, beschwichtigt und niemals ganz gemeistert werden, und muß zu der Einsicht gelangen, daß das Leben eine aus ungestilltem Begehren und gefährlicher Erfüllung, ängstlichen Warnungen und lästigen, einschränkenden Abwehrmaßnahmen gespeiste Tragikomödie ist. Allem Anschein nach besteht die Arbeit der menschlichen Natur in der Beförderung, ja Erzwingung unsicherer Kompromisse, die zwischen den miteinander ringenden Anteilen der Psyche immer wieder einen labilen Ausgleich schaffen – und ihn fast ebenso häufig hintertreiben. »Gäbe es so etwas wie menschliche Natur nicht (und dieser These kommt der späte Collingwood sehr nahe)«, so der englische Historiker Richard Pares in einem gehaltvollen Essay über die Aufgaben des Historikers, »könnte man in der Geschichte keine allgemeinen Gesetze aufstellen, nichts prognostizieren, ja rein gar nichts in den Griff bekommen. Doch unter dem Einfluß des historischen Prozesses veränderte sich die menschliche Natur im Laufe der Zeit selber, und wer das nicht sehen will, nimmt der Geschichte jede Lebensnähe.«[91] Vielheit aus der Einheit, Einheit hinter der Vielheit – an Pares' Urteil ist nichts, was der Psychoanalytiker nicht unterschreiben könnte.

Das aufschlußreichste (und problematischste) Beispiel für das Wirken der menschlichen Natur ist vermutlich der Ödipuskomplex.[92] Mit verständlicher Befriedigung bringt Freud seinen Entdeckerstolz zum Ausdruck, demonstriert der Ödipuskomplex doch auf besonders nachdrückliche Weise die Triebschicksale, die interessierte Arbeit der Abwehr und das Drama der Entwicklung. Noch den späteren Analytikern ist dieses Dreierverhältnis lieb und teuer. Das ungläubige Staunen, auf das Sidney Hook stieß (und das ihn so erboste), als er die Analytiker aufforderte, sich ein Kind ohne Ödipuskomplex vorzustellen, spricht Bände: In ihren Augen steht dieser Komplex für *die* entscheidende Erfahrung des heranwachsenden Menschen, die Erfahrung, die ihn zum Menschen macht.

---

91 Pares, »The Historian's Business« (1953), in: *The Historian's Business and Other Essays*, hrs. von R.A. und Elizabeth Humphreys (1961), S. 7.

92 In einem überzeugenden Aufsatz mit dem Titel »The Waning of the Oedipus Complex« (1979) schreibt der Analytiker Hans W. Loewald, es habe zwar eine gewisse »Abnahme des psychoanalytischen Interesses an der ödipalen Phase und den ödipalen Konflikten« gegeben und stattdessen ein zunehmendes Interesse an den »Frühstadien der Ich-Objekt-Differenzierung, am Komplex von Trennung und Individuation, an den Ursprüngen der Objektbeziehungen«, aber eine »stärkere Durchdringung präödipaler Probleme muß die ödipalen gar nicht notwendig beiseitedrängen, sondern könnte am Ende zu ihrem tieferen Verständnis beitragen.« (in: ders., *Papers on Psychoanalysis* [1980], S. 384-404; das Zitat stammt von S. 386 f.) Diese vorsichtige Formulierung deckt sich mit meiner eigenen Auffassung (siehe oben mein Vorwort), daß die Objektbeziehungs-Schule dem Freudschen Geist treu bleibt.

Die Historiker hingegen haben sich fast ausnahmslos darüber lustig gemacht. Für A.J.P. Taylor etwa, der rundheraus fragt: »Wie konnte nur ein einziger Mensch Freud wirklich ernst nehmen?«, ist der Ödipuskomplex nichts anderes als eine von Sigmund Freuds »glänzenden« – und damit meint er: lächerlichen – Ideen.[93]

Die glänzende Idee aber war keineswegs lächerlich. Bloß sehr kompliziert. Nicht einmal bei seinen Zeitgenossen oder Landsleuten fand Freud eine einheitliche, herrschende Spielart des Komplexes; und wie wir gesehen haben, war er der Ansicht, daß die Form, in der er gelöst oder verdrängt wird, stark abhängt vom »Einfluß von Autorität, Religionslehre, Unterricht, Lektüre«. In allen Epochen und Kulturen ist er präsent, und beim Anblick seiner raffinierten Kapriolen kann einem ganz schwindelig werden. Kurz, jenes ödipale Dreierverhältnis, das Diderot in seinem *Neveu de Rameau* ganz unverblümt beschreibt (eine Beschreibung, die Freud mehr als einmal lustvoll zitiert), ist zwar vielleicht die vertrauteste, aber auch die primitivste Form des Ödipuskomplexes: »Wäre der kleine Wilde«, so lautet Diderots plastische Bezeichnung für den Sohn von Rameaus Neffen, »sich selbst überlassen und bewahrte er seine ganze Schwäche (*imbécillité*), vereinigte mit der geringen Vernunft des Kindes in der Wiege die Gewalt der Leidenschaften des Mannes von dreißig Jahren, so bräch' er seinem Vater den Hals und entehrte die Mutter.«[94] Das ist der Ödipuskomplex, wie ihn jeder kennt: Im Laufe seiner psychosexuellen Entwicklung empfindet der kleine Knabe ein leidenschaftliches Verlangen nach seiner Mutter und eine ebenso leidenschaftliche Rivalität gegenüber seinem Vater. Dieser Gefühlsausbruch in der Kindheit hat – sowohl unmittelbar wie für die späteren Jahre – gravierende Folgen. Das Überich

---

93 Taylor, Rezension von William Bullitt und Sigmund Freud, *Thomas Woodrow Wilson: A Psychological Study* (1967), in: *The New Statesman and Nation*, 12. Mai 1967, S. 653-54.

94 Zum Diderot-Zitat siehe: *Vorlesungen zur Einführung in die Psychoanalyse* (1916-17), *GW XI*, S. 350 (in französisch); »Das Fakultätsgutachten im Prozess Halsmann« (1931), *GW XIV*, S. 541 (in Goethes Übersetzung, hier wiedergegeben); *Abriß der Psychoanalyse* (1940), *GW XVII*, S. 119 (in französisch).

des Knaben (sein Gewissen und das ganze Arsenal seiner Schuldgefühle) ist nämlich ein Erbe des Ödipuskomplexes; erschreckt durch die Gewalt seiner Triebwünsche und bedroht von phantasierter (und vielleicht wirklicher) Rache der Erwachsenen, nimmt er vom Verlangen nach seiner Mutter Abstand, verinnerlicht den Zorn und die Verbote seines Vaters und sucht, wenn alles gut geht, als Erwachsener nach geeigneteren, das heißt nicht inzestuösen, Objekten zur Befriedigung seiner Liebesbedürfnisse.

Die meisten Nichtanalytiker sind, unabhängig davon, ob sie den Ödipuskomplex als schlichte Tatsache akzeptieren oder als überspannte Fiktion ablehnen, an diesem Punkt mit ihrer Definition fertig. Für den Analytiker hingegen ist die Standardversion nur der Ausgangspunkt. Bei der Verfolgung und Aufklärung des verhängnisvollen Familienzwists hat Freud seinen Funktionsablauf in alle möglichen Richtungen erweitert und differenziert. Zum einen beschränkt er ihn nicht auf Knaben: Auch Mädchen machen die ödipale Phase durch, in der sie ihren Vater anbeten und ihre Mutter hassen. Zum andern zweifelt er nicht, daß jede soziale Klasse und jede Kultur ihn anders erlebt. Ausdrücklich hält er fest, daß »der einfache Ödipuskomplex überhaupt nicht das häufigste ist«.[95] In seinen Augen ist der Ödipuskomplex ein schlagendes Beispiel für die fundamentale und unausrottbare Ambivalenz des Menschen, für die oftmals unauflösliche Verquickung von Liebe und Haß. Das Kind haßt ja seinen sexuellen Rivalen nicht einfach nur, es liebt ihn zugleich auch; eben dieser innere, für den jungen Menschen so schwer zu bewältigende Kampf verleiht der ödipalen Phase ihre Dramatik. Der Ödipuskomplex ist einmal sehr treffend als Schule der Liebe bezeichnet worden[96]; mit demselben Recht könnte man ihn auch eine Schule des Hasses nennen. Beide Formulierungen betonen seine erzieherische Funktion: Im günstigsten Fall ist der Ödipuskomplex ja eine *Schule*, eine Entwicklungsphase, die sich

---

95 Freud, »Das Ich und das Es«, *GW XIII*, S. 261.
96 Diese glückliche Formulierung verdanke ich Dr. George Mahl (persönliche Mitteilung, 1977).

nicht in der Verursachung von Neurosen erschöpft, sondern auch die Gefühle bändigt und sie in legitime Bahnen lenkt. Er konfrontiert das Kind mit seinen Leidenschaften und lehrt es zugleich ihre Bewältigung. Und ausgehend von der Kindheit wandert er in alle Verästelungen des Seelenlebens und hinterläßt seine Spuren in den Ambitionen nicht weniger als den Enttäuschungen oder den von der Kultur besonders hartnäckig verteidigten Tabus.

Mit ebenso inkompatiblen wie leidenschaftlichen sexuellen und destruktiven Wünschen zu leben, ist keine leichte Sache. Mit ihrem Drang und ihren Zielen muten sie dem Kind schon zu einem sehr frühen Zeitpunkt, wenn es für solche Angriffe noch gar nicht gerüstet ist, die Widrigkeiten des menschlichen Schicksals zu. Im Sturm der drängenden und widerstreitenden Gefühle merkt es nur dies: daß die Niederlage wahrscheinlich, ja recht eigentlich wünschenswert ist. Unvermeidlich schwant ihm, daß die Wunscherfüllung katastrophale Folgen hätte, daß ihre Entdeckung fürchterliche Strafen nach sich ziehen und ihre Nichterfüllung – der wahrscheinlichste Ausgang – schmerzliche Enttäuschung wecken würde. Natürlich beschränkt sich das Kind zumeist darauf, seine Verbrechen aus Leidenschaft im Kopf oder in gelegentlichen ohnmächtigen Worten oder Gesten abzumachen; es ist zu klein und zu schwach, um seine noch unausgegorenen Gefühle in offenes Handeln zu übersetzen. Freilich macht das die Gefahr nicht geringer; für das Kind sind Wünschen und Tun dasselbe, und Mord oder Inzest in Gedanken ist ebenso unverzeihlich wie Mord oder Inzest im elterlichen Bett. Der Ödipuskomplex ist eine Schule, aber eine harte Schule, und es kann durchaus sein, daß seine Lektionen niemals ganz und erfolgreich gelernt werden.

Zu den auffälligsten und dennoch am wenigsten beachteten Merkmalen des Ödipuskomplexes gehört seine regelmäßige Verschränkung mit der Kultur: Wie verschieden er arbeitet, hat Freud schon zur Zeit seiner ersten Entdeckungen mit dem aufschlußreichen Vergleich zwischen *Oedipus Rex* und *Hamlet* unterstrichen: »... in der veränderten Behandlung des nämlichen Stoffes« in beiden Dramen, so schreibt er kurz vor der Jahrhundertwende, »offenbart sich der ganze Unterschied im Seelenleben der beiden weit auseinander liegenden Kulturperioden, das säkulare Fortschreiten der Verdrängung im Gemütsleben der Menschheit.« In *Oedipus Rex* »wird die zugrunde liegende Wunschphantasie des Kindes wie im Traum ans Licht gezogen und realisiert«, in *Hamlet* »bleibt sie verdrängt, und wir erfahren von ihrer Existenz – dem Sachverhalt bei einer Neurose ähnlich – nur durch die von ihr ausgehenden Hemmungswirkungen«.[97] Freuds Interpretation von Sophokles und Shakespeare ist nach wie vor umstritten.[98] Für unseren Zusammenhang wichtig ist nur, daß Freud an Permanenz und Sonderstellung des Ödipuskomplexes in der menschlichen Erfahrung festhält, ohne jemals die breite Skala seiner Ausdrucksformen oder seine gesellschaftlichen Dimensionen aus dem Auge zu verlieren. Der Ödipuskomplex straft daher alle Versuche, ihn zum fixen Punkt auf einem allen Menschen zu allen Zeiten streng vorgezeichneten, immer gleichen Weg zu erklären, von sich aus Lügen und zeugt von Freuds echtem historischem Interesse.

Diese wenigen Sätze über eine der umstrittensten Freudschen Entdeckungen müßten eigentlich die sattsam bekannten Fehlinterpretationen richtigstellen. Sie müßten ein für allemal mit dem beliebten Mythos aufräumen, in ihr verkörpere sich das Wien des ausgehenden 19. Jahrhunderts. Doch die Reaktionen der Historiker bieten wenig Anlaß zu Optimismus. Angesichts der Bedeutung, die Freud dem Ödipuskomplex beimißt, verwundert es natürlich nicht, daß es sowohl differenzierte Forschung wie auch eine leidenschaftliche Auseinandersetzung über ihn gegeben hat. Ebensowenig nimmt wunder, daß die öffentliche Diskussion sich in aller Regel souverän über die Fachliteratur hinweggesetzt hat. A.J.P. Taylor habe ich bereits zitiert. Auch der bekannte amerikanische Histori-

---

97 Freud, *Die Traumdeutung* (1900), *GW II/III*, S. 271.
98 Vgl. E.R. Dodds, »The Misunderstanding of ›Oedipus Rex‹« (1966), in: *The Ancient Concept of Progress and Other Essays on Greek Literature and Belief* (1973); dtsch.: »Über Mißverständnisse des Oedipus Rex«, in: *Der Fortschrittsgedanke in der Antike und andere Aufsätze zu Literatur und Glauben der Griechen* (1977), S.79-96.

ker Page Smith sieht gerade im Ödipuskomplex »einen wichtigen Grund dafür, daß die psychoanalytische Theorie per definitionem antihistorisch ist«. Sein Einwand, wenn ich richtig verstehe, lautet nicht, daß der »Vater-Sohn-Konflikt« widerlegt worden, sondern daß er deprimierend sei. »Nähme man ihn ernst«, dann würde der Ödipuskomplex »Geschichte liquidieren«, denn »geschriebene Geschichte ist im Grunde der Versuch, das Wissen der Väter an die Söhne weiterzureichen und so zur Sicherung (und nicht zur Zerstörung) der Kontinuität zwischen den Generationen beizutragen.« Daher bietet Freud nichts anderes als »einen endlosen, quälenden Prozeß der Abstoßung«. In Wirklichkeit leistet die ödipale Erfahrung genau das, was Smith sich wohl wünscht: Sie führt zur Aufrichtung des Inzestverbots und Einsetzung des Gewissens im kindlichen Seelenleben und reicht so das Wissen der Väter an die Söhne weiter. David Hackett Fischer bringt einen etwas ernsthafteren Einwand vor; bei seinen Angriffen auf die Trugschlüsse anderer Historiker hält er dem englischen Anthropologen Geoffrey Gorer vor, er habe »das historische Verhältnis zwischen Anglo-Amerika und Europa als nationalen Ödipuskomplex« dargestellt, und weist den von Gorer aufgedeckten politischen Familienstreit als etwas äußerst Befremdliches zurück.[99] Damit hat er einen richtigen Punkt getroffen, aber diese Sorte Reduktionismus verstößt nicht nur gegen den Geist der Geschichtswissenschaft, sondern auch gegen den Geist der Psychoanalyse.

Der Reduktionismus gehört zweifellos zu den unausrottbaren Versuchungen der Psychohistorie, und ich werde später noch darauf zurückkommen.[100] Hier möchte ich nur darauf hinweisen, daß der überwiegende Teil des von experimenteller Psychologie sowie Soziologie und Anthropologie beigebrachten empirischen Materials belegt (wenngleich nicht endgültig beweist), wie sehr sich Freuds Theorie mit der Erfahrung der Menschen deckt – und zwar

---

99 Smith, *The Historian and History* (1964), S. 130-31; Fischer, *Historians' Fallacies* (1970), S. 192.
100 Siehe weiter unten, S.197-199.

überall. In allen bekannten Kulturen gibt es das ödipale Dreierverhältnis, sogar auf den Trobriand-Inseln, in jenem prachtvollen anthropologischen Laboratorium im Südpazifik, das unter Sozialwissenschaftlern so viele Kontroversen – auch über den Geltungsbereich des von Freud zuerst in seinem eigenen Innern entdeckten ambivalenten Familiendramas – ausgelöst hat.[101] Es sieht ganz so aus, als wäre der Ödipuskomplex das Schicksal aller Menschen; überall hat er seine Spuren hinterlassen, nicht nur da, wo man es erwartet, sondern auch dort, wo niemand damit rechnet: in Politik und Religion, Bildungswesen und Literatur, sogar auf dem Markt. Viele alte Mythen handeln davon, wie verbotene Liebe und heimlicher Haß zum Inzestverbot führen, und zeugen von der Vitalität, die sich die nur halb begrabenen Leidenschaften des Kindes noch im späteren Leben und in der erweiterten Welt der Eltern bewahrt haben. Die aus dem Familienzusammenhang stammenden Metaphern, mit denen die Autoren jahrhundertelang die politische Obrigkeit, die Beziehung des Menschen zu Gott, die Verantwortung von Fabrikbesitzern für »ihre« Arbeiter und Angestellten bezeichnet haben, sowie unzählige andere Formen, in denen Macht, Liebe und Grausamkeit verquickt waren, sind mehr als bloß literarische Bilder. Der Streit um Ubiquität und Zentralstellung des Ödipuskomplexes ist daher für den Historiker alles andere als akademisch. Gewiß können Metaphern allmählich zu wertlosen Sprachzeichen werden, sich mit der Zeit abnutzen und durch häufige Abwertung in billige rhetorische Münze verwandeln. Aber selbst dann – wo-

---

101 David Stannard hält viel von Aufsätzen, die den Ödipuskomplex in Frage zu stellen scheinen, während er einen Beitrag, der sich für ihn ausspricht, mit großer Skepsis behandelt. Auch Bronislaw Malinowskis umstrittene Kritik, die die Existenz dieses Freudschen Kernkomplexes bei den Trobriandern in Frage stellt, vergißt er nicht und zitiert sie genüßlich. (*Shrinking History: On Freud and the Failure of Psychohistory* [1980], S. 85-93) Siehe auch den vorzüglichen Essay von Melford E. Spiro, *Oedipus in the Trobriands* (1982), der nachweist, daß Malinowski sein empirisches Material völlig falsch interpretiert und dieses vielmehr für die Annahme eines Ödipuskomplexes bei den Trobriandern spricht. Die Auseinandersetzung geht weiter, aber Freuds Entdeckung bewahrt ihre Autorität – und ihre Suggestivkraft für den Historiker.

möglich gerade dann – geben sie willkommenen Aufschluß über etwas für die Arbeit der menschlichen Natur Typisches.

3 Anatomie des Eigeninteresses

Wenn die psychoanalytische Auffassung der menschlichen Natur die Historiker nicht locken konnte, so liegt das nach meiner Überzeugung vor allem daran, daß sie sich auf den Gedanken versteift haben, das menschliche Tun sei vom Eigeninteresse beherrrscht. Wer vom Eigeninteresse spricht, muß keines von den schweren Geschützen des Ödipuskomplexes auffahren, weder unbewußte Wünsche noch verborgene Konflikte noch sonst irgendetwas aus dem Freudschen Arsenal; nichts davon scheint vonnöten, um zu erklären, warum Fabrikanten hohe Preise fordern, Chemiebetriebe die Arbeit der Gesundheitsbehörde torpedieren, Immobilienspekulanten historische Stadtteile niederwalzen lassen, Zeitungsverleger für niedrige Postgebühren sind oder Admirale bei Politikern auf die Anhebung des Marinebudgets dringen. Das Eigeninteresse erklärt – zumindest zur Zufriedenheit der meisten Historiker – die Verhandlungsführung der Diplomaten, die Grenzüberschreitungen der Armeen, das Hin- und Hertaktieren der Politiker zwischen erbittert kämpfenden Blöcken, die bezeichnenderweise »Interessengruppen« genannt werden. Es erklärt, warum Fürsten sich für Luther einsetzen und Bismarck sich mit Depeschenfälschungen in die große Politik einmischt, warum Arbeiter Streiks ausrufen und Landarbeiter sich regelmäßig zu saisonalen Wanderungsbewegungen formieren: denn auch das Überleben ist ein Interesse. Historiker wissen (und können dafür im Handumdrehen schlagende Beispiele Revue passieren lassen), daß Politiker nach Macht streben, Geschäftsleute Geld verdienen und Generäle Krieg machen wollen. Für die Psychoanalyse ist der Mensch das wünschende, für den Historiker das egoistische Lebewesen. Beides ist nicht dasselbe: im ersten Fall ringt der Mensch unter dem erbarmungslosen Druck seines Unbewußten um Spannungsabbau; im zweiten lebt er unter der Herrschaft des bewußten Egoismus.

Natürlich hätten die Historiker längst zur Genüge lernen können, daß das menschliche Leben nicht allein aus selbstbezogenem Pläneschmieden besteht. Sie sind auf die Macht der Gewohnheit und der Loyalität, auf die selbstmörderische Hingabe des Fanatikers und den zähen Haß des Partisans gestoßen und haben versucht, daraus schlau zu werden. Sie haben über die Anziehungskraft von religiösen und nationalistischen Gefühlen nachgedacht. Georges Lefèbvre war mit seinen Zyklen von Panik, Zorn und Rache in seiner Zunft kein vereinzelter Außenseiter.[102] Ein versierter Wirtschaftshistoriker wie Thomas Cochran hat erkannt, daß er gerade als Wirtschaftshistoriker die traditionellen Schranken seiner Disziplin überspringen muß: »Jede Kultur hat ihre eigenen Formen ökonomischer Irrationalität oder Inkonsequenz. Bei den einen ist es die haltlose Fürsorge für die Familie des Unternehmers. Bei anderen, wie etwa in den Vereinigten Staaten, ist es vielleicht nicht zuletzt der verbohrte Optimismus gewesen.« Für Cochran ergibt sich daraus, daß »ökonomische oder ›marktorientierte‹ Entscheidungen nicht von einer automatischen Reaktion abhängen, sondern davon, wie der Unternehmer die Marktkräfte und -trends interpretiert.« Daß man die Psychologie braucht, ist hier nur die stillschweigende Konsequenz. Offen ausgesprochen wird es in den wegweisenden Essays von Richard Hofstadter, der sich zwar den in der amerikanischen Politik wirksamen Emotionen widmet, aber dabei doch nie in Versuchung geraten ist, Politik für reines Theater zu halten: »Immer haben wir«, so schreibt er, »zwei aufs engste miteinander verquickte Prozesse vor uns: die *Interessenpolitik*, in der materielle, von verschiedenen Gruppen und Blöcken vertretene Ziele und Bedürfnisse, und die *Statuspolitik*, in der verschiedene

---

102 Siehe als weiteres Beispiel auch B.H. Lidell Hart, der die »Hauptursachen« des Ersten Weltkriegs »in drei Worten – Furcht, Hunger, Stolz« zusammenfaßt. (*History of the First World War* [1930; 1972], S. 1) Weiter unten, im 4. Kapitel, komme ich auf diesen Punkt zurück.

projektive, auf Statuswünsche und andere persönliche Motive zurückgehende Rationalisierungen aufeinander prallen.«[103]

Manchen Historikern ist ein solches psychologisches Auseinanderdividieren mittlerweile schon selbstverständlich geworden. In einem scharfsinnigen Aufsatz über die wirtschaftliche Entwicklung zur Zeit der Julimonarchie spricht Christopher H. Johnson beiläufig von dem »genügsamen« französischen Landadel, der jede Spekulation ablehnte und »sich von seinem Landbesitz vor allem stabiles Einkommen und soziales Prestige erhoffte«. Die Definition, die der Landadel für sein Eigeninteresse fand, war alles andere als unkompliziert; er war entschlossen, nichts zu riskieren, ja er wollte Unsicherheit abbauen – im Adjektiv »genügsam« stecken also eine ganze Reihe von keineswegs angstfreien Abwehrreaktionen. Auch eine andere machtvolle gesellschaftliche Institution, nämlich »die Pariser *haute banque*« beschreibt Johnson als »hin- und hergerissen zwischen der Verteidigung verbriefter Rechte (vor allem der Bank von Frankreich) und den Profiten, die aus Transportwesen und Industrieanlagen zu ziehen waren«. Damit will ich nicht etwa für Mitgefühl mit diesen geplagten Finanzmagnaten plädieren; aber auffallend ist doch, wie sie angesichts unklarer und widersprüchlicher Außensignale von inneren Konflikten heimgesucht wurden; ihre Investitionsentscheidungen entsprangen nicht einfach nur dem rationalen Optieren für Gewinnmaximierung – obwohl das natürlich auch zutrifft. Zugleich resultierten sie aus persönlichen Auseinandersetzungen, in denen zwischen Risikobereitschaft und Versagensängsten abgewogen werden mußte. Johnsons Aufsatz läßt sich als Psychodrama lesen, das mit dem Sieg der Risikofreude über die Furcht endet: »Wichtiger als Politik und Gesetzgebung war das Leitbild eines Bürgerkönigtums.« Kurz, Vorstellungen zählten mehr als Tatsachen, obgleich natürlich die Tatsachen nachhaltigen Einfluß auf die Vorstellungen hatten. Ende der 40er Jahre waren

---

103 Cochran, »Economic History, Old and New«, in: *American Historical Review*, LXXIV (Juni 1969), S. 1567; Hofstadter, »The Pseudo-Conservative Revolt« (1954), in: *The Paranoid Style in American Politics and Other Essays* (1963), S. 53.

»in sämtlichen französischen Regierungsbezirken« die meisten »Unternehmer und Beschäftigten (sowohl auf dem Land wie in den Städten) für die Idee des ökonomischen Fortschritts gewonnen. Die Nation schien von einer Art Fortschrittsmanie erfaßt.« Kein Wunder, daß der Autor als Motto den Ausspruch des führenden Bankiers Emile Péreire »*Le crédit, c'est la confiance*« gewählt hat: In ihm verbinden sich Gefühl und Finanzwesen.[104] Immer wieder beschwört Johnson in seinem Aufsatz die Sprache des Eigeninteresses, und natürlich ist Vertrauen, zum Teil wenigstens, ein Kind des Kalküls. Aber aus der Wirkung wird selbst eine Ursache. Wenn Johnson feststellt, daß die französischen Finanzleute, Investoren, Fabrikanten und Kaufleute in den 40er Jahren des 19. Jahrhunderts neu definierten, was sie für ihr Interesse hielten, dann bereitet er den Weg für eine Motivations- und Verhaltensanalyse, die über das plane Eigeninteresse hinausgeht.

Manche Historiker haben also ihre allzu einfache Vorstellung vom Primat des Eigeninteresses in der Geschichte gründlich modifiziert. Doch selbst unter ihnen – von den anderen ganz zu schweigen – finden viele den Gedanken nach wie vor unwiderstehlich. Verstärkung hat ihr Rationalismus ohne Zweifel dadurch bekommen, daß in jenen Bereichen, die bei ihrer Arbeit vorn an stehen (in Politik und Ökonomie und zumal in dem breiten Grenzgebiet, wo Politik und Ökonomie sich verschränken und vermischen), die Macht des Eigeninteresses am ungebrochensten scheint. Handel und Industrie, Diplomatie und Krieg ähneln in den meisten Geschichtsbüchern der freien Wildbahn Hobbes'scher Provenienz mit ihren offenen und pausenlosen Gladiatorenkämpfen. Je größer Profit und Macht, um die es geht, umso unverhüllter scheint das Eigeninteresse im Spiel zu sein. Und um viel geht es tatsächlich, vor allem weil die Ressourcen, auf die es die konkurrierenden Interessen abgesehen haben, fast immer knapp sind. Das Eigeninteresse, so muß der Historiker erkennen, ist eine verändernde Kraft, auch

---

104 Johnson, »The Revolution of 1830 in French Economic History«, in: John M. Merriman (Hrsg.), *1830 in France* (1975), S. 139-89 passim.

wenn es sich in seinen Augen als fehlgesteuert, gefährlich, womöglich selbstzerstörerisch erweist.[105]

Was immer der Historiker intendiert, seine Analyse des Eigeninteresses hat fast immer etwas Triumphierendes, etwas Entlarvendes: Allenthalben lauern Interessen in Gestalt von uneingestandenen niedrigen Beweggründen, die als edle Absichten daherkommen. Manifeste moralische oder patriotische Gefühle können den kritischen Historiker nicht davon abbringen, nach ihrem latenten Inhalt – dem Eigennutz – zu forschen; im Gegenteil, sie fordern ihn geradezu heraus. So schreibt etwa Charles Beard in seiner berühmten Analyse der für die Gründungsväter der USA ausschlaggebenden Interessen, die ganze hochtönende Debatte über ein politisches Instrument wie die Verfassung der Vereinigten Staaten habe nur als Verbrämung für den Schutz der Investitionen gedient.»›Eigentum verschiedener Art und verschiedenen Ausmaßes‹ gibt es unvermeidlich in jeder modernen Gesellschaft«, so Beard unter Bezugnahme auf James Madison, »Parteiprogramme und ›Prinzipien‹« – und mit den Anführungszeichen für »Prinzipien« unterstreicht Beard seine ironische Distanz zu Amerikas Nationalhelden – »entspringen den Gefühlen und Meinungen, die der Besitz verschiedener Arten von Eigentum in den Besitzern erzeugt. Die auf das Eigentumsverhältnis zurückgehende Spaltung in Klassen und Gruppen liegt der modernen Herrschaft zugrunde, und Politik und Verfassungsrecht spiegeln notwendigerweise diese streitenden Interessen wider.«[106]

---

105 Sogar bei den Marxisten, die doch bekanntlich das Eigeninteresse von Individuen und Gruppen an ihr Verhältnis zu den Produktionsmitteln und ihren geschichtlichen Standort koppeln, kann diese Gewißheit, daß das Eigeninteresse der mächtigste Antrieb zum Handeln ist, sich weiter halten. Nach der Vorstellung marxistischer Historiker haben die vielgepriesenen Agenten des historischen Gesamtprozesses zwar nur die Interessen im Kopf, die sie haben müssen, aber Interessen haben sie im Kopf, oder besser umgekehrt: die Interessen haben sie in der Hand.
106 Beard, *An Economic Interpretation of the Constitution of the United States* (1913), dtsch.: *Eine ökonomische Interpretation der amerikanischen Verfassung* (1974), S. 71; siehe auch Richard Hofstadter, *The Progressive Historians: Turner, Beard, Parrington* (1968), S. 207-45.

So hat auch der nonkonformistische deutsche Historiker Eckart Kehr vor mehr als einem halben Jahrhundert hinter der in den 90er Jahren zielstrebig angekurbelten Kampagne zur Finanzierung des Ausbaus der kaiserlichen Flotte innenpolitische Interessenkämpfe aufgedeckt. Verpackt wurde dieses ehrgeizige Programm in eine Rhetorik, in der es um Patriotismus, um den Stolz auf Deutschlands Platz auf der strategischen Landkarte und die Sorge über Englands Versuche, das Deutsche Reich zu isolieren, ging. Aber in Wirklichkeit, so Kehrs Kritik, war das Ganze nur ein schmutziges Manöver mit dem Ziel, zu Geld und Einfluß zu kommen. In seinem Buch *Behemoth*, einer Studie über Geschichte und Vorgeschichte des nationalsozialistischen Deutschland, faßt Franz Neumann in der Nachfolge Kehrs die Sache folgendermaßen zusammen: Das 1871 gegründete Deutsche Reich war eine imperialistische Macht, die ihre gesamten Kräfte mobilisierte, indem sie die Liberalen aus der Bürokratie vertrieb, die Armee zu einem »Werkzeug der Reaktion« umbaute und schließlich die widerstreitenden Interessen von »Agrar- und Industriekapital« versöhnte. Die Agrarier forderten Schutzzölle zur Verbesserung ihrer schwierigen Lage; die Industriellen verlangten Handelsfreiheit zur Verbilligung der importierten Rohstoffe und Senkung der Steuern. »Ein Handel von historischer Bedeutung«, so Neumann, »setzte dem Konflikt ein Ende. Die industriellen Gruppen drängten auf ein großes Flottenprogramm; die Agrarier, die dem zuvor entweder ablehnend oder gleichgültig gegenübergestanden hatten, gaben durch ihr Hauptsprachrohr, die preußische Konservative Partei, ihre Einwilligung, für die Flottenvorlage zu stimmen, wenn die Industriellen als Gegenleistung ihre Forderung nach Schutzzöllen unterstützten.«[107]

Diese Form der Kritik ist unter Historikern gar nichts Neues: Vor zwei Jahrhunderten machte Edward Gibbon sich mit unverhohle-

---

107 Kehr, *Schlachtflottenbau und Parteipolitik, 1894-1901* (1930); Neumann, *Behemoth: The Structure and Practice of National Socialism, 1933-1944* (1942; 2. Aufl. 1944), dtsch.: *Behemoth. Struktur und Praxis des Nationalsozialismus 1933-1944* (1977), S. 27, 29.

nem Genuß an die Aufdeckung der verborgenen Motive römischer Staatsmänner, der häßlichen politischen Realität hinter der verfassungsrechtlichen Rhetorik.[108] Diese etwas lüsterne, fast voyeuristische Freude an der Entlarvung des Verborgenen ist in unserer Zunft noch immer weit verbreitet. Nicht zufällig bezeichnen die Historiker das Eigeninteresse, wenn sie es erst einmal an den Tag gebracht haben, gern bildhaft als »nackt«.[109] Doch trotz aller Faszination durch das Eigeninteresse haben sie sich selten die Mühe gemacht, seinen psychischen Stellenwert zu analysieren oder seine tatsächliche Relevanz für das Leben der Menschen aufzuzeigen.

Andererseits sind, das muß dazugesagt werden, die Psychoanalytiker in diesem Punkt kaum eine Hilfe gewesen. In einer seiner Schriften zur Ichpsychologie zählt Heinz Hartmann »die Strebungen nach etwas, das ›nützlich‹ ist, Egoismus, Selbstbehauptung« zu den »Ich-Funktionen« und weist eher beiläufig darauf hin, daß es wichtige und besonders für Sozialwissenschaftler interessante Vorgänge seien. Er erkennt zwar, daß »die Bedeutung dieser Tendenzen in der Psychoanalyse vernachlässigt worden« ist, tut aber (hier wie anderswo) nichts, um der Vernachlässigung zu begegnen.[110] Stichworte wie »Interesse« oder »Eigeninteresse« oder auch nur »Ich-Interesse« gibt es im Index von Hartmanns gesammelten Schriften nicht; auch die sonstige psychoanalytische Literatur hat nur ein paar flüchtige Blicke für das übrig, was der Normalbürger ebenso wie der Moralphilosoph, der Politologe und eben der Historiker als die mächtigste Triebkraft im Menschen bezeichnet haben. In einigen seiner metapsychologischen Schriften weist Freud hier und da auf das Interesse hin und bringt es in Zusammenhang,

---

108 Siehe Peter Gay, *Style in History* (1974), 1. Kap.
109 So etwa Richard Cobb: »Die Menschen sind nicht geneigt, die Macht des nackten Eigeninteresses einzugestehen.« (*Reactions to the French Revolution* [1972], S. 177)
110 Hartmann, »Comments on the Psychoanalytic Theory of the Ego« (1950), in: *Essays on Ego Psychology: Selected Problems in Psychoanalytic Theory* (1964); dtsch.: »Bemerkungen zur psychoanalytischen Theorie des Ichs«, in: *Ich-Psychologie. Studien zur psychoanalytischen Theorie* (1972), S. 139. [Im engl. Original heißt es: »... etwas vernachlässigt worden«. A.d.Ü.]

ja identifiziert es fast, mit der Libido oder mit Libidobesetzungen, geht aber selbst diesem wichtigen Hinweis nie nach.[111] Das Eigeninteresse ist nicht, wie Hartmann sagt, nur »etwas«, sondern fast völlig vernachlässigt worden.

Die Behandlung der Frage, wie Historiker legitimerweise mit dem Begriff des Eigeninteresses arbeiten und die Analytiker ihre Untersuchungen über unbewußte Bedürfnisse und Konflikte zum Tragen bringen können, ist daher seit langem überfällig. Als allgemeines Erklärungsinstrument steckt das Eigeninteresse in einem Dilemma.[112] Im engeren Sinne einer bloß rationalen Anpassung von Mitteln an materielle Zwecke hat es einen strikt begrenzten Geltungsbereich, da es diese Anpassungsleistungen in Reinform kaum gibt. Auch sonst aber ist das nüchterne Kalkül, das das Handeln organisiert, weniger interessant (und oftmals auf die Dauer auch weniger wichtig) als die Leidenschaften, die das Kalkül allererst hervorgebracht haben. Andererseits ist das Selbstinteresse im weiteren Sinn kaum mehr als eine Tautologie: nämlich identisch entweder mit der Vorstellung, die die einzelnen oder Gruppen sich von ihm machen, oder mit dem Interesse, das sich unwillkürlich aus ihrem Handeln ergibt. Altruismus oder Masochismus sind, auch wenn sie scheinbar im Widerspruch zum Eigeninteresse stehen, in Wirklichkeit nur Sonderfälle. Der Fanatiker, der zu Pogromen aufstachelt, der Händler, der seinen Profit maximiert, der Heilige, der unbedingt Märtyrer werden will, – alle folgen sie ihrem Eigeninteresse. Macht man dieses also zu einem Universalmotiv, so verliert es jede diagnostische Funktion für den Historiker, der – wie jeder,

---

111 Vgl. Freud, »Zur Einführung des Narzißmus« (1914), *GW X*, S. 148 f; ders., »Triebe und Triebschicksale«, ibid., S. 227; ders., »Die Verdrängung«, ibid., S. 252-53. Siehe auch weiter unten, S. 124-126.

112 Eine spannende Untersuchung der in der Vorstellung vom Eigeninteresse steckenden Komplikationen unternimmt Macaulay in seiner vernichtenden Buchkritik »James Mill's essay on Government: Utilitarian Logic and Politics«, in: *Edinburgh Review*, Nr. XCVII (März 1829), leichter zugänglich in: Jack Lively und John Rees (Hrsg.), *Utilitarian Logic and Politics* (1978), das neben Mills Essay die Auseinandersetzung darüber dokumentiert und eine kluge Einführung enthält.

dem es um die Analyse des menschlichen Tuns geht – nur erklären kann, wenn er differenziert.

Schon für die Oberfläche des Bewußtseins gilt ja bekanntlich, daß gar nicht jeder sein wahres Eigeninteresse deutlich vor Augen hat; viele kranken an jenem falschen Bewußtsein, in dem Lenin bei fehlender Anleitung durch eine geschulte Elite das Schicksal der Arbeiterklasse sah. Männer (und Frauen) können für ihren wirklichen Nutzen blind sein, weil sie sich traditionell immer gefügt haben und von der Erkenntnis und Verfolgung ihres Nutzens durch »Interessen« abgehalten werden, die auf die Fortdauer ihrer Unwissenheit und Passivität hinarbeiten. Diesen Interessen kommt die Herstellung – und Konservierung – des falschen Bewußtseins natürlich hundertprozentig zupaß: Das gilt sowohl für Männer, die Frauen dazu bringen wollen, im Haus zu bleiben und zu ihnen aufzuschauen, wie auch für Herren, die die Sklaverei zur wohltätigen Institution umlügen. In der gesamten Werbeindustrie geht es im wesentlichen darum, jene Wünsche zu wecken oder zu produzieren, die dann ihren Platz in der sozialen Struktur des kollektiven Begehrens finden sollen. Zusammen mit Soziologen und Politologen haben auch Historiker sich in neuerer Zeit an die Analyse dieser politischen, sozialen und kommerziellen Manipulation herangewagt. Bei einer solchen Untersuchung des – authentischen oder künstlichen – Eigeninteresses kann der Psychoanalytiker behilflich sein, indem er zeigt, wie Individuen und Gruppen das, was ihnen vorgegaukelt wird, internalisieren und es für eigene Erfindung halten.

Falsches Bewußtsein und richtiges Bewußtsein sind natürlich vor dem kritischen und, so ist zu hoffen, unparteiischen Auge des Historikers gleichwertig; bewußt will er der Versuchung widerstehen, die von ihm studierten Menschen von oben herab zu behandeln. Mag er wünschen, daß die Arbeiterklasse rebelliert, oder die »verfluchte Wunschlosigkeit der Armen« beklagen. Aber was die Menschen – in kluger oder törichter Weise – für ihre Interessen *gehalten* haben, ist eine geschichtliche Information, die er beileibe nicht ignorieren darf. Charles Tilly, der sich mit kollektivem Handeln in der neueren europäischen Geschichte befaßt, hat gefordert, der Historiker müsse zwar »an den Produktionsverhältnissen die Prognose ablesen, welche Interessen die Menschen durchschnittlich und langfristig verfolgen werden«, zugleich aber »sich zur Erklärung ihres kurzfristigen Verhaltens so weit wie möglich auf das beziehen, was die Menschen selbst als ihre Interessen formulieren«.[113] Ich würde noch mehr vom Historiker fordern: Er muß die Vorstellungen, die die Menschen von ihren Interessen haben, bis zu ihren komplizierten, oftmals konfliktreichen Ursprüngen zurückverfolgen.

Genau hier betritt der Historiker das ureigenste Gebiet des Psychoanalytikers. Wenn Historiker sich mit Wünschen befassen, die bereits in die rationale Sprache von Handlungsentwürfen übersetzt und zum individuellen oder kollektiven Eigeninteresse zusammengefaßt sind, haben sie es mit bewußten Äußerungen zu tun. Aber diese Aktionsprogramme, in denen das Begehren organisiert wird, resultieren selber aus einer Vielzahl von – gleichermaßen handfesten und verborgenen – Kräften. Diese sind offensichtlich so stark und von ihrem Ursprung so weit entfernt, daß sie sich gegen die Zensur durchgesetzt haben. Dennoch wahren sie soviel Nähe zu ihren unbewußten Vorfahren, daß der psychoanalytisch orientierte Historiker ihren Stammbaum freilegen kann. Bei der Formierung und Formulierung von Interessen spielt das Ich zwangsläufig eine dominierende Rolle: Es verkleidet, spezifiziert und koordiniert die noch unentwickelten Bedürfnisempfindungen, bis sie zur Reife gelangt sind, stellt ihr tatsächliches Ausmaß fest, und sinnt auf Mittel zur Erreichung der von ihnen anvisierten Ziele. In jedem von mir genannten historischen Beispiel ging es um ein zielgerichtetes rationales Handeln, das plant, Kräfte mobilisiert, Widerstände be-

---

113 Tilly, *From Mobilization to Revolution* (1978), S. 61. Tilly definiert »Interesse« kurz und bündig, ohne jeden Gedanken an psychologische Dimensionen, als »die jeweiligen Vor-oder Nachteile, die einer bestimmten Population mit hoher Wahrscheinlichkeit als Folge mehrerer möglicher Interaktionen mit anderen Populationen entstehen« (S. 54). Siehe auch Fred Weinstein, »The Problem of Subjectivity in Sociology« (Unveröffentl. Manuskript, 1980), S. 2-5.

rücksichtigt. Die Durchsetzung eines Interesses ist ein in doppelter Hinsicht *ökonomisches* Tun: der Versuch, mit dem geringsten Kraftaufwand das bestmögliche Resultat zu erzielen.

Aber selbst Goldgier ist alles andere als unkompliziert. Sie kann eine absolute Größe sein, eine Obsession wie bei Balzacs Père Grandet, oder eine Funktion, ein Mittel, um leichter an Macht, Kunstwerke oder Liebhaber heranzukommen. Sie kann ein Abkömmling analer Fixierungen sein, ein Sinnbild sexueller Potenz, ein nachträglicher ödipaler Sieg. Sie kann vermittelt sein: etwa wenn Machthunger (wie Historiker häufig und zu Recht angemerkt haben) der Anhäufung von Geld dient, das wiederum zahlreiche Bedürfnisse – zum Beispiel auch nach Beschwichtigung von Ängsten – befriedigt. Im Zuge der Analyse erweist sich das Eigeninteresse als etwas sehr Kompliziertes, und zu den Gründen für seine Komplexität gehört die besondere Form, in der das Ich seine Funktion als Gegenspieler der Triebe erfüllt. Einerseits arbeitet das Ich gegen ihr hemmungsloses Streben nach sofortiger Spannungsabfuhr, gegen ihre Unfähigkeit, einen Aufschub zu dulden. Andererseits aber ist es zuständig für die Sicherung der Befriedigung, und zwar möglichst auf einer Ebene, die über dem für den ungebremsten Triebwunsch erreichbaren Niveau liegt. Um es psychoanalytisch auszudrücken: Das Eigeninteresse ist ein Produkt des Realitätsprinzips, das nicht nur gegen das Lustprinzip antritt, sondern ihm zugleich auch dient.

Der Psychoanalytiker hat noch mehr zu sagen. Die in das Eigeninteresse einfließenden Wünsche können Abkömmlinge der Triebe oder der Abwehr sein. Sie können entweder von den nach Liebesobjekten resp. unglücklichen Opfern suchenden sexuellen und aggressiven Trieben abstammen oder ein Versuch sein, die Angst in Schach zu halten, oder schließlich einer – in den Proportionen wechselnden – Mischung aus beidem entspringen. »Manche Einstellungen des Ich, die triebhafter Natur zu sein scheinen«, bemerkt Otto Fenichel, »dienen nichtsdestoweniger in erster Linie der Abwehr. Die Bezeichnungen ›Trieb‹ und ›Abwehr‹ sind relativ.«[114] Mit einem Wort, auch eine Abwehr ist ein Wunsch. Die Verfolgung des Eigeninteresses meint gleichermaßen das Erreichen und das Festhalten von Befriedigungen.

Das so verstandene Eigeninteresse impliziert ein pausenloses Wechselspiel zwischen Bedürfnis und Kontrolle. Wie das neurotische Symptom ist es eine Kompromißbildung; wie das Ich muß es mit drei zumeist feindlichen Kräften fertig werden: mit der Außenwelt (die konkurrierende Interessen bereithält), dem Überich (das mit einem Schwall peinlicher Ermahnungen daran erinnert, daß die Ansprüche der anderen ebenfalls zählen und die eigenen im besten Fall suspekt sind) und dem Es (das ununterbrochen Triebwünsche hervorbringt). Deshalb ist die Vorstellung von einem durch und durch rationalen, restlos durchschauten und konsequent verfolgten Eigeninteresse weitgehend eine Abstraktion. Allerdings keine Fiktion. Wie Reinhold Niebuhr vor vielen Jahren gezeigt hat, macht den Angestellten einer Organisation der rastlose Einsatz für deren Nutzen viel weniger Probleme als das Engagement für ihren eigenen: Im Wortsinn seelen-lose Institutionen wie etwa Aktiengesellschaften sind mit Eigeninteresse begabte Maschinen – obgleich selbst diese Maschinen, wenigstens darin noch menschlich-allzumenschlich, eintreffende Informationen mißdeuten, von Panikanfällen heimgesucht werden und hin und wieder völlig zusammenbrechen.

Aus all dem ergeben sich die Fragen, denen der Historiker nachgehen muß: Wie weit reicht das Eigeninteresse? Wie werden konfligierende Interessen erkannt und womöglich versöhnt? Beides hängt eng zusammen, ist aber nicht dasselbe. Interessen sind, das weiß jeder, entweder einseitig oder vielseitig, entweder oberflächlich oder tiefgehend, entweder kurzfristig oder langfristig. Die Verschiebung vom jeweils ersten zum letzteren, also die Ausweitung des vermeintlich »wahren« Eigeninteresses, mag zwar einem moralischen Gebot entsprechen, folgt aber eigentlich nur einem Kal-

---

114 Fenichel, *The Psychoanalytic Theory of Neurosis* (1945), S. 475; dtsch.: *Psychoanalytische Neurosenlehre*, Bd. III (1981), S. 39. Mehr zur Abwehr siehe unten, S. 176-183.

kül – einer Verschiebung (wie der Psychoanalytiker sagt) vom Primärprozeß zum Sekundärprozeß des Denkens. Jeremy Bentham hat sich an der Wende zum 19. Jahrhundert eine regelrechte Meßlatte, nämlich sein vielgeschmähtes Glücks- bzw. Lust-Unlust-Kalkül, ausgedacht: Mit dessen Hilfe können die einzelnen, aber auch Kollektive und Regierungen zu einer allgemeinen Lustmaximierung kommen, indem sie das aus den verschiedenen Handlungen resultierende unterschiedliche Verhältnis von Nutzen und Schaden herausfinden, – kurz, durch die Einsicht in die Interessen eines jeden den Interessen aller dienen. Vielleicht war Bentham naiv. Ja man hat sogar schlimmere Namen für sein System gefunden. Mit Sicherheit ist es Inbegriff jenes rationalistischen Utopismus, der seine Hoffnungen auf eine Wissenschaft von der Gesellschaft stets begleitete. Bentham zufolge kann der Mensch den Wert einer Lust (oder Unlust) berechnen: Sie ist umso größer, je intensiver und länger, je gewisser, näher und fruchtbarer sie ist und je mehr soziale Ausdehnung sie hat, je mehr Personen sie einschließt.[115] Das Kalkül führt sich selbst ad absurdum; es gibt keine wissenschaftlich fundierte Methode zur Quantifizierung individueller Lust, keine rationale Methode zu ihrer Vergleichung. Außerdem können verborgene Triebkräfte noch den mit größter Sorgfalt berechneten Plan durchkreuzen oder vereiteln. Benthams allgemeinen Gedanke indessen finde ich eigentlich ganz vernünftig. Die Hingabe an sorglose Lust führt irgendwann zu Schmerz, den man mit rationaler Überlegung vorhersehen und womöglich gar vermeiden kann. In Benthams Augen ist der Mensch ein vom Lustprinzip beherrschtes Tier, das lernen kann, den vernünftigen Geboten des Realitätsprinzips zu gehorchen. Dies ist nicht etwa – und schon gar nicht bei Bentham – die Aufforderung zum Asketismus, sondern ein Appell zur Dosierung der Lust im Interesse größerer Lust und

---

115 Siehe Jeremy Bentham, *Introduction to the Principles of Morals and Legislation* (1789), und Elie Halévy, *The Growth of Philosophic Radicalism* (1901-4; 1928 übers. aus frz. *La formation du radicalisme philosophique*), besonders S. 26-30.

zur Duldung von Unlust im Interesse der Vermeidung noch größerer Unlust.

Benthams Glücksbilanz weist darauf hin, daß der psychoanalytisch orientierte Historiker sein Augenmerk insbesondere auf die in Ruhe- und Erregungszuständen verschiedene Art der Realitätsprüfung sowie die bewußten und unbewußten Mechanismen richten sollte, die die Beziehung von Impuls und Handeln regeln. Kurz, er sollte sich die analytische, integrative und synthetische Arbeit des Ich anschauen, denn die Spannkraft dieser Fähigkeiten wird durch die Ansprüche des kruden Eigeninteresses auf eine harte Probe gestellt. Gefordert wird ihre Spannkraft vor allem deswegen, weil Interessen sich nicht einfach von selbst ausdehnen oder zusammenziehen. Oftmals geraten sie – und zwar heftig – in Konflikt miteinander.

Ein Beispiel aus der Alltagspraxis mag andeuten, was mit dem Problem alles gemeint ist. Für einen Regierungsbeamten etwa, der die Preisangebote von Bauunternehmern oder die Qualität ihrer Arbeit beurteilen muß, sind Interessenkonflikte eine vertraute Erfahrung. Seine Loyalität gilt in erster Linie dem Staat als seinem Arbeitgeber, persönlich aber wünscht er sich vielleicht eine Stelle bei einem der Bewerber, die er zu beurteilen hat. Als Staatsbeamter hat er die Pflicht, unparteiisch zu sein und sein Urteil sine ira et studio zu fällen; als Privatperson hat er vielleicht einfach den Wunsch, zu Reichtum zu kommen. Die Situation ist unzweideutig und seine Aufgabe klar, doch Begierde oder Angst können durchaus etwas auf die andere Waagschale bringen.

Auf den ersten Blick scheint dieses Dilemma nicht über den Bereich des moralischen Bewußtseins hinauszugehen. Seine Wurzeln aber liegen in den weitgehend verborgenen Kämpfen zwischen Triebwünschen und Hemmungen. Was macht eine Pflichtverletzung zwingend oder attraktiv oder auch nur vorstellbar? Das Bedürfnis nach Geld ist ja keine fixe Größe und Verunsicherung ein höchst subjektives Gefühl. Dieser besondere Interessenkonflikt ist nichts anderes als ein verborgener Kampf zwischen dem kulturellen Überich des Beamten, Werten wie Redlichkeit und Objektivität, denen er verpflichtet ist, und seinem rationalen Ich, das jene zukünftigen Gewinne wittert, welche am Ende seine Amtspflichten aus dem Feld schlagen werden. Beide – das muß man sich immer wieder klarmachen – besitzen auch weitgehend unbewußte Anteile. Das kulturelle Überich sitzt sozusagen huckepack auf dem Überich, das er als kleiner Knabe erworben hat; sein Ich ist eine Mischung aus Wünschen und Urteilen, Phantasien und Reflexionen, in denen seine Vergangenheit nach wie vor indirekt ihre Rolle spielt. Wie immer er sich letzten Endes entscheidet, es wäre nicht verwunderlich, wenn er für seinen unbewußten Konflikt mit Kopfschmerzen und zumindest hin und wieder mit einer schlaflosen Nacht zahlt.

Dieses Fallbeispiel mag – unter Absehung von persönlichen Idiosynkrasien – modellhaft für die aufeinanderprallenden Interessen stehen, die alle Menschen, zum Teil unterhalb der Schwelle des bewußten Denkens, notgedrungen versöhnen müssen. Gewiß gibt schon die bloße Bandbreite der menschlichen Interessen Anlaß zu beständigem Zögern und Schwanken. Im Menschen sammeln sich seine Bindungen in bunter Mischung an, und ihre Rangordnung ist nicht immer evident. Verschiedene Anforderungen können friedlich koexistieren, auch wenn zwischen ihnen vielleicht irgendwann eine unangenehme Wahl getroffen wird; man kann zugleich ein guter Ehemann, ein gläubiger Katholik, ein leidenschaftlicher Briefmarkensammler, ein geschickter Bridgespieler und ein erfahrener Schweißer sein, ohne sich zwischen diesen Interessen entscheiden zu müssen – allerdings würde ich vermuten, daß ein derart glückliches Zusammenspiel nur die Lösung früherer Konflikte darstellt, den Ausgleich zwischen konkurrierenden Ansprüchen auf Zeit und Aufmerksamkeit, den Entschluß, im Interesse der Erfüllung aller Ansprüche einige zurückzuschrauben.

Ein schlagendes Beispiel für derlei interne Interessenkonflikte sind unvereinbare Liebesforderungen. Nicht anders als das Verlangen nach Geld ist die Liebesfähigkeit keine fixe Größe. Eins aber ist sonnenklar: Niemand kann alles und alle mit gleicher Inbrunst lieben. Der narzißtische Mensch liebt sich auf Kosten anderer; der

Ehemann, der seine Frau auf Händen trägt, liebt sie auf Kosten seiner Kinder; der Chauvinist liebt sein Land auf Kosten anderer Länder. In all diesen Fällen aber ist der Konflikt bereits gelöst bzw. beiseitegeschoben: Der Ehemann, der seine Frau so sehr liebt, daß er seine Kinder vernachlässigt, hat eine – keineswegs bewußte – Wahl zwischen den von ihm libidinös besetzten Objekten getroffen. Die Folgen einer derartigen Entscheidung können sei's in gelegentlichen Anfällen von erträglicher Eifersucht oder leichter Reue, sei's in ernsthaften, das eigene Seelen- oder das Familienleben betreffenden Spannungen bestehen. Alles in allem ist der Beitrag der Psychoanalyse weit bedeutsamer, als die Analytiker bis dato erkannt haben. An diesem Punkt kann ihnen der Historiker mit gutem Recht mehr Erklärungshilfen abverlangen, als sie bisher gegeben haben – allerdings nicht mehr, als sie geben können.

IV
Vernunft, Realität, Psychoanalyse und der Historiker

1 Zwei Welten im Spannungsverhältnis

All seinem Respekt vor den in der Vergangenheit frei flottierenden Kräften der Unvernunft zum Trotz, kann der Historiker sich nur schwer von dem Eindruck losmachen, daß die Heimat seiner eigenen Disziplin vom Lebensbereich der Psychoanalyse strikt getrennt ist. Wo beide sich berühren, herrscht – so scheint es – immer ein Spannungsverhältnis. Was die Psychoanalyse beschäftigt, sind ja bloß eingebildete Vergewaltigungen und in Gedanken verübte Morde, hemmungslose Phantasien und wild wuchernde Symptome, Träume, Entstellungen und Wahnbilder. Dazu paßt dann, daß am heroischsten Punkt der Freudschen Karriere diese Auffassung, die Arbeit der Psyche bestehe in der Fabrikation von Fiktionen, symbolträchtige Bestätigung fand. Freud hatte sich in den frühen 90er Jahren zu einer allgemeinen Psychologie der Neurosen vorgearbeitet. Dabei rekurrierte er zum Großteil auf die skandalösen Bekenntnisse seiner weiblichen Patienten; eine nach der anderen erzählten sie, sie seien als Kind von ihrem Vater verführt worden. Im Herbst 1897 aber teilt Freud seinem Freund und einzigen Vertrauten Wilhelm Fließ mit, er könne diesen Geschichten keinen Glauben mehr schenken, und bekennt, er wisse nun nicht mehr, woran er mit seiner gewagten und einsamen Forschung eigentlich sei. »Man hatte also«, erinnert er sich später, »den Boden der Realität verloren.«[116] Gewonnen war stattdessen der Boden der Phantasie.

---

116 Freud, »Zur Geschichte der psychoanalytischen Bewegung«, *GW X*, S. 55. Siehe auch Freud an Fließ, 21. September 1897, in: *Sigmund Freud, Briefe an Wilhelm Fließ 1887-1904*, Ungekürzte Aszgabe, hrs. von Jeffrey Moussaieff Masson (1986), S. 283-86. Natürlich gab Freud den Gedanken der Verführung durch die Eltern nie wirklich auf: In den *Drei Abhandlungen zur Sexualtheorie* (um nur eine von mehreren Stellen zu nennen) betont er nachdrücklich, er habe ihre Bedeutung für

Die Patientinnen hatten diese elterlichen Übergriffe weitgehend imaginiert, und Freuds Einsicht in ihre Phantasietätigkeit verschaffte seiner Psychologie nun eine viel tragfähigere, viel weitreichendere theoretische Basis, als die sensationellsten Enthüllungen sie jemals bilden konnten. Hier, auf dem Boden der Phantasie, wurde das Haus der Psychoanalyse erbaut.

Fast automatisch folgt daraus, daß als Pendant der Realität auch die Vernunft in der analytischen Situation unerwünscht ist. Dem Patienten auf der Couch wird eingeschärft, sich an die einzige Hauptvorschrift zu halten, die Freud für die Behandlung erlassen hat: allen Assoziationen freien Zugang zum Bewußtsein zu gewähren und bei ihrer Mitteilung so wenig wie irgend menschenmöglich zu unterdrücken und zu korrigieren. Die psychoanalytische Grundregel liest sich wie ein bewußter und provozierender Verstoß gegen die Höflichkeitsregeln. Man erwartet von dem Kranken, daß er nicht bloß all das Triviale und Obszöne, das Gesunde normalerweise von der Mitteilung und oft auch vom Denken ausschließen, sondern noch die sinn- und zusammenhanglosesten, kurvenreichsten Gedankengänge ausspricht. Ferner erweisen sich die Übertragungen, das heißt die durch die analytische Situation im Patienten geweckten Liebes- und Haßgefühle gegenüber dem Analytiker, in all ihren Erscheinungsformen als bloß verschobene Darstellungen anderer Zeiten, Personen und Gefühle. Allem Anschein nach ist die

---

sexuelle Konstitution und Entwicklung zwar überschätzt, sie bleibe aber eine reale Bedrohung zumal für Mädchen (*GW V*, S. 91-92). Dieses Kapitel schrieb ich noch vor dem Erscheinen von Jeffrey Moussaieff Massons Buch *The Assault on Truth: Freud's Suppression of the Seduction Theory*, mit dem er Anfang 1984 für ziemlich viel Wirbel sorgte, weil er Freud darin vorwarf, er habe seiner richtigen Theorie, daß Neurosen auf sexuelle Gewalt der Eltern gegen ihre Kinder zurückgehen, feige den Rücken gekehrt und die weniger riskante, weniger schockierende These vertreten, solche Erzählungen seien bloße Phantasien. (Die deutsche Übersetzung des Buches erschien im selben Jahr unter dem Titel. *Was hat man dir, du armes Kind, getan? Sigmund Freuds Unterdrückung der Verführungstheorie.*) Neben anderen Rezensenten habe auch ich darauf hingewiesen, daß diese Lesart der psychoanalytischen Geschichte schierer Unsinn ist. (Siehe meine Rezension in *The Philadelphia Inquirer*, 5. Februar 1984)

Psychoanalyse sogar versessen darauf, noch die höchste Leistung des Ich – das Vermögen, die unter der Oberfläche des menschlichen Bewußtseins beheimateten widerspenstigen Triebe und Gedanken zu organisieren und zu steuern – regelrecht zu zerpflücken. Das ist die Seelenlandschaft nicht, in der der Historiker sich zu Hause fühlt.

Die Unvereinbarkeit zwischen der Welt des Psychoanalytikers und der des Historikers scheint so augenfällig, daß jeder Ruf nach Versöhnung wie reine Utopie klingen muß. Anders als der Analytiker hat der Historiker es mit harten Fakten zu tun: mit Nahrungsmittelmangel, städtischen Ballungsräumen, technischen Innovationen, strategisch wichtigen Gebieten oder religiösen Institutionen. Wenn er Konflikte behandelt, in denen Psychisches eine Rolle spielt (wie etwa Klassenantagonismen oder Interessenkämpfe), kommen sie ihm so stofflich, so materialistisch vor, daß er meint, man müsse sie mit Händen greifen können. Auch der marxistische Historiker lebt in einer scharf konturierten Tageswelt. Zwar bleibt in seinem System – in dem Klassen oder Individuen beim Versuch, ihrem Eigennutz zu folgen, unbewußt der List der Geschichte dienen – beträchtlicher Raum für Kräfte, die hinter dem Rücken der Akteure wirken. Er vertraut jedoch darauf, daß er diese Kräfte durchschauen kann, wenn er nur die konkrete historische Situation, in der die Akteure auftreten, genau bestimmt. Wie ich zu Anfang schon sagte, haben die Historiker dem in der Vergangenheit virulenten Irrationalen durchaus Beachtung geschenkt. Sobald sie aber gezwungen waren, sich mit der finsteren Unterwelt jener verborgenen und widerstreitenden Gefühle zu befassen, die das Haupttätigkeitsfeld der Analytiker bilden, haben sie es mit sichtlichem Widerwillen getan und ihr den Rücken gekehrt, nachdem sie ihre Leser mit ein paar aus der Alltagspsychologie entliehenen Beobachtungen abgespeist hatten. Es ist bezeichnend, daß die einflußreiche französische Historikerschule um die berühmte Zeitschrift *Annales* sich im großen und ganzen mit der Berufung auf ihren Lieblingspsychologen Lucien Febvre, der gar kein Psychologe war, zufriedengegeben und kollektive Gemütsverfassungen unter dem klingenden Namen *mentalités* rubriziert hat, ohne sich die Mühe zu machen, sie auf ihre unbewußten Ursprünge zurückzuführen.[117] Die Welt des Historikers und die des Psychoanalytikers bleiben getrennte Welten.

Zusammenbringen kann man sie mit einem dem Philosophen geläufigen Federstrich: mit dem Hinweis nämlich, daß Phantasien oder Wahngebilde für den Betreffenden durchaus Realität sind, daß er sich bei seinem Handeln tatsächlich von ihnen leiten läßt. Der Soziologe W.I. Thomas hat in einem vielzitierten Aphorismus gesagt: »Wenn Menschen eine Situation für wirklich halten, hat sie auch wirkliche Folgen.« Diese weitgefaßte Neubestimmung der Realität mag seicht klingen, sie ist aber alles andere als nichtssagend. Sie bringt den Anteil des Geheimnisvollen und Überraschenden am menschlichen Tun zur Geltung; sie fordert den Historiker auf, in Abwandlung des obligaten *Hamlet*-Zitates einzuräumen, daß es mehr Dinge zwischen Himmel und Erde gibt, als unsere Geschichtswerke es sich träumen lassen. Freud, der natürlich seinen Shakespeare gut kannte, hat eine Vorliebe für diesen Satz gehabt, auch wenn er den Gedanken lieber in Leonardo da Vincis Worten ausdrückte: Die Natur, so zitiert er ihn, ist »voll zahlloser Ursachen, die niemals in die Erfahrung traten«[118]. Die Konversionshysterie, bei der eingeklemmte Affekte und verleugnete Triebwünsche sich in körperlichen Symptomen zum Ausdruck bringen, demonstriert besonders eindrücklich, daß Gefühle und Wünsche nur allzu real sind.

---

117 Ein schlagendes Beispiel ist Georges Dubys oberflächlicher Artikel »Histoire des mentalités« (in: Charles Samaran [Hrs.], *Encyclopédie de la Pléiade*), einer der Beiträge in dem umfangreichen Band *L'Histoire et ses méthodes* (S. 937-66). Unter den neueren französischen Historikern sind diejenigen, die sich überhaupt für Freud interessieren, die Ausnahme geblieben. Vgl. etwa Emmanuel Le Roy Laduries Klassiker *Les paysans de Languedoc*, 2 Bde. (1966); dtsch.: *Die Bauern des Languedoc* (1983), besonders S. 214-20; ferner die Aufsätze von Alain Besançon in *Histoire et expérience du moi* (1971). Siehe auch die wenigen, aber vielversprechenden Seiten über den Traum in Jacques Le Goffs Buch *Pour un autre Moyen Age* (1977); dtsch.: *Für ein anderes Mittelalter*, Auswahl (1984), S. 137-41.
118 Freud, »Eine Kindheitserinnerung des Leonardo da Vinci«, *GW VIII*, S. 211.

Sowohl im Zusammenhang der Analyse wie außerhalb ihrer gibt es reichlich Gelegenheit, sich vom Wirken dieser zahllosen Ursachen einen Eindruck zu verschaffen. Nicht bloß der Analysand, der sein zur Selbstbeobachtung verpflichtetes Ich dazu bringt, dem Analytiker mit eigenen Deutungen zu helfen und ihm bisweilen sogar vorzugreifen, auch der Historiker, der den Versuch macht, seine Vorurteile beiseite und seine borniertenStandpunkte hinter sich zu lassen, will die schwer faßbaren psychischen Vorgänge begreifen.[119] Freilich: Die Verwandlung des verborgenen seelischen Geschehens in begreifbare innere Realität ist zwar eindrucksvoll, aber allein noch nicht ausreichend, denn an das riesige Arsenal der objektiven Tatsachen und des rationalen Verhaltens, denen die Hauptaufmerksamkeit des Historikers gilt, kommt sie gar nicht heran. Auf den ersten Blick wirken die von Freud Schritt für Schritt entwickelten Einsichten in die unbewußten Prozesse sehr unversöhnlich, wie eine dezidierte Absage an alle ökumenischen Bemühungen. Im innersten Kern ist das Unbewußte, so wie er es beschreibt, unmoralisch und unlogisch, verschwiegen wie das Grab und abwehrend und mit einem fatalen Hang zur Abschottung ausgestattet. Freud wußte sehr wohl, daß seine Theorie des Unbewußten in den Reihen der Wissenschaftler und Philosophen einen ziemlichen Schock auslöste, denn bis zu seinem Tode versäumte er bei seinem energischen Eintreten für die Psychoanalyse nie, sie auch gegen jene dickköpfigen, begriffsstutzigen Philosophen und Psychologen in Schutz zu nehmen, für die das Seelische weiterhin deckungsgleich mit dem Bewußtsein blieb. Seine Verteidigung war mehr als bloße Abwehrhaltung. In Freuds Augen ist das Unbewußte »die einzige Leuchte im Dunkel der Tiefenpsychologie«.[120] Spätestens 1915, als er seine metapsychologische Schrift *Das Unbewußte* veröffentlicht, gelangt er zu der Einsicht, daß die unzu-

---

[119] Zum beobachtenden Ich siehe den mit Recht berühmten Artikel von Richard Sterba, »The Fate of the Ego in Analytic Therapy«, in: *International Journal of Psycho-Analysis*, XV (1934), S. 117-26.
[120] Freud, *Das Ich und das Es* (1923), *GW XIII*, S. 245.

gänglichen Regionen des Seelenlebens greifbarer und unzweifelhaft wichtiger sind als jene, die uns problemlos, vertraut scheinen.[121] Nicht das Unbewußte, sondern das Bewußte bedarf der Erklärung.

Auch der Historiker muß feststellen, daß das Bewußte der Erklärung bedarf, aber er meint damit etwas anderes als Freud. Während dieser sich erst einmal darüber verwundert, daß es überhaupt bewußte Vorgänge gibt, wundert (und grämt) der Historiker sich in gleichem Maße darüber, daß die psychoanalytische Theorie ausgerechnet dem esoterischsten und kommunikationsfeindlichsten psychischen Prozeß eine solche Vorrangstellung einräumt; und in seiner Enttäuschung holt er sich lieber Rat bei anderen, aufgeschlosseneren Psychologenschulen. Die Psychoanalyse besteht aber keineswegs nur im Studium – geschweige denn in der Glorifizierung – des Unbewußten. Gewiß, in Freuds Augen ist das Unbewußte im Kern nicht bloß mit enormen Kräften ausgestattet, sondern auch gegen die Außenwelt abgedichtet; lediglich seine Repräsentanten bzw. Abkömmlinge sind der allgemeinen Wahrnehmung zugänglich. Nach seiner Überzeugung kann man sich dem Es (wie der »dunkle, unzugängliche Teil unserer Persönlichkeit« seit den 20er Jahren bei ihm heißt) nur »mit Vergleichen« nähern; in seiner und der Vorstellung seiner Analytikerkollegen ist es »ein Chaos, ein Kessel voll brodelnder Erregungen«.[122] Aber für Freud folgt daraus nicht, daß alles psychische Geschehen unterhalb der Aufmerksamkeitsschwelle des Bewußtseins gleich weit von diesem entfernt ist oder seiner Aufdeckung den gleichen Widerstand entgegensetzt. Ihm zufolge liegt ein Großteil der seelischen Tätigkeit nur wenig außerhalb seines Gesichtsfelds, kann also »ins Bewußtsein

---

121 Freud, »Das Unbewußte«, *GW X*, S. 263-303, besonders S. 266.
122 Freud, *Neue Folge der Vorlesungen zur Einführung in die Psychoanalyse* (1933), *GW XV*, S. 80. Zwei große Analytiker, Max Schur und Roy Schafer, haben in dem Es eine grobe und unscharfe Struktur entdeckt. Aber auch für sie bleibt es ungreifbar und geheimnisvoll. (Schur, *The Id and the Regulatory Principles of Mental Functioning* [1966], dtsch.: *Das Es und die Regulationsprinzipien des psychischen Geschehens* [1984]; Schafer, *Aspects of Internalization* [1968], besonders S. 148-49)

gerufen« werden. Mehr noch, selbst jene dunklen, im wilden Kessel des Unbewußten brodelnden Kräfte müssen sich per definitionem der bewußten Wahrnehmung irgendwie aufdrängen. Die Vorstellung, sie wollten sich zum Ausdruck bringen, wäre allerdings reiner Anthropomorphismus. Die physischen Bedürfnisse des Menschen – Hunger, Schlafbedürfnis, sexuelle Begierde – sind sprachlos, taub und unaufschiebbar; Aufmerksamkeit verschaffen ihnen ihre psychischen Sprachrohre, die dann ihre in der Regel erheblich spezifizierten Forderungen nach Befriedigung vorbringen. Freud erkennt also den unwiderstehlichen, noch aus den geheimsten Winkeln der Psyche kommenden Drang zur Außenwelt. Im Traum suchen die Menschen Trugbilder und Trost. Befriedigung aber suchen sie zumeist – und finden sie hier und da – in der Realität.

2 Auf der Suche nach Repräsentanzen

Freud sieht aber auch die umgekehrte Bewegung: vom Realen zum Seelischen. Auf die Psyche eindringende Körperreize, von geliebten Personen ausgehende Kränkungen, in der Gesellschaft entstandene ungelöste Probleme, – all das kommt von außen heran und verlangt nach Lösungen, Kompromissen, Anpassung – oder Verleugnung. Gemeinsam mit oder im Gegenzug zu den inneren Triebregungen modellieren diese äußeren Kräfte das Liebes- und Aggressionsverhalten des einzelnen, seine Optionen, Strategien und Vermeidungen in Liebesdingen, Beruf oder Krieg. Selbst der Ödipuskomplex verdankt, wie schon erwähnt, seine Geschichte nicht allein den eigenen Trieben und Ängsten, sondern ebensosehr den Zugeständnissen oder Verboten anderer. Die von neueren Analytikergenerationen so genannten »Objektbeziehungen« bringen im allgemeinen nicht nur Gefahr, Fehlinformation und Verwirrung mit sich, sondern lehren in bedeutendem Ausmaß auch echte Weltkenntnis. Wie die Psyche nicht von der Realität, so läßt die Realität nicht von der Psyche.

Dieses Bild, das die Analytiker von der seelischen Tätigkeit zeichnen, ist wenig attraktiv – trotz der festen Stelle, die sie dem Seelenleben in der Welt zuweisen. Die menschliche Psyche kommt einem darin vor wie eine moderne Militärdiktatur: über die Maßen argwöhnisch, auf Geheimhaltung erpicht, despotisch, bis an die Zähne bewaffnet und nicht besonders gescheit. Mit einem Riesenaufgebot an Zensoren verhindert sie, daß interne Informationen nach außen dringen, mit Heerscharen von Grenzschützern, daß feindliche Ideen dem Volk zu Ohren kommen und es womöglich aufwiegeln. Oftmals aber fehlt es sowohl Zensoren wie Grenzschützern an der für die Erfüllung ihrer Aufgaben nötigen Klugheit bzw. Wendigkeit. Zumal während der Nacht, aber auch tagsüber in unbewachten Augenblicken, dringen Botschaften in Gestalt von Träumen, Versprechern oder neurotischen Symptomen nach außen und Wahrnehmungen im Gewand harmloser Eindrücke nach innen. Beide freilich zahlen für die kühne Überschreitung der verbissen verteidigten Grenzen ihren Preis: Sie werden nachhaltig entstellt, falsch übersetzt, bisweilen ein für allemal verstümmelt. Bestenfalls erhalten sie Masken wie die Teilnehmer am venezianischen Karneval, so daß man sie – wenn überhaupt – nur mithilfe einer fachkundigen und feinfühligen Deutung wiedererkennt. Erst seit Freud entdeckt hat, daß diese Botschaften tatsächlich Botschaften sind, hat man sie ja überhaupt systematisch entziffern können; erst seit er erkannt hat, was die psychische Abwehr den Wahrnehmungen alles antut, hat man ihr verschobenes und indirektes Verhältnis zur Realität zweifelsfrei nachweisen können.

Was man da vor Augen hat, ist nicht bloß unattraktiv, sondern – schlimmer noch – eine düstere, obszöne, trügerische Walpurgisnacht, in der nichts so ist, wie es erscheint. Den Historiker, dessen Akteure, auch wenn sie Schurken sind, nach dem klar erkennbaren Kodex selbstsüchtiger Motive oder unter dem unzweideutigen Zwang der alltäglichen Notwendigkeit leben, kann sie nur abschrecken. Die von Freud so hochgeschätzten psychischen Äußerungen klingen fatalerweise wie das Phantasieren der Psychotiker oder das Gebrabbel der Kleinkinder.

Tag für Tag trägt die psychoanalytische Literatur etwas zu dieser abschreckenden Schilderung bei. Das von Freuds Nachfolgern nicht in Frage gestellte Unbewußte der psychoanalytischen Theorie ist wie ein großes Lagerhaus, in dem eine wilde Unordnung herrscht: Es enthält sowohl schwer greifbares Material aus der Kindheit, das nie ins Bewußtsein vorgedrungen ist, wie auch allerhand anderen Kram älteren und jüngeren Datums. Daneben findet sich Sprengkräftiges wie etwa sexuelle Triebwünsche und moralische Gebote, wilde Sexualphantasien und härteste Selbstvorwürfe. Da das Unbewußte keinerlei Ordnung kennt, beherbergt es unmittelbar nebeneinander die gegensätzlichsten Gedanken; da es keine Zeitvorstellung hat, sind die infantilen Relikte genauso lebendig wie die Reste vom Vortag. Und infantil ist letztlich vieles.[123] Freuds Neurosen- und Traumtheorie liest sich wie eine Ausführung dieses Satzes. Die Neurosen des Erwachsenen sind späte, erheblich entstellte Wiederholungen unerledigter emotionaler Aufgaben; seine Träume sind Gebilde, deren letzte Ursprünge in den Wünschen der Kindheit liegen. Wenn es aber stimmt, daß der große Liebhaber immer nur seine Mutter verführt; daß der Muskelprotz nur permanent seine kleine vorpubertäre Männlichkeit auf die Probe stellt; daß der vernunftgeleitete Wissenschaftler von abergläubischen Vorstellungen heimgesucht wird, die eigentlich aus den Frühstadien seiner psychischen Organisation stammen; und – um es noch mehr zuzuspitzen – daß Politiker sich nur ihre eigenen Kindheitswünsche erfüllen und gleichzeitig auch die von anderen Menschen wachrufen, – dann ist Geschichte nichts weiter als ein quälend endloser regressus ad infinitum, in dem altgewordene Knaben und Mädchen nach strengem Zeremoniell die Spiele ihrer zarten Kinderjahre wiederholen.[124] Es sieht ganz so aus, als gäbe es Vernunft

---

123 »Das Unbewußte des Seelenlebens (ist) das Infantile.« Freud, *Vorlesungen zur Einführung in die Psychoanalyse* (1916-17), *GW XI*, S. 215.
124 »Eine Unterschätzung des Einflusses späterer Erlebnisse wird durch diese Betonung der Wichtigkeit der frühesten nicht bedingt; aber die späteren Lebenseindrücke sprechen in der Analyse laut genug durch den Mund des Kranken, für das Anrecht der Kindheit muß erst der Arzt die Stimme erheben.« (Freud, »»Ein Kind wird geschlagen«. Beitrag zur Kenntnis der Entstehung sexueller Perversionen« [1919],

und Realität in diesem Freudschen Alptraum nur in einer durch fast undurchdringliche Schichten aus fragwürdigen Erinnerungen und (was noch tückischer ist) verdrängtem Material gefilterten Form. Beides ist wie gesagt nicht die Wirklichkeit, schon gar nicht die Hauptwirklichkeit, mit der der Historiker zu tun hat und die er nacherzählen und erklären will.

Für den Skeptiker, der zur Diskreditierung des psychoanalytischen Reduktionismus auf die Prachtwerke der Kunst oder die Differenzierungen der Philosophie verweist, hat der Analytiker eine Lieblingsantwort parat: Das Resultat, sagt er, ist etwas ganz anderes als der Ursprung; Hobbygärtner lieben ihre hübschen Blumen auch dann, wenn sie auf Mist gewachsen sind. Die Freudsche Theorie geht zwar davon aus, daß der Künstler, Staatsmann, überhaupt jeder Erwachsene seine infantilen Bedürfnisse und Ängste für immer in sich trägt und daß der Charakter kaum mehr ist als ein Komplex von Fixierungen. Das aber bedeutet nicht im mindesten, daß der Analytiker bei seiner eigenen und dann auch bei der Arbeit des Historikers die Aufdeckung weit zurückliegender Ursprünge mit einer erschöpfenden Erklärung gleichsetzt. Er weiß sehr wohl, daß die äußere Realität – und zwar nach und nach immer mehr – am Reifeprozeß beteiligt ist.[125]

Sogar in Träumen und Psychosen, in denen Vernunft und Realität besonders zurückhaltend und ihre Züge verhüllt sind, verfügen beide noch über erstaunlich viel Einfluß. Ja, gerade im Nachtleben der Psyche, sei's im friedlichen Schlaf, sei's in der psychiatrischen Klinik, entdeckten Freud und seine Kollegen unvermutet ihre Spuren. In der ausführlichen, sachkundigen Übersicht über die wissenschaftliche Literatur, mit der Freud sein Meisterwerk über die Traumdeutung beginnt, bemerkt er, daß viele frühere Forscher im Traum nur wenig, wenn überhaupt irgendeinen objektiven Gehalt

---

GW XII, S. 202)
125 Vgl. Georges Devereux, *Dreams in Greek Tragedy* (1976), S. XIX; und Sandor Ferenczi, »Entwicklungsstufen des Wirklichkeitssinnes« (1913), In: ders., *Schriften zur Psychoanalyse*, Bd. I (1970), S. 148-63. Siehe auch weiter unten, S. 202.

entdeckt haben; vielmehr hielten sie ihn für ein minderwertiges seelisches Produkt, das wenig Zusammenhang mit äußeren Ereignissen hat und an dem höhere Geisteskräfte des Menschen nicht beteiligt sind. Traumdeuter hingegen, die dem Traum einen Sinn beigelegt haben, beriefen sich durch die Bank auf die – vom Wissenschaftler aus gesehen – eigentümliche »Realität« des Aberglaubens, für den der Traum zum übernatürlichen Boten und geheimnisvollen Wahrsager wird. Freuds eigene Traumtheorie geht selbstverständlich in eine ganz andere Richtung. Sie teilt zwar den Dienstmädchenglauben, daß Träume einen realen Sinn haben, führt diesen jedoch auf die natürliche Welt und vor allem auf die Auseinandersetzung des Träumers mit seinen eigenen Leidenschaften und seiner unmittelbaren Umgebung zurück.[126]

Die psychoanalytische Traumtheorie ist so bekannt, daß ich sie hier nicht ausführlich zu erörtern brauche: Der manifeste Traum – der Traum, den der Träumer träumt und beim Erwachen in Bruchstücken erinnert – stellt in szenischer und nachhaltig entstellter Form einen verborgenen Wunsch dar, der die Zensur erst passieren kann, nachdem er drastisch zurechtgestutzt ist. Um diesen Kern der Freudschen Theorie geht es mir hier jedoch nicht. Mein Interesse gilt vielmehr seiner These, daß die latenten Traumgedanken in den manifesten Trauminhalt nur eingehen, wenn sie rezentes, in der Regel ganz unbedeutendes Material aus dem Alltagsleben des Träumers (fast ausnahmslos vom Traumtag) benutzen. Diese »Tagesreste« stellen den Zusammenhang zwischen weit zurückliegenden Wünschen und unmittelbarer, »jüngster« Vergangenheit her.[127]

Der taktische Nutzen der Tagesreste liegt auf der Hand: Mit ihrer Hilfe können verbotene Gedanken und verdrängte Wünsche die Zensur umgehen; die Anknüpfung an scheinbar indifferente rezente Erinnerungen ist ein Trick, der den alles andere als indifferenten

---

126 Freud, *Die Traumdeutung* (1900), *GW II/III*, 1. Kap. Zur frühen Wahrsagerfunktion der Träume siehe E.R. Dodds' Buch *Die Griechen und das Irrationale*, das ich weiter unten (S. 203-209) ausführlicher behandle.
127 Vgl. Freud, *Traumdeutung, GW II/III*, S. 170-94.

Vorstellungen öffentliches Gehör verschafft. Die Tagesreste haben aber noch eine weitere Bedeutung: Sie zeugen von der – treffend so genannten – Suche der Psyche nach Darstellungsmaterial, nach Repräsentanzen.[128] Der menschliche Geist ist weder ein Athlet noch ein Mystiker: Er kann weder große Entfernungen überspringen noch auf Ausdruck durch die Realität verzichten. Seine verblüffendsten Kehren und akrobatischsten Sprünge erweisen sich bei näherer Analyse als streng festgelegte, immer gleiche Schritte, die einer fest zusammengeschweißten Assoziationskette folgen, und diese Kette nimmt man nur deswegen nicht wahr, weil so viele ihrer Glieder verdrängt sind. Noch seine abstrusesten Einfälle entstammen nicht ausschließlich der Phantasie; sie sind Darstellungen und Bruchstücke von Erlebnissen. Die plötzlichen und dramatischen Selbstenthüllungen des Unbewußten täuschen; systematisch bahnt sich das Unbewußte seinen Weg aus den Tiefen ans Tageslicht des Bewußtseins und bedient sich dabei mit pedantischem Blick für Details des auf dem Wege zusammengesuchten psychischen Alltagsmaterials. Mehr als einmal hat Freud den Neurotiker als einen Menschen definiert, der, weil er die Welt unerträglich findet, sich von der Realität abwendet.[129] Dieser Rückzug aus der Realität aber bedeutet nicht, daß er sie verschmäht; die Welt ist – wie immer entstellt, wie immer unkenntlich – stets präsent.

Sie ist es selbst bei Psychotikern, trotz deren noch abrupterer Flucht aus der Wirklichkeit. Ein beredter Zeuge für ihr vermitteltes Realitätsverhältnis ist der klassische Lehrbuch-Paranoiker Daniel Paul Schreber. In seiner umfangreichen Denkschrift mit der Bitte um Entlassung aus der psychiatrischen Anstalt, in die er eingesperrt war, entwickelt Schreber eine komplizierte Theorie des Universums mitsamt einer kompletten Theologie, denkt sich eine Erlösungsmission aus, die ihm eine radikale Geschlechtsumwandlung

---

128 Diesen Gedanken und diese Formulierung verdanke ich Dr. Ernst Prelinger.
129 So schreibt Freud etwa, »daß bei der Neurose ein Stück der Realität fluchtartig vermieden, bei der Psychose aber umgebaut wird«. (»Der Realitätsverlust bei Neurose und Psychose« [1924], *GW XIII*, S. 365)

abverlangt, und erfindet ausgeklügelte Folterwerkzeuge, mit denen er sich quälen lassen muß. Daß nur die kumulative deutsche Sprache seinen kafkaesken Einfällen voll gerecht wird, bezeugt ein Wort wie »Kopfzusammenschnürungsmaschine«. Kaum etwas, so scheint es, hat weniger mit dem wirklichen Leben zu tun als ein solches Gerät. Doch die psychoanalytische Untersuchung der Schreberschen Bittschrift zeigt, daß das religiöse System und die schrecklichen Maschinen nichts als ein Reflex von Schrebers Kindheitserlebnissen sind.[130] Sein Vater, Orthopäde und damals so etwas wie eine Berühmtheit, ist als »Reformer im Sozial-, Gesundheits- und Erziehungswesen« bezeichnet worden[131]; im Klartext heißt das, er war ein ebenso gebildeter wie labiler und neurotischer Pädagoge, der seinen Sohn Daniel Paul und seine übrigen Kinder regelmäßig in einen Apparat steckte, den er zur Verbesserung ihrer Körperhaltung erfunden hatte. Vergleicht man Schrebers seltsam ergreifendes, gleichermaßen von perfekter Logik und totalem Wahnsinn zeugendes Plädoyer für seine Entlassung mit den illustrierten Abhandlungen seines Vaters, dann beeindruckt weniger seine Erfindungsgabe als vielmehr die Genialität, mit der er seine nur allzu realen Leiden in die Form einer kohärenten, wenngleich irrationalen Weltanschauung gebracht hat. Erfunden hat Schreber relativ wenig; entstellt (oftmals nur leicht entstellt) aber hat er nahezu alles.

Schrebers Verfahren ist unter den Insassen psychiatrischer Anstalten beileibe nicht unüblich. Zur Genüge belegt die psychiatrische Literatur (und Freud hat wichtige theoretische und klinische Erklärungen dafür geliefert), wie viele Anleihen der Psychotiker bei der Realität macht. August B. Hollingshead und Frederick C. Redlich etwa berichten, daß »kurz nach dem Zweiten Weltkrieg ...

---

130 Vgl. Freud, »Psychoanalytische Bemerkungen über einen autobiographisch beschriebenen Fall von Paranoia« (1910), *GW VIII*, S. 239-320.
131 William Niederland, *The Schreber Case* (1974). Han Israëls' revisionistische Dissertation mit dem Titel *Schreber, Father and Son* (1981; dtsch.: *Schreber. Vater und Sohn* [1989]) enthält faszinierendes neues Material und stellt zahlreiche Fehlinterpretationen richtig.

einige japanische Patienten ihre paranoide Wahnvorstellung, Kaiser Hirohito zu sein, dahingehend änderten, daß sie fortan glaubten, der amerikanische General MacArthur zu sein«.[132] Diese rührende Wirklichkeitsnähe ist offenbar weit verbreitet. Daß die japanischen Megalomanen für ihre wahnhafte Identifizierung ausgerechnet einen amerikanischen Eroberer wählten, der ihren göttlichen Kaiser tatsächlich besiegt hatte, ist ein eindrucksvolles Beispiel für den außergewöhnlichen Realismus, für die regelrechte Besonnenheit, mit der der Irre die Form seiner Symptome »wählen« kann.

Natürlich läßt sich weder die Bedeutung, die der Neurotiker den ihm zugefügten Kränkungen beimißt, noch der Stellenwert, den der Psychotiker den von ihm gehörten Stimmen zuspricht, ernsthaft als realistisch bezeichnen. Gleichwohl sollte mittlerweile klar sein, daß das Seelenleben von Neurotikern und Psychotikern einem Wandteppich gleicht, der zwar krumm und schief, verblichen, mit groben Stichen zusammengeflickt und mit phantastischen Szenen übersät ist, in den aber Bedeutungsfäden eingewoben sind, die aus dem wirklichen Leben, von wirklichen Kränkungen und wirklichen Stimmen herstammen. Der menschliche Geist braucht – gleichgültig ob in Psychose, Neurose oder Traum – zum Zweck der Anschaulichkeit, der Genauigkeit und bildlichen Schärfe das Darstellungsmaterial der Realität(die Repräsentanzen), das ihm die Konkretionen für seine Triebe und Ängste liefert, und findet das begierig Gesuchte in unmittelbarer Nachbarschaft. Geisteskrank oder neurotisch wird man in einem bestimmten Rahmen oder Setting. Niemand leidet an einer allgemeinen Neurose oder einer unspezifischen Phobie; jeder knüpft seine Symptome aus den Geschichten, die er gehört, den Vorfällen, die er gesehen, den Ängsten, die er empfunden hat, und bringt alles in einer Bild- und Wortsprache zum Ausdruck, die er mit seinen glücklicheren Zeitgenossen teilt.

---

132 Hollingshead und Redlich, *Social Class and Mental Illness* (1958); dtsch.: *Der Sozialcharakter psychischer Störungen. Eine sozialpsychiatrische Untersuchung* (1975), S. 235.

Beide – Setting und Sprache – verschaffen dem Historiker Zutritt zur Welt der Psychoanalyse.

Was für Neurotiker und Psychotiker gilt, gilt zwangsläufig noch mehr für all jene, deren Zusammenhang mit ihrer Umgebung weniger gestört und das heißt weniger entstellt ist. Mit zunehmender Entfaltung seiner motorischen und geistigen Fähigkeiten vollzieht das Kind, wie Freud es kurz und bündig sagt, den Schritt vom Lustprinzip zum Realitätsprinzip. Ihm zufolge sucht das Kleinkind anfänglich Befriedigung, indem es die Erfüllung seiner drängenden Triebwünsche halluziniert. Da es die Grenzen zwischen sich und der Außenwelt zunächst überhaupt nicht kennt, später dann nur ungenau bestimmen und lange Zeit auch nicht zwischen Denken und Tun differenzieren kann, muß es erst in einer Reihe schmerzlicher und wiederholter Enttäuschungen lernen, daß Wünsche nicht automatisch Wirklichkeit werden und psychische Autarkie eine Täuschung ist. So geht, ganz allmählich und nach immer neuen Rückfällen, der psychische Apparat des Kindes dazu über, sich die Außenwelt genauer anzuschauen und die Befriedigung seiner Wünsche auf dem Wege über die Veränderung dieser Welt anzustreben.[133] Hier und anderswo hält es Freud mit der Baconschen Maxime: Wissen ist Macht. Langfristig hat man mehr davon, wenn man unangenehmen Wahrheiten ins Auge blickt, als wenn man sich in angenehmen Illusionen sonnt. Genau dies ist die Lektion des Realitätsprinzips, die das Kind mit so viel Widerstreben lernt. Kein Wunder, daß viele Erwachsene in die Selbsttäuschung flüchten.

Zur Reife gelangt das menschliche Lebewesen nicht über die koordinierte Entfaltung seiner Möglichkeiten. Ganz im Gegenteil: Seine emotionale und geistige Entwicklung ist durch eine höchst problematische Phasenverschiebung belastet; zumal die Sexualtriebe sträuben sich gegen einen Verzicht auf das Lustprinzip.[134] Zu

---

133 Freud, »Formulierungen über die zwei Prinzipien des psychischen Geschehens« (1911), *GW VIII*, S. 231-32.

134 Siehe Anna Freud, *Das Ich und die Abwehrmechanismen* (1936; 1980, in: *Schriften der Anna Freud*, Bd. 1), 11. Kap.

guter Letzt aber bringt es der Mensch mit all seinen geistigen und körperlichen Kräften doch zur Anpassung an die Außenwelt, eine Leistung, die nur durch die von seinen Neurosen auferlegten Zwänge gefährdet wird. Seine sexuellen Triebwünsche, die zunächst ungeniert autoerotisch und dann um die narzißtische Selbstliebe zentriert sind, ziehen ihre Liebesansprüche vom Selbst ab und suchen Befriedigung mit und an anderen Menschen; die Entfaltung von Fähigkeiten wie Aufmerksamkeit, Urteilskraft, Gedächtnis oder Denkfähigkeit (die im wesentlichen ein Probehandeln ist) zeigt deutlich, daß das Kind sich immer mehr auf die verstandesmäßige Prüfung der Realität einläßt. Das Beeindruckendste an dieser Entwicklung ist vielleicht, wie das Realitätsprinzip dabei den Befriedigungsaufschub lehrt. Die Erziehung unterstützt das Ringen um die Wirklichkeit dadurch, daß sie Ziele setzt und Grenzen zieht sowie die verbindliche Rücksicht auf andere erzwingt; sie ist »eine Anregung«, wie Freud lapidar formuliert, zur Überwindung des Lustprinzips. Selbst die Kunst, die der Realität mit Hilfe der Begabung entflieht, findet den Rückweg zu ihr und gestattet ihr einen anderen Blick auf sich selbst. Der Künstler gestaltet »seine Phantasien zu einer neuen Art von Wirklichkeiten«, so Freud, »die von den Menschen als wertvolle Abbilder der Realität zur Geltung zugelassen werden«.[135]

Der Historiker hat keinerlei Grund, diese kleinen Siege zu verklären – so wenig wie Freud selber. Erstens sind sie nie ungetrübt, vielmehr immer und unvermeidlich mit Scheitern vermischt. Dasselbe unvermeidliche Scheitern erleben Historiker bei der eigenen Arbeit in aller Deutlichkeit; sie verpflichten sich auf hehre Ideale wie Objektivität, Unparteilichkeit und Einfühlung und wissen doch zugleich, daß sie niemals ganz an sie herankommen, ebensowenig wie die Psychoanalyse an ihr eigenes Ideal, die restlos analysierte Person, je heranreicht. Zweitens kann die Realität, die der einzelne sich zueignen macht, durchaus grausam sein, nicht anders als die Gründe, die ihn zu so eilfertiger Anpassung an sie bewegen.

---
135 Freud, »Formulierungen über die zwei Prinzipien ...«, *GW VIII*, S. 236-37.

Bekanntlich ist die Lösung des Ödipuskomplexes eng verbunden mit Kastrationsdrohungen (oder zumindest -ängsten). Schließlich kann eine korrekte Einsicht in die äußere Realität sogar heikle taktische und ethische Probleme mit sich bringen. Heinz Hartmann hat darauf hingewiesen, »daß ein Kind, das sich den Forderungen der Realität und der Sozialisierung fügt, Lustprämien erwarten darf; aber diese sind auch dann zu erwarten, wenn das Sich-Fügen bedeutet, daß das Kind Vorurteile und allgemein irrige Anschauungen, die die Eltern von der Realität hegen, übernimmt«.[136] In seiner Welt der Familie tauscht das Kind in aller Regel die Lust am selbständigen Handeln und genauen Erkennen gegen die Lust am elterlichen Lob und an sozialer Anerkennung ein: Das Kind religiöser Fanatiker findet es erfolgversprechend, zum religiösen Fanatiker zu werden; für das Kind autoritätsgläubiger Eltern erweist es sich als vorteilhaft, zum Konformisten zu werden. Kein Wunder, daß Freud so pessimistisch war. Mit Sicherheit hätte er T.S. Eliots Bemerkung unterschrieben, daß der Mensch nur wenig Realität ertragen kann.

Die Aufgabe, die kleinen Träumer zum Pragmatismus und zu den zweifelhaften Freuden der Weltkenntnis zu bekehren, fällt größtenteils dem Ich zu. Das Verfahren, das die Kinder bei ihrer in immer engeren Kreisen verlaufenden Annäherung an das Realitätsprinzip entwickeln, ist die von Freud so genannte »Realitätsprüfung«, jene unparteiische Urteilsfindung, in der sie – auf dem Wege über den Vergleich zwischen Gedanken und Wahrnehmungen – Phantasie von Tatsachen trennen, damit sie bloß Gewünschtes vom Wahrgenommenen scheiden, Gesehenes wirklich sehen, kurz, sich auf die Welt einlassen können. In den 20er Jahren, seiner letzten großen Phase, hat Freud seine Aufmerksamkeit jener Instanz zugewendet, die diese Realitätsprüfung unternimmt. Das Ich ist der Außenwelt zugewandt, ihr Agent und Vertreter im Seelenleben

---

136 Hartmann, »Notes on the Reality Principle« (1956), in: *Essays on Ego Psychology* (1964); dtsch.: »Bemerkungen zum Realitätsproblem«, in: *Ich-Psychologie* (1972), S. 250.

und – gelegentlich – ihr Herr und Meister. Es ist der Sitz der Vernunft. Realität und Vernunft sind zwar eng verbunden, aber nicht unzertrennlich: Spitzenleistungen des Verstandes wie mathematisches Denken oder logische Reflexion nehmen oftmals wenig oder gar überhaupt keine Notiz von der Empirie; fern von der Welt weben sie ihre Muster. Meistens aber fällt dem Verstand die Aufgabe zu, das Wirkliche so ins Auge zu fassen, wie das irrationale Denken es nicht tut: sich an empirische Tatsachen zu halten, objektive Beweise zur Kenntnis zu nehmen, Meinungen zu revidieren. Mit eben diesem vermittelnden, prüfenden, berechnenden, oft vernünftigen und nie konfliktscheuen Tun hält das Ich das Material bereit, aus dem der Historiker sich bedienen kann. Mit meinem Satz, Historiker seien in der Welt der harten Fakten zu Hause, habe ich genau dies gemeint: Wo sie sich mit dem menschlichen Seelenleben befassen, haben sie es vornehmlich mit Ichfunktionen zu tun – mit der Einsicht des Menschen in die unausweichliche Notwendigkeit, mit seinen zweckgerichteten Versuchen, die Umwelt für seine Wünsche umzugestalten, mit seiner praktischen Ausrichtung an den von der Welt oktroyierten Gegebenheiten.

Wichtig ist deshalb die deutliche Abgrenzung dessen, was psychoanalytische Ichpsychologie eigentlich genau beinhaltet. Der Name ist in mehrerer Hinsicht unglücklich. Die Ichpsychologie ist ja keine Absage an Freuds düsteren Realismus, keine Psychoanalyse ohne Psychoanalyse. Sie bezieht sich zwar auf die Leistungen der Ratio, ist aber in keiner Weise darauf beschränkt. Abwehrstrategien wie Projektion, Verdrängung, Reaktionsbildung und andere sind fast gänzlich unbewußte und nicht-rationale Ichfunktionen. So wenig wie Freud »Seelisches« und »Bewußtes« gleichsetzt, so wenig identifiziert er »normal« mit »rational«.[137] Dies belegt nur, daß

---

137 »Die Eifersucht gehört zu den Affektzuständen, die man ähnlich wie die Trauer als normal bezeichnen darf. (...) Diese Eifersucht ist, wenn wir sie auch normal heißen, keineswegs durchaus rationell, das heißt aus aktuellen Beziehungen entsprungen ...« (Freud, »Über einige neurotische Mechanismen bei Eifersucht, Paranoia und Homosexualität« [1922], *GW XIII*, S. 195-96)

die Arbeit der Ichpsychologen mit der übrigen psychoanalytischen Forschung harmoniert und beide gemeinsam zu einer allgemeinen Theorie des Seelenlebens beitragen. Ich kann nicht oft genug wiederholen (und zwar gerade an die Adresse des Historikers), daß Freud, der ja Therapeut und überdies Wissenschaftler war, von Anfang an eine allgemeine Psychologie im Auge hatte. Daß seine Theorie aus den klinischen Begegnungen mit vielen verschiedenen Neurotikern stammte, war nur ein besonderer historischer Umstand, der ihm – wie er fest glaubte – den Zugang zu den allgemeinen Gesetzen des normalen psychischen Geschehens nicht verbauen würde.

3 Abgestufte Relevanz

Betrachtet man Freuds Hauptziel zusammen mit seinem um den Konflikt zentrierten Entwicklungsmodell und der Obstination, mit der er noch im nüchternsten Kalkül neurotische Anteile findet, so bekommt man ernsthafte Zweifel an der traditionellen Auffassung vom Nutzen seiner Ideen für die historische Forschung. Nach dem Urteil des Alltagsverstandes hat seine Theorie nur abgestufte Relevanz: Im Reich des Rationalen wäre die Psychoanalyse zum Schweigen verurteilt; dort aber, wo nicht-rationale Gefühle und Verhaltensweisen herrschen, auf dem großen Gebiet sozialer und kultureller Gewohnheiten, die man Konvention oder Tradition nennt, könnte sie allerhand zur Erhellung beitragen und sich als Hilfswissenschaft in gleichem Maße nützlich machen wie Anthropologie und Soziologie. Zu seinem Recht käme Freud also insbesondere beim Irrationalen und hätte dort praktisch ein Monopol auf die Erklärungskompetenz.

Aber wie so oft schießt auch hier der Alltagsverstand am Ziel vorbei. Psychoanalytiker behaupten steif und fest, sie seien durchaus für die Erklärung des Rationalen zuständig: nicht nur weil es nach ihrer Ansicht mit den nicht-rationalen, ja irrationalen Ursachen des Handelns untrennbar verknüpft ist, sondern auch weil sie sich für jene Arbeit des Ich interessieren, deren Zweck es ist, den Menschen zum Herrn über die Natur und sich selbst zu erheben. Allerdings macht Freud im Jahr 1914 einen willkommenen Rückzieher, bezeichnenderweise bei der Behandlung einer psychoanalytisch so interessanten Leidenschaft wie der Geldgier: »Wir haben uns gewöhnt (...), vom normalen Menschen zu verlangen, daß er sein Verhältnis zum Gelde durchaus von libidinösen Einflüssen frei halte und es nach realen Rücksichten regele.«[138] Sicher ist diese momentane Bescheidenheit eher eine erholsame und taktische Atempause, aber die psychoanalytische Theorie hätte Freud darüber belehren können, daß noch die handfestesten Gedanken und Verhaltensweisen jedes beliebigen »normalen Menschen« viel Ähnlichkeit mit dem manifesten Traum oder dem neurotischen Symptom haben: Sie sind Kompromißbildungen aus archaischen Wünschen und Tagesresten, aus Zwangshandlungen und kalkulierten Schachzügen. Wie rational der Historiker ein bestimmtes geschichtliches Handeln findet (etwa Napoleons Einmarsch nach Rußland im Jahr 1912 oder Großbritanniens Abkehr von der Goldwährung im Jahr 1931), hängt allein ab von dem für sein Urteil ausschlaggebenden Standpunkt: Im Auge haben kann er ja entweder den bewußten unmittelbaren Nutzen oder die geheimen langfristigen Ziele der Akteure, entweder den Einfluß ihres Tuns auf die nächste Umgebung oder seine weiterreichenden Konsequenzen für Gesellschaft und Nachwelt.

Von den zahlreichen Beispielen für die ungesicherte Stellung der Rationalität im Handeln der Menschen will ich nur Max Webers triebgesteuerten Händler anführen. Als förmliche Personifizierung

---

138 Freud, »Aus der Geschichte einer infantilen Neurose« (1914, veröff. 1918), *GW XII*, S. 104. Bei der Erörterung des Analytikerhonorars schreibt Freud über die Vermischung von rationalem und nicht-rationalem Denken beim Umgang des Menschen mit Geld ebenso unbefangen wie bündig: »Der Analytiker stellt nicht in Abrede, daß Geld in erster Linie als Mittel zur Selbsterhaltung und Machtgewinnung zu betrachten ist, aber er behauptet, daß mächtige sexuelle Faktoren an der Schätzung des Geldes mitbeteiligt sind.« (»Zur Einleitung der Behandlung« [1913], *GW VIII*, S. 464)

der protestantischen Ethik denkt er an nichts anderes als an Geschäft und Geldgewinn; Ruhe oder gar Rückzug daraus kennt er nicht.[139] Mit seiner 20.-Jahrhundert-Variante hat dieser viel mißbrauchte Typus sich eine besondere Nische in der Folklore des kapitalistischen Masochismus erobert. In der Literatur der bürgerlichen Selbstgeißelung begegnet er uns als besessener Manager, der im Büro oder Betrieb zwar über ein perfekt gesteuertes – allerdings engstirniges und skrupelloses – Verhalten verfügt, bei der angespannten Arbeit aber von vielen Ängsten und im Privatleben wahrscheinlich von Katastrophen heimgesucht wird. Gepeinigt von Magengeschwüren, trotz aller erzwungenen Geselligkeit isoliert, bei Rückschlägen ohne einen einzigen Freund, reich und armselig zugleich, muß er oft als Beispiel dafür herhalten, wie unmenschlich der Kapitalismus noch gegenüber denjenigen ist, die von ihm profitieren.

Ein derart interessiertes Moralisieren bringt zwar kaum etwas für die Analyse des emotionalen Hintergrunds, vor dem sich das vermeintlich rationale Handeln abspielt, macht aber immerhin auf dessen Komplexität aufmerksam. Gewiß ist »Rationalität« eine allzu pauschale Bezeichnung für die mit ihr gemeinten divergierenden psychischen Vorgänge; Webers klassische Unterscheidung zwischen *Zweckrationalität* und *Wertrationalität* bietet daher wenigstens den Ansatz zu einer weiterführenden Unterscheidung. Die Zweckrationalität bezieht sich ausschließlich auf die Anpassung der Mittel an die Zwecke, die Nutzung des jeweiligen Wissens- und Informationsstandes für eine Problemlösung oder Wunscherfüllung. Ein Bankräuber, der mit modernstem technischen Gerät anrückt und die raffiniertesten Vorsichtsmaßnahmen trifft, realisiert Zweckrationalität in Reinform. So auch der Diplomat, der seinen Verhandlungspartner überlistet, indem er beeindruckende, aber leere Zugeständnisse macht. Tätigkeiten wie diese erfordern ein sachbezogenes, technisches Urteil, das sich ausschließlich an den –

---

[139] Der *locus classicus* ist Max Weber, *Die protestantische Ethik und der Geist des Kapitalismus* (1904-5; 1934).

sei's für Einbrecher, sei's für Diplomaten oder andere geltenden – handwerklichen Standards orientiert. Ein solches Urteil bietet keinerlei Ansatzpunkt für psychoanalytische Erklärungen, ist aber auch und gleichermaßen unzugänglich für andere – etwa soziologische, ökonomische, politologische oder ethische – Beurteilungen von außen. Das einzig Ausschlaggebende bei der Bewertung der Zweckrationalität ist die Frage, ob die handelnden Subjekte eine ernsthafte Erfolgschance hatten und ob die Ausführung ihren Intentionen entspricht.

Erst wenn der Historiker sich direkt mit den Intentionen befaßt, also das Gebiet der Wertrationalität betritt, erhält die Psychoanalyse eine unübersehbare Erklärungsfunktion. Denn die in den Intentionen verkörperten Wertvorstellungen können an sich selber alles andere als rational sein. Es springt in die Augen, daß der Webersche Geschäftsmann sich ineins rational, nicht-rational und irrational verhält. Rational sind seine Methoden: Mit kühlem Kopf und allen verfügbaren Mitteln verfolgt er Zwecke, die er seiner Ansicht nach nicht zu hinterfragen braucht. Nicht-rational sind seine Ziele: Überprüfen kann er seine Zwecke deshalb nicht, weil sie nur die Gewohnheiten und Optionen anderer, von ihm bewunderter Menschen rekapitulieren. Irrational sind die Quellen seines Handelns: Die fanatische Einseitigkeit seines Pläneschmiedens, die ihn sogar blind dafür macht, daß dessen Konsequenzen ihn selber treffen, kann nur von Bedürfnissen und Ängsten herrühren, die sich noch der sorgfältigsten Selbstbeobachtung entziehen. Das hinter der ostentativen Nachahmung von Modellen und Durchsetzung von Zwecken verborgene Scheitern seiner kritischen Vernunft wird durch den Beifall von seinesgleichen nicht etwa wiedergutgemacht, sondern lediglich übertüncht. Die Zustimmung der andern ist ein kulturelles Symptom. Was hier geschieht (und Max Weber zufolge im Spätkapitalismus zwangsläufig geschehen mußte), ist folgendes: Mit der Abtrennung des Profit- und Machtstrebens von der übrigen psychischen Ökonomie werden die Wahrnehmungen kontaminiert und die Ideale korrumpiert. Was als Rationalität daherkommt, ist womöglich zutiefst irrational. Dieses scheinbare Paradox kann der

Psychoanalytiker auflösen: Jede der psychischen Hauptinstanzen – Es, Ich, Überich – hat eigene Ziele, die nur allzu oft mit denen der anderen in Konflikt geraten. Der sattsam bekannte psychoanalytische Satz »Das Ich ist der Feind des Es« bringt dieses komplizierte Kampfgeschehen, in dem Bündnisse wechseln und Gegnerschaften sich mal zuspitzen, mal abschwächen, nur auf eine extrem verkürzte Formel.[140] Manche Lebensgeschichte ist nichts als die Summe solcher Konflikte.

Das Nicht-Rationale hat sowohl für den Historiker wie für den Psychoanalytiker etwas in petto: Dem ersteren gibt es weit weniger intellektuelle Rätsel auf, an den letzteren richtet es die dringlichere Bitte um Hilfe. Fast ihr ganzes Leben lang handeln die Menschen nach vertrauten Stichworten und orientieren sich an vertrauten Wegweisern. Ihre Umwelt haben sie nicht selbst gemacht, und selten ändern sie etwas an ihr; sie leben in vorgegebenen Strukturen – Moral, Religion, Rechtssystem –, in denen Vergangenes enthalten und aufbewahrt ist. Solche kulturellen »Automatismen« (um einen Begriff von Heinz Hartmann aufzugreifen) ersparen viel anstrengendes Nachdenken. Auf vielerlei Wegen, die den Psychoanalytiker gar nicht überraschen können, machen die sozialen Lösungen der persönlichen Probleme das Leben leichter. Triebe sind, wie Freud durchgängig betont, von Natur aus konservativ; Veränderung – auch zum Besseren – löst zwangsläufig Angst aus. Beschwichtigt und gebunden wird sie durch Konvention und Tradition, dieses organisierte Wiederholen mit seiner beruhigenden Monotonie, seinem grundsätzlichen Widerstand gegen die Frage nach Herkunft und Ablauf des Handelns.

Institutionalisierte Gewohnheiten sind für den Historiker an sich schon unendlich interessantes Material; werden sie von sozialer Unruhe und Innovation in Frage gestellt, gewinnen sie noch zusätz-

---

140 Viele Überlegungen in diesem Passus und dem ganzen Abschnitt verdanke ich den Denkanstößen, die Donald Davidson in seinem kurzen Artikel »Paradoxes of Irrationality« gibt (in: Richard Wollheim und James Hopkins [Hrs.], *Philosophical Essays on Freud* [1982], S. 289-305).

lich an Interesse. Ganz ähnlich wie das rationale will auch das konventionsgebundene Verhalten in einem ganz spezifischen Zusammenhang beurteilt und an konkreter Erfahrung gemessen werden. Was bei der einen Person, Klasse oder Epoche als Anpassungsleistung gilt, kann bei anderen Personen, Klassen oder Epochen genau das Gegenteil sein. In revolutionären Zeiten kann die Weigerung, Denkweisen und Herrschaftsmuster zu ändern, Panik- oder Wutreaktionen hervorrufen und Konflikte geradezu heraufbeschwören, statt sie in den Griff zu bekommen oder zu lösen. In solchen ebenso erhebenden wie beängstigenden Zeiten, die die Aufmerksamkeit der Historiker seit langem fesseln, Zeiten, in denen das Althergebrachte zu zerbröseln beginnt, geht das Nicht-Rationale unmerklich ins Irrationale über, ja, das letztere wird oftmals übermächtig. Gerade an diesem Punkt haben zumindest einige Historiker den Analytikern praktisch unbegrenzte Möglichkeiten als konkurrenzlose Sachverständige eingeräumt. Auch William Langer hat ja (in seiner berühmten Präsidentenrede) beim Aufruf an die Historikerzunft, die Psychoanalyse für ihre Arbeit fruchtbar zu machen, zumal die kollektive Irrationalität im Auge gehabt: die haltlosen Reaktionen der Menschen auf verheerende Epidemien, charismatische Führer oder ökonomische Katastrophen. Selbst Historiker, die gegenüber den Freudschen Ideen eher zur Skepsis neigen, haben widerstrebend anerkannt, daß sie auf dem Feld der »Sozialpsychopathologie« etwas leisten.[141]

Hier trügt doch der Schein einmal nicht. Unreflektiertes Verhalten, blinde Begeisterung, gruppenspezifische Ängste – solche Gegenstände scheinen wirklich wie geschaffen für die psychoanalytische Fachkompetenz. Aufregende Erkenntnisse winken. Aber genau an dieser verheißungsvollen Nahtstelle haben diejenigen, die mit dem Freudschen Skalpell arbeiten, sich allzu häufig zu falscher Gewißheit und übereilten Diagnosen verleiten lassen: Die Versuchungen sind so unwiderstehlich wie die ins Phantastische gesteigerten Belohnungen. Freud hat vor der Beteiligung seiner Disziplin

---

141 David S. Landes und Charles Tilly (Hrsg.), *History as Social Science* (1971), S. 70.

an derlei Übergriffen nachdrücklich gewarnt.»Meiner Ansicht nach«, schreibt er 1922 an einen amerikanischen Briefpartner, »sollte die Psychoanalyse im literarischen oder politischen Streit niemals als Waffe eingesetzt werden.«[142] War Freud aber nur genügend in Rage, dann konnte auch er seine strengen Berufsideale vergessen. In der berühmt-berüchtigten, großenteils von William Bullitt geschriebenen, aber vom betagten Freud gebilligten, posthum erschienenen psychologischen Studie über Woodrow Wilson hat er in Kauf genommen, daß seine sorgfältig kultivierte analytische Neutralität von der Abneigung gegen den selbsternannten, aufdringlichen Erlöser aus dem Westen außer Kurs gesetzt wird. Seither hat sich die Psychoanalyse verhaßter Politiker (gleichgültig ob sie noch leben oder schon tot sind) in seinem Windschatten als ebenso minderwertige wie störende Heimindustrie etabliert.[143]

Gelegentlich haben Analytiker bei diesem destruktiven Spiel mitgespielt. Auch Historiker. In E.P. Thompsons vorzüglichem, einflußreichem Buch *The Making of the English Working Class* bombardiert der Autor voller Ranküne eine Religionsgemeinschaft, die er haßt, mit eben den psychoanalytischen Begriffen, die er moniert, wenn andere damit gegen die Radikalen zu Felde ziehen, die er bewundert.»Wir dürfen«, schreibt er nur allzu treffend, »Verrücktheiten und fanatische Abnormitäten nicht mit der *Bildersprache* verwechseln (Babylon und ägyptisches Exil, die Himmlische Stadt und der Kampf mit Satan), in der Minderheitengruppen Jahrhunderte lang ihre Erfahrungen artikuliert und ihre Sehnsüchte ausgedrückt haben.« Denn »bloß weil die überwuchernde Bildersprache bisweilen Ziele vorzeichnet, die offensichtlich illuso-

---

142 Freud an William Bayard Hale, 2. Januar 1922. Maschinenabschrift eines unveröffentlichten Briefes in den William Harlan Hale Papers der Bibliothek der Yale University.
143 Die scharfsinnigsten (und feinfühligsten) Rezensionen dieses Machwerks, das man nicht ganz zu Unrecht Freud zum Vorwurf gemacht hat, stammen von Erik H. Erikson und Richard Hofstadter: Siehe die Doppelrezension »The Strange Case of Freud, Bullitt, and Woodrow Wilson: I, II«, in: *The New York Review of Books*, VIII, 2 (9. Februar 1967), S. 3-8.

risch sind, können wir nicht auf einen ›chronisch gestörten Wirklichkeitssinn‹ schließen. Im übrigen kann entwürdigende ›Anpassung‹ an Leid und Not zu gewissen Zeiten einen Wirklichkeitssinn signalisieren, der ebenso ›gestört‹ ist wie derjenige der Chiliasten.« Aber diese einsichtige Warnung vor der Reduktion wirklicher sozialer Mißstände auf psychische Störungen erweist sich als politisch eigennützig, denn Thompson macht sie bei den Methodisten, deren konterrevolutionärer Einfluß auf die englische Arbeiterklasse ihn in Rage bringt, nicht in gleicher Weise geltend. Die blühende Phantasie der Methodisten, so Thompson, zeigt »unterschwellige Formen von Hysterie und fehlentwickelter bzw. unbefriedigter Sexualität«, eine »morbide Beschäftigung mit der Sünde und dem Bekenntnis des Sünders«, einen »Kult der ›Liebe‹, der die wirkliche Ausdrucksform der Liebe fürchtete, sei es sexuelle Liebe, sei es Liebe gesellschaftlicher Art, die die Beziehung zur Autorität schlechthin stören konnte«, und eine zwanghafte »Beschäftigung mit der Sexualität«, die »sich selbst in der pervertierten Erotik der methodistischen Bilder« entlarvt.[144] Sowohl Thompsons Warnung vor dem Reduktionismus wie auch sein Röntgenblick auf die erotischen Quellen der methodistischen Bildphantasie treffen mit ziemlicher Sicherheit ins Schwarze. Bei vorurteilsloser Anwendung der psychoanalytischen Begriffe und historischen Methoden wäre aber deutlich geworden, daß der Chiliasmus der Radikalen nicht weniger verborgene, nicht weniger »perverse« Wurzeln gehabt hat als derjenige der Methodisten und daß man den letzteren ebenso viel Einfühlung schuldet wie den Radikalen, statt sie zum Gegenstand einer angestrengten Suche nach Psychopathologischem zu machen. Bei richtigem Umgang mit der Psychoanalyse kommt eine solche Doppelwährung nicht zum Zuge; dem Historiker, der nach Objektivität sucht, hilft sie, seine Vorurteile aufzuspüren und unschädlich zu machen – sie hilft ihm nicht, sie zu kultivieren.

Unleugbar ist der Versuch, die Psychoanalyse aus der analyti-

---

[144] Thompson, *The Making of the English Working Class* (1963); dtsch.: *Die Entstehung der englischen Arbeiterklasse*, 2 Bde. (1987), S. 54, 44-45, 400.

schen Situation als ihrer angestammten Sphäre herauszuholen, ein riskantes Unterfangen. Für den Historiker, der von der psychoanalytischen Erforschung der Vernunft und ihrer Feinde nur profitieren kann, lohnt es allemal, das Risiko einzugehen. Weiter oben habe ich gezeigt, welche Anstrengungen es Georges Lefèbvre kostet, sich über die psychischen Anteile an der Französischen Revolution klarzuwerden und das – für Vorstellung und politische Taktik der Beteiligten kennzeichnende – komplizierte Ineinander von fanatischem Idealismus, konservativer Abwehr und durchdachtem Planen zu durchschauen. Die Freudsche Lehre hätte ihm aus seiner Konsternation herausgeholfen, weil sie an psychische Produkte mit dynamischen, vielschichtigen Erklärungen herangeht, die ihrem komplexen und verzwickten Gegenstand weit besser gerecht werden als die einfachen Wahrheiten, mit denen sich die meisten Historiker meinen zufriedengeben zu müssen.

Warum der Umgang des Analytikers mit der äußeren Realität Relevanz für den Historiker haben soll, scheint weniger einsichtig. Nach Ansicht des Analytikers ist diese Realität, wie wir wissen, gegenüber der psychischen Realität der Phantasien und Vorstellungsinhalte etwas deutlich Sekundäres. Psychoanalyse und Geschichtswissenschaft, so habe ich zu Beginn des Kapitels geschrieben, sind in getrennten Welten zu Hause. Diese werden – und sollten – auch getrennt bleiben. Aber die Historiker können unter dem Einfluß der Psychoanalyse ihre Vorstellung von der geschichtlichen Wirklichkeit, die Psychoanalytiker mit dem Blick auf die Vergangenheitsforschung der Historie ihre Vorstellung von der psychischen Wirklichkeit ausweiten und differenzieren. Noch der isolierte einzelne, den der Analytiker im Rahmen der Klinik vor sich hat, ist ja ein Gesellschaftswesen, das die Erlebnisse, mit denen es sein Unbewußtes vollpackt, seine Träume aufbaut, seinen Ängsten Nahrung gibt, der Umwelt entnimmt. Aber das gehört in ein eigenes Kapitel.

V
Von der Couch zur Kultur

Als Freud 1913 zusammenfaßt, was seine Disziplin bis dahin für das Studium der Kultur geleistet hat, macht er sich auch Gedanken darüber, in welcher Weise seine Individualpsychologie etwas zur Erforschung des kollektiven Erlebens beitragen könnte. »Die Psychoanalyse«, schreibt er, »stellt eine innige Beziehung her« zwischen allen »psychischen Leistungen der einzelnen und der Gemeinschaften, indem sie dieselbe dynamische Quelle für beide postuliert. Sie knüpft an die Grundvorstellung an, daß es die Hauptfunktion des seelischen Mechanismus ist, das Geschöpf von den Spannungen zu entlasten, die durch Bedürfnisse in ihm erzeugt werden. Ein Teil dieser Aufgabe wird lösbar durch Befriedigung, welche man von der Außenwelt erzwingt; zu diesem Zwecke wird die Beherrschung der realen Welt Erfordernis.« Da jedoch, so fügt er hinzu, »einem anderen Teil dieser Bedürfnisse, darunter wesentlich gewissen affektiven Strebungen, die Realität regelmäßig die Befriedigung« versagt, ergibt sich für das menschliche Lebewesen als »zweites Stück der Aufgabe ..., den unbefriedigten Strebungen eine andersartige Erledigung zu verschaffen.« In der festen Überzeugung, daß die Psychoanalyse auf die Ursprünge von Religion und Moral, Recht und Philosophie schon manches Schlaglicht geworfen hat, schließt Freud: »Alle Kulturgeschichte zeigt nur, welche Wege die Menschen zur Bindung ihrer unbefriedigten Wünsche einschlagen unter den wechselnden und durch technischen Fortschritt veränderten Bedingungen der Gewährung und Versagung von seiten der Realität.« Dieser Passus ist nach meinem Dafürhalten nichts weniger als ein ehrgeiziges Programm für Historiker, eine Aufforderung, deren Konsequenzen weder Psychoanalytiker noch Historiker auch nur ansatzweise ausgelotet haben.[145]

---

145 Freud, »Das Interesse an der Psychoanalyse« (1913), *GW VIII*, S. 415. Siehe auch

Von solchen Anregungen wimmelt es in Freuds Schriften. Das Gewissen etwa stellt er sich ganz konkret als soziales Erbe vor, welches der einzelne verinnerlicht und sich dergestalt zueigen macht. Als »Wächter« des Ichideals geht es zunächst vom »kritischen Einfluß« der Eltern aus, und an sie schließen sich im Laufe der Zeit »Erzieher, Lehrer« sowie natürlich ein unübersehbarer »Schwarm« kulturell prägender Personen, »die Mitmenschen, die öffentliche Meinung«. In der späten und vermutlich meistzitierten Schrift *Das Unbehagen in der Kultur* führt Freud die Vorstellung vom Kultur-Überich dann noch genauer aus. Ganz allgemein heißt es bereits in *Totem und Tabu*, das erschöpfende Verständnis eines Problems könne nur »in einem ein historisches und psychologisches sein«. Obwohl seine Anregung sich hier speziell an den Totemismus anlehnt, soll sie doch Geltung für das gesamte Spektrum des erklärungsbedürftigen menschlichen Erlebens haben. Auch am Beginn seiner Monographie über Massenpsychologie stellt Freud kurz und bündig fest: »Der Gegensatz von Individual- und Sozial- oder Massenpsychologie«, der auf den ersten Blick unüberbrückbar scheint, »verliert bei eingehender Betrachtung sehr viel von seiner Schärfe. (...) Im Seelenleben des Einzelnen kommt ganz regelmäßig der Andere als Vorbild, als Objekt, als Helfer und als Gegner in Betracht und die Individualpsychologie ist daher von Anfang an auch gleichzeitig Sozialpsychologie in diesem erweiterten aber durchaus berechtigten Sinne.«[146] In der Soziologie und anderen Sozialwissenschaften sieht Freud nur Disziplinen, die bei der Psychologie schmarotzen.

Das sind kühne Thesen, doch der Leser des vorliegenden Buches wird sie nicht sonderlich überraschend finden. Im Grunde müßte dieses Kapitel eigentlich ganz kurz sein; ich führe darin ja lediglich aus, was ich bereits weiter oben über das psychoanalytische Bild

---

Peter Gay, *Erziehung der Sinne* (1986), S. 15.
146 Freud, *Zur Einführung des Narzißmus* (1914), *GW X*, S. 163; *Das Unbehagen in der Kultur* (1930), *GW XIV*, S. 501-4; *Totem und Tabu* (1912-13), *GW IX*, S. 131; *Massenpsychologie und Ich-Analyse* (1921), *GW XIII*, S. 73.

von der menschlichen Natur, die gesellschaftlichen Dimensionen des Ödipuskomplexes und allgemein über den Menschen als kulturabhängiges Lebewesen gesagt habe. Da der Historiker aber bezweifelt, daß die Psychoanalyse überhaupt für anderes als (allenfalls) das Leben des einzelnen Geltung beanspruchen kann, ist eine ausführlichere Behandlung meines Themas durchaus gerechtfertigt. »Die psychoanalytisch fundierte Geschichtswissenschaft«, so etwa Donald B. Meyer, »muß sich an der Biographie orientieren.«[147] Nur allzu wahr ist, daß jeder Versuch, die Basis historischen Erklärens mit psychoanalytischen Mitteln zu verbreitern, eine Reihe schwerwiegender Probleme aufwirft. Nicht umsonst haben Freuds Nachfolger die letzten Spuren der in seinem Werk immer wiederkehrenden Vorstellungen von »Rassen«-Seele oder gruppenspezifischen psychischen Erbanlagen beseitigt, weil sie in ihnen überflüssige, ja beinahe peinliche Relikte aus den wissenschaftlichen Irrlehren des 19. Jahrhunderts über die »Massenseele« sahen. Die Doppeltür zum Sprechzimmer des Analytikers, sein Widerstand gegen gruppentherapeutische Experimente, sein leidenschaftliches Eintreten für absolute Vertraulichkeit (die er nur mit gelegentlichen Veröffentlichungen des zuverlässig verschlüsselten klinischen Materials in wissenschaftlichen Publikationen durchbricht) – all dies bedeutet eine unermüdliche Konzentration der Aufmerksamkeit auf den einzelnen Patienten, der allein mit sich, seinem Unbewußten und dem Analytiker ist. Der Dialog zwischen Analytiker und Analysand ist ja so etwas wie ein Selbstgespräch, in dem fast die ganze Zeit über nur einer der beiden Partner das Wort hat. In den Händen des Analytikers lösen sich pauschale Allgemeinurteile über »die« Erfahrung einer ganzen Klasse oder Kultur fast regelmäßig in behutsam differenzierende Aussagen über viele verschiedene Erfahrungen auf.

Es ist denn auch kein Zufall, daß auf der Herbsttagung der Ame

---

147 Meyer, in seiner lobenden Erikson-Rezension, in: *History and Theory*, I, 3 (1961), S. 291-97. David Hackett Fischer zitiert diesen Satz, aber im Sinne einer ernsten Warnung (*Historians' Fallacies: Toward a Logic of Historical Thought* [1970], S. 193).

rican Psychoanalytic Association im Jahr 1977 das Diskussionsforum über die »psychoanalytische Erkenntnis von Gruppenprozessen« einsame Ausnahme blieb; der Diskussionsleiter Burness E. Moore schloß die Debatte damals mit der vorsichtigen Hoffnung, daß Analytiker vielleicht in Zukunft »über Gruppenprozesse nicht mehr nur alle 21 Jahre diskutieren« werden.[148] Kein Zufall ist ferner, wenn die versuchsweise mit Freudschen Begriffen arbeitenden Historiker bei ihrer Analyse des Kollektivverhaltens fast ausnahmslos auf die Ausweitung von Metaphern setzen, die der – eigentlich für begrenztere und weit weniger dehnbare Zwecke gedachten – psychoanalytischen Fachsprache entstammen. So etwa verfährt Richard Hofstadter in seiner Schrift über den paranoiden Stil in der amerikanischen Politik; so halten es auch einige andere Historiker, wenn sie versuchen, Revolutionen als regelrechte und nur wenig verhüllte ödipale Auseinandersetzungen zu deuten oder eine Epoche mit der Bezeichnung »Zeitalter des Narzißmus« in den Griff zu bekommen. Freuds Hauptgedanke, daß jeder Mensch für immer und unlöslich mit anderen zusammenhängt und daß Individual- und Sozialpsychologie im Grunde ein und dasselbe sind, ist nur eine differenzierte moderne Fassung des uralten, auf Platon zurückgehenden Gedankens, daß das Individuum die Kultur im Kleinformat, die Kultur hingegen das Individuum im Großformat ist. Bei unbedachtem Gebrauch kann diese metaphorische Vergleichung zweier grundverschiedener Größen zu jämmerlichem Schematismus führen. Gewiß hat Freud nicht derart schematisch gedacht. Dennoch bedürfen seine Äußerungen über die Psychoanalyse der Kultur einer gründlicheren Analyse, einer tragfähigeren Erklärung, als sie ihnen bislang zuteil wurde – auch bei Freud selbst.

---

148 Moore, in: *Journal of the American Psychoanalytical Association*, XXVII (1979), S. 156.

1 Jenseits der Biographie

Nicht als erster stellt Sigmund Freud fest, daß Kollektive – eine Menschenmasse in Aktion, eine Armee in der Schlacht, eine Nation im Krieg – sich Strebungen überlassen, die die in ihnen zusammengefaßten einzelnen für gewöhnlich, wenn sie nicht in dieser Weise von Gleichgesinnten umgeben sind, unter Kontrolle hätten, vermutlich gar abweisen würden. Aus durchsichtigen politischen Gründen hat man seit der Mitte des 19. Jahrhunderts das unberechenbare und beunruhigende Verhalten der menschlichen »Herde« mit ängstlicher Aufmerksamkeit studiert. Besorgte Beobachter der Gesellschaft wie Thomas Carlyle oder Matthew Arnold machten sich, sekundiert von einer kleinen Schar politisch tendenziöser Historiker und »Massenpsychologen« (Hippolyte Taine, Gabriel Tarde, Gustave Le Bon und später Wilfred Trotter), düstere Gedanken über die Demokratisierung der modernen Gesellschaft, die ihnen als wachsende Bedrohung für den geordneten Gang der öffentlichen Geschäfte und die vernünftige Lösung sozialer Probleme erschien. Als Beweis führten sie mit schöner Regelmäßigkeit die häßlichen Leidenschaften an, die in den aufgepeitschten, blutigen *journées* der Französischen Revolution entfesselt worden und ein finsteres Menetekel, eine Warnung vor den wilden, irrationalen Ausbrüchen aufgebrachter und verzweifelter Massen geblieben sind. Freuds Analyse beginnt zwar wie ein Kommentar zu Le Bons seinerzeit einflußreichem Werk über die Massenpsychologie, weitet dann aber den Forschungsbereich bedeutend aus und geht auch den verborgenen Ursachen des Konformismus in einem so straff organisierten Kollektiv wie der katholischen Kirche nach.[149] Was er herausfindet, ist noch recht hypothetisch

---

[149] In seiner klugen Einleitung zur englischen Übersetzung von Le Bons *Psychologie des foules* (1895; engl. Übers.: 1896; 1960) schreibt Robert K. Merton, Freud habe Le Bons Einfluß (freilich nicht seine Erkenntnisse) keineswegs objektiv gesehen; er habe Le Bons kleinen Klassiker als Anstoß für sein eigenes Denken benutzt. – Zur Theorie der Massenpsychologen vgl. Susanna Barrows, *Distorting Mirrors: Visions of the Crowd in Late Nineteenth-Century France* (1981). Robert Bococks prägnantes

und unvollständig; dennoch enthält seine Schrift *Massenpsychologie und Ich-Analyse* mit ihrer überzeugenden Verkoppelung zwischen dem einzelnen und denen, die ihm emotional nahestehen, eine Reihe fast beiläufiger, aber willkommener Denkanstöße, die durchaus zur Verbesserung des eher unbefriedigenden Verhältnisses zwischen Biographie und Geschichte beitragen könnten.

Wie wir alle wissen, hat jeder Historiker etwas vom Biographen und jeder Biograph etwas vom Historiker. Gleichwohl gibt es zwischen beider Tätigkeit markante Unterschiede, und ihr Verhältnis zueinander ist, obgleich es immer enger wird, oftmals gespannt. Wie sehr aber die Grenzen zwischen ihnen verschwimmen mögen, manche Biographien sind unverkennbar das Werk von Historikern, andere hingegen nicht. Das ist keine Frage der Qualität. Die Vermutung, daß Lytton Strachey, wäre er mehr Historiker gewesen, in seinen raffinierten Angriffen auf ein paar Größen der viktorianischen Zeit mehr Gerechtigkeit gegenüber den von ihm Behandelten hätte walten lassen, hat mit der Sache selbst nichts zu tun. Wäre er mehr Biograph gewesen, hätten seine Angriffe nur weniger von der Karikatur gehabt. Die Differenz zwischen Geschichte und Biographie läßt sich auch nicht daran ablesen, wieviel Raum die eine oder andere in einem Werk einnimmt. Der Unterschied ist subtiler: Der Historiker studiert das Leben, über das er schreibt, oder die biographischen Passagen, die er in seinen Bericht oder seine Analyse einflicht, mit dem Interesse am jeweiligen sozialen Umfeld, mit einem sachkundigen, geübten Blick für die Welt, in der der von ihm Behandelte sich aufgehalten hat. Von ihm erwartet man den Einsatz eines sicheren, professionellen Gespürs für Ort und Zeit, für gesellschaftliche Spielräume und Zwänge. Natürlich kann er nichts anfangen mit einer Psychologie, die ihn im esoterischen Reich unergründlicher Triebe und geheimnisvoller Seelendramen versacken ließe. Die psychoanalytische Psychologie aber ist, selbst wenn man es bisweilen nicht glauben möchte, alles andere als das.

Buch *Freud and Modern Society: An Outline and Analysis of Freud's Sociology* (1976) deckt sich mit meinen eigenen Auffassungen.

Die Brücken zwischen Biographie und Geschichte baut Freud aus den elementarsten Baustoffen des menschlichen Seelenlebens: Liebe und Haß. Nur mit ihrer Hilfe, so meint er, können Gruppen ihren Mitgliedern jene feste Bindung aufzwingen, die sie ebenso gefügig wie energiegeladen und intolerant macht. Freud zufolge hat Le Bon das charakteristische Verhalten der Massen mit großem Scharfblick beobachtet und beschrieben, kommt aber an die Ursachen für ihren Zusammenhalt nicht heran. Alle, die sich Gedanken über die Gesellschaft gemacht haben, auch die Schriftsteller, wissen seit langem, daß der Einzelmensch in der Masse auf primitive Stufen des Seelenlebens zurückfallen, seine Willensentscheidung an Führerpersönlichkeiten abgeben, sich von Hemmungen und gesunder Skepsis, die man ihm mühsam anerzogen hat, lossagen kann. Tolstoi hat diese Mechanismen in *Krieg und Frieden* auf manchen Seiten bis zur Perfektion dargestellt. So wird etwa der junge Graf Nikolai Rostow genauso wie seine Kameraden beim Anblick des Zaren Alexander I. von Liebe ergriffen: »Rostow stand in einer der ersten Reihen der Kutusowschen Armee, an die der Zar zuerst herangeritten war, und ebenso wie jeden Mann dieser Armee überkam auch ihn ein Gefühl von Selbstvergessenheit, stolzem Machtbewußtsein und leidenschaftlicher Begeisterung für den Mann, um dessentwillen das alles geschah.« Rostow, fast außer sich, »fühlte, daß dieser Mann nur ein Wort zu sprechen brauchte, und diese ganze ungeheure Masse, zu der als ein kleines Sandkörnchen auch er selbst gehörte, würde sich in Feuer und Wasser stürzen, würde jedes Verbrechen begehen, würde sich dem Tod in die Arme werfen oder die gewaltigsten Heldentaten vollbringen, und dieses Bewußtsein machte ihn erbeben und ließ sein Herz beim Gedanken an ein solches Wort fast stillstehen.« In der Nähe des Zaren zu sein, war für den jungen Enthusiasten eitel Wonne. »Er war glücklich wie ein Liebender, dem nach langem Harren endlich das Wiedersehen mit der Geliebten zuteil wird.« Tolstoi spricht ganz unumwunden aus, was für Gefühle Rostow beherrschen. »Er war wirklich in den Zaren verliebt und in den Ruhm der russischen Waffen und in die Hoffnung auf den bevorstehenden glorreichen Sieg.« Und was besonders auffällt: »nicht ihm allein ging es so in diesen denkwürdigen Tagen vor der Schlacht bei Austerlitz: neun Zehntel der russischen Armee waren damals, wenn auch vielleicht nicht ganz so glühend und leidenschaftlich wie Rostow in ihren Zaren und in den Ruhm der russischen Waffen verliebt.«[150] Man sieht, warum Freud später sagt, er beneide die Romanciers und Dichter, weil sie mit ihrer rein intuitiven Kunst zu psychologischen Erkenntnissen vordringen, die er selbst in jahrelanger Arbeit aus seinen Patienten herauslocken muß.

Als Freud diese Phänomene im Licht seiner späten Ichpsychologie analysiert, tut er allerdings mehr, als nur vertraute Szenen in eine neue Sprache zu fassen. Er erklärt sie. So schreibt er, »daß im Beisammensein der Massenindividuen alle individuellen Hemmungen entfallen und alle grausamen, brutalen, destruktiven Instinkte, die als Überbleibsel der Urzeit im Einzelnen schlummern, zur freien Triebbefriedigung geweckt werden«.[151] Eine Treibjagd zu vielen etwa verschafft eine derartige, mit der Beseitigung von Hemmungen verbundene Lust; sie gibt ein Gefühl der Sicherheit und geht der Gefahr einer Konfrontation mit dem Stärkeren aus dem Weg. In diesem Verzicht auf Kontrollmechanismen und Sichtweisen des Erwachsenen gewahrt Freud die ausschweifenden Saturnalien der Regression. Trotz aller verführerischen Genüsse aber sind die affektgeladenen Ferien von der Moral selten von Dauer. Nach anhaltenden Niederlagen oder in Augenblicken der Panik können die libidinösen Bindungen, die die Masse zusammenhalten, an Kraft verlieren, und die Gruppe kann sich spalten und auseinanderfallen.

Zur Massenbildung, so Freud, gehören zweierlei unbewußte Identifikationen: Die Gruppenmitglieder identifizieren sich sowohl miteinander wie auch alle gemeinsam mit dem Führer. Dies stellt nicht immer nur eine Rückkehr zu rein primitiven Empfindungs- und Verhaltensformen dar: Der Führer muß nämlich nicht

---

150 Leo Tolstoi, *Krieg und Frieden* (1868-69; 1965), Buch I, Teil 3, S. 312, 324, 327.
151 Freud, *Massenpsychologie und Ich-Analyse*, a.a.O., S. 84.

zwangsläufig eine Person, er kann auch eine Idee sein. Außerdem können die durch unsichtbare Bande liebevoller Treue und bedingungsloser Gläubigkeit zusammengeschweißten Massen durchaus nach höheren sittlichen Maßstäben leben, als es jeder einzelne allein zustande brächte. »In Betreff der intellektuellen Leistung«, schreibt Freud, »bleibt zwar bestehen, daß die großen Entscheidungen der Denkarbeit, die folgenschweren Entdeckungen und Problemlösungen nur dem Einzelnen, der in der Einsamkeit arbeitet, möglich sind. Aber auch die Massenseele ist genialer geistiger Schöpfungen fähig, wie vor allem die Sprache selbst beweist, sodann das Volkslied, Folklore und anderes. Und überdies«, fügt Freud in einer seiner vielen einschränkenden Nebenbemerkungen hinzu, in denen er auf den Zusammenhang zwischen Individual- und Sozialpsychologie verweist, »bleibt es dahingestellt, wieviel der einzelne Denker oder Dichter den Anregungen der Masse, in welcher er lebt, verdankt, ob er mehr als der Vollender einer seelischen Arbeit ist, an der gleichzeitig die anderen mitgetan haben.«

Anders als die übrigen Sozialpsychologen seiner Zeit nimmt Freud die krude Problematik seines Gegenstandes voll zur Kenntnis. »Wenn man«, schreibt er fast schon in Erwartung des Mißerfolgs, »eingedenk der einander ergänzenden Beschreibungen der Autoren über Massenpsychologie, das Leben der heutigen Einzelmenschen überblickt, mag man vor den Komplikationen, die sich hier zeigen, den Mut zu einer zusammenfassenden Darstellung verlieren.« In der neueren Zeit ist der einzelne nämlich »ein Bestandteil von vielen Massen, durch Identifizierung vielseitig gebunden, und hat sein Ichideal nach den verschiedensten Vorbildern aufgebaut«. Er gehört seiner Rasse, Klasse, Religion und Nation an, festen Gruppen also, die zwar weniger ins Auge fallen als jene so spektakulär wie flüchtig sich bildenden und den meisten Lärm veranstaltenden Massen, aber für seine seelische Entwicklung ebenso viel Gewicht haben wie sie. Schon Jahre vorher hatte Freud in seiner Schrift über den Narzißmus aus einem anderen Blickwinkel dieselbe Feststellung getroffen. »Vom Ichideal aus«, schreibt er dort, »führt ein bedeutsamer Weg zum Verständnis der Massenpsychologie«, denn dieses Ichideal, das er später Überich nennt, »hat außer seinem individuellen einen sozialen Anteil«, da es »auch das gemeinsame Ideal einer Familie, eines Standes, einer Nation« ist.[152] Die starken Bindungen, die diese – kleineren oder größeren – Gruppen zusammenhalten, sind selber durchsetzt mit Groll und Wut. Interne Familienstreitigkeiten können ebenso erbittert sein wie Streitereien zwischen den Familienverbänden; dem Haß vieler Gruppen gegenüber Außenseitern steht die sorgfältig kaschierte innere Feindseligkeit in nichts nach. »Im Grunde ist ja jede Religion«, schreibt Freud, eine »Religion der Liebe für alle, die sie umfaßt, und jeder liegt Grausamkeit und Intoleranz gegen die nicht dazugehörigen nahe.«[153] Nicht anders als die Liebe beginnt auch der Haß daheim und wendet sich dann erst nach außen.

Mit einer derart pessimistischen Gesellschaftstheorie steht Freud in einer großen Tradition von Theoretikern, die lange vor ihm diese düsteren Wahrheiten erkannt haben. Schon mehr als zweihundert Jahre früher hatte Thomas Hobbes, entschieden der konsequenteste unter seinen geistigen Vorfahren, behauptet, daß »der Mensch niemals ohne die eine oder andere Beschwerlichkeit lebt«, und über »die Zügellosigkeit der herrenlosen Menschen« in der Anarchie des Bürgerkrieges gewettert, in der das Leben des Menschen, wie Hobbes in einer unvergleichlichen, einprägsamen Kette knallharter Adjektive schreibt, nur noch »einsam, armselig, gemein, roh und kurz« ist. Dieselbe trostlose Feststellung trifft zu Freuds Zeit, im Jahr 1901, auch der scharfsichtige politische Ökonom und Sozialkritiker J.A. Hobson, wobei seine Wortwahl zeigt, wie eng die Parallele zwischen der psychoanalytischen und der avancierten soziologischen Theorie von damals war: »Hauptaufgabe von Kultur und politischer Herrschaft ist die Unterdrückung der Blutgier und der Lust an körperlicher Grausamkeit.«[154] Freuds spe-

---

152 *Ibid.*, S. 89, 144; *Zur Einführung des Narzißmus*, a.a.O., S. 169.
153 *Massenpsychologie und Ich-Analyse*, a.a.O., S. 107.
154 Hobbes, *Leviathan* (1651; 1966), S. 144, 96; Hobson, *The Psychology of Jingoism* (1901), S. 29. – Auf das soziale Abwehrsystem gehe ich weiter unten ein (S. 176-181).

zifische Leistung besteht darin, daß er die psychologische Erklärung für diese ziemlich trostlose Auffassung vom Menschen in der Gesellschaft und der Gesellschaft im Menschen liefert. Kultur, so erkennt er, ist verschiedenes auf einmal: Arena für die Schöpfung von Kunstwerken, die Beschäftigung mit Wissenschaft, die Ausbildung von Gefühlen, den Erwerb von Geld. Zugleich aber ist sie, und zwar in ganz entscheidendem Maße, eine kollektive Abwehrstrategie gegen Mord und Inzest, wobei jede Kultur diese Abwehr auf ihre Weise regelt und den veränderten Lebensbedingungen anpaßt.

Gesellschaftliche Institutionen können sich nämlich – was Historikern ganz besonders vertraut sein müßte – gegenüber den Zeit- und Machtverhältnissen nicht abdichten. Schon wenn man Oliver MacDonaghs informative Studie *Early Victorian Government* oder Alfred Chandlers ausgezeichnete Geschichte des amerikanischen Managements *The Visible Hand* liest, begreift man, wie diese Institutionen beständig nach neuen Lösungen suchen, wie sie sich von ihrer Herkunft aus unbewußten psychischen Bedürfnissen emanzipieren und schließlich aus eigener Kraft – sowie im eigenen Interesse – arbeiten. Nicht nur marxistische Historiker haben darauf hingewiesen, daß Institutionen von Sonderinteressen besetzt, von herrschenden Klassen korrumpiert und von eigennütziger Rhetorik entstellt werden können. Doch hat, wie ich weiter oben gezeigt habe, die Verfolgung des rationalen Eigeninteresses ihre nicht-rationalen Anteile. Zur neuen preußischen Verfassung von 1850 gehörte das berühmt-berüchtigte Dreiklassenwahlrecht, das die Wähler je nach den von ihnen entrichteten Steuern in drei Gruppen einteilte. Dabei stellten jeweils die, die zusammen ein Drittel der direkten Steuern für Preußen aufbrachten, auch ein Drittel der Abgeordneten. Die Folge davon war, wie es der bekannte deutsche Historiker Hajo Holborn lapidar formuliert hat, »ein eindeutig plutokratisches System«.[155] Es sicherte den Junkern und anderen

---

155 Holborn, *A History of Modern Germany*, Bd. III, *1840-1945* (1969); dtsch.: *Deutsche Geschichte in der Neuzeit*, Bd. II (1970), *Reform und Restauration. Liberalismus und*

Großgrundbesitzern – wenigstens für einige Jahrzehnte – ein fast vollständiges Machtmonopol und schob damit diesen eng verbündeten Interessengruppen praktisch alle Vorteile zu, die ein politisches System nur gewähren kann. Dieses Wahlrechtsmanöver bildete aber zugleich eine ausgeklügelte Abwehrmaßnahme. Diejenigen, die sich das Dreiklassenwahlrecht ausdachten und genau spürten, welche Bedrohung vom selbstbewußten Bürgertum und vom allmählich erwachenden politischen Bewußtsein der großstädtischen Arbeiterklasse ausging und was die Ausrufung der Demokratie im Ausland und der Revolution im Inland bedeutete, haben denen, die in Preußen über Reichtum und Macht verfügten, bei der Vertreibung ihrer Ängste geholfen. Es genügt nicht, diese politische Taktik als bloß zynische, durch und durch bewußte Verteidigung liebgewordener Privilegien abzutun. Auf dem Spiel stand eine ganze Lebensform, ein traditioneller, einstmals gesicherter privater und gesellschaftlicher Lustgewinn. Wer die Seite der politischen Ziele vernachlässigt und nur die Angst sieht, reduziert Geschichte zu Unrecht auf ein bloßes Psychodrama; wer aber die Seite der Angst vernachlässigt und nur die politischen Ziele sieht (was bei Historikern viel wahrscheinlicher ist), bleibt zu Unrecht bei einem bloß zweidimensionalen Bild von der Vergangenheit stehen.

2 Der soziale Anteil

Mit der Entdeckung, wie weit private Gefühle ins öffentliche Leben hineinreichen, ist nur einer der Wege bezeichnet, auf denen die Freudsche Theorie der Geschichtswissenschaft über die bloße Biographie hinaushelfen kann. Von den anderen habe ich im Kapitel über die menschliche Natur bereits einige genannt. Insgesamt bestehen, schrieb ich dort, Erfahrung und Erleben nur aus ganz wenigen Grundbestandteilen. An dieser fundamentalen Ökonomie ändert sich nichts, auch wenn die einzelnen Triebe, wie etwa die

---

Nationalismus (1790 bis 1871), S. 308.

libidinösen Strebungen, sich bei jedem Menschen nach einem eigenen Rhythmus und mit unterschiedlicher Kohäsionskraft zusammenschließen. Die beeindruckende Fülle von Verhaltens- und Kulturformen, die ebenso hinreißend wie beängstigend ist, sich der Prognose entzieht und den Stoff bildet, aus dem Geschichte gemacht ist, ergibt sich allein daraus, daß jeder seine ureigene Entwicklung durchläuft. Mit seinem bitteren, spöttischen Humor hat der Cartoonist Peter Arno dieses inmitten aller Vielfalt doch Einheitliche am Menschen einmal folgendermaßen dargestellt: Gezeichnet hat er eine Sammlung aufblasbarer Schönheitsköniginnen, die sich nur durch Schärpen mit der Aufschrift »Miss Schweden«, »Miss Tasmanien« usw. unterscheiden; in Badeanzügen defilieren sie an lüstern blickenden Juroren vorbei, von denen einer hinter vorgehaltener Hand zum andern sagt: »Das beweist einem mal wieder, daß die Menschen doch alle völlig gleichartig sind.«[156] Ja – und nein.

So abwechslungsreich und faszinierend es sein mag, das Erleben der Menschen verläuft doch, kurz gesagt, zumeist nach Entwicklungsmustern, die frappierende Ähnlichkeit miteinander haben. Jeder Historiker, der über Stände oder Klassen, Konfessionen oder ganze Kulturen arbeitet, geht stillschweigend davon aus, daß er die von ihm untersuchten Komplexe auch als solche behandeln kann, ohne zwangsläufig die Individualität der in ihnen Zusammengefaßten antasten zu müssen. Er weiß sehr wohl, daß Bezeichnungen wie »Katholik«, »Bürger« oder »Norweger« so etwas wie geräumige und durchlässige Behälter sind, die man nur mit Bedacht und einem feinen Gespür für ihren begrenzten Nutzen füllen darf. Er erinnert gern daran, daß der einzelne Katholik, Bürger und Norweger immer etwas anderes ist als alle übrigen derselben Rubrik Zugeordneten. Jedes derartige Etikett ist nicht mehr als ein Kürzel für wahrscheinliche Merkmale: Individuen, die als Mitglieder eines größeren Ganzen identifizierbar sind, haben aller Voraussicht nach dieselben moralischen und religiösen Überzeugungen, dieselben

---

156 Arno, *The Man in the Shower* (1944), o.S.

Erfolgserwartungen und Versagensängste wie die übrigen Angehörigen dieses Ganzen. Wenn nicht, dann hat es der Historiker mit ein paar interessanten Rebellen zu tun. Soziale Klassen, so schreibt E.P. Thompson in der vielzitierten Einleitung zu seinem Buch *Die Entstehung der englischen Arbeiterklasse*, sind nichts Dinghaftes, keine Schublade, in die man Männer und Frauen hineinstopfen kann, nur um nicht mehr über ihre Individualität nachdenken zu müssen. Die Klasse ist vielmehr eine Beziehung, die »sich immer in realen Menschen und in einem konkreten Kontext verkörpern« muß. Eine Klasse »formiert sich, wenn Menschen aufgrund gemeinsamer Erfahrungen – seien sie von den Vorfahren weitergegeben oder zusammen erworben – die Identität ihrer Interessen empfinden und artikulieren, und zwar sowohl untereinander als auch gegenüber anderen, deren Interessen von ihren eigenen verschieden (und diesen gewöhnlich entgegengesetzt) sind.« Klasse ist die gemeinsame Erfahrung vieler Menschen in jenen »Produktionsverhältnissen«, in die man »hineingeboren wird – oder in die man gegen seinen Willen eintritt«.[157] Und gerade so wie die Klassen, können wir hinzufügen, sind auch andere gesellschaftliche Institutionen nichts anderes als die Materialisierung von Gefühlen in Satzungen, Gebäuden oder Emblemen.

Eine aufschlußreiche kleine Geschichte, die Freud 1917 in seinen Einführungsvorlesungen an der Wiener Universität erzählt, zeigt zur Genüge, daß die Psychoanalyse die Einsicht in diese zur Lebensgeschichte jedes einzelnen gehörende kollektive Erfahrung in nichts behindert. Freud schildert darin zwei kleine Mädchen, die im selben Haus wohnen: die Tochter des Hausmeisters und die des Hausherrn. Beide, die kleine Bürgerin und die kleine Proletarierin, spielen unbeaufsichtigt miteinander, und bald nehmen ihre Spiele einen sexuellen Charakter an. Die in ihren hochbesetzten (und zumeist auf Initiative der im Erwachsenenleben weit mehr als ihre Freundin bewanderten Hausmeisterstochter gespielten) Rollenspielen entstandene sexuelle Erregung entlädt sich unfehlbar in der

---

[157] Thompson, *Die Entstehung der englischen Arbeiterklasse* (1987), S. 7-8.

Masturbation. Danach aber geht die Sexualentwicklung der beiden Freundinnen auseinander, und jeder, der über den Klassencharakter der Moral Bescheid weiß, kann ihren unterschiedlichen Werdegang voraussagen. Das proletarische Mädchen setzt die Masturbation ohne Schuldgefühle fort und gibt sie erst später auf; vielleicht geht es zum Theater, bekommt ein uneheliches Kind, heiratet einen Aristokraten. Was immer aus der Hausmeisterstochter wird, »jedenfalls wird sie ungeschädigt durch die vorzeitige Betätigung ihrer Sexualität, frei von Neurose, ihr Leben erfüllen«. Die Tochter des Hausherrn hingegen kämpft mit ihrem »Laster«, plagt sich mit Schuldgefühlen und wendet sich mit »unerklärtem« Abscheu von allem sexuellen Wissen ab, nur um sich als junge Frau den jämmerlichen Lohn für ihre bürgerliche Verdrängung, nämlich eine regelrechte Neurose einzuhandeln.[158] Völlig zu Unrecht steht also die Psychoanalyse in dem Ruf, ein statisches und undifferenziertes Modell der menschlichen Natur zu kultivieren und die historischen Akteure, gleichgültig ob sie Lendentuch, Toga oder Geschäftsanzug tragen, als Darsteller vor sich zu sehen, die immer dieselben Sätze über verbotene Liebe und unbewußten Haß herunterleiern. Vielmehr ist Freud der Ansicht, daß die durch Zeitablauf, Klassenmerkmale und kontingente Ereignisse geprägte Erfahrung das, was der Mensch von Natur aus mitbringt, in immer wieder neue dramatische Konstellationen umgießt.

Zwar wollen manche Psychoanalytiker die Bedeutung der Außenwelt für ihre Arbeit nicht wahrhaben, die psychoanalytische Theorie selbst aber räumt ganz unmißverständlich ein, daß die kulturelle Erfahrung an der seelischen Entwicklung des Individuums immer erheblichen Anteil hat. Damit bekräftigt sie Freuds Argument, daß Individual- und Sozialpsychologie all ihren praktischen Funktionen zum Trotz identisch sind, und das wiederum nötigt mich zu einem kurzen Ausflug in das psychoanalytische Modell der menschlichen Entwicklung, das den Einfluß der Kultur auf den individuellen Reifeprozeß nachvollzieht. Bekanntlich wird das Kind

---

158 Freud, *Vorlesungen zur Einführung in die Psychoanalyse* (1917), *GW XI*, S. 366-67.

vom Augenblick der Geburt an permanent durch die Welt der anderen mitgeprägt. Fast könnte man – und lange Zeit hat man es so gehalten –, die Lebensgeschichte des Menschen mit einem Fluß vergleichen, der als kleines Rinnsal beginnt und nach und nach mit Hilfe all seiner Nebenflüsse immer breiter und tiefer wird. Diese Metapher ist zwar reizvoll, kann aber überhaupt keine Vorstellung von den massenhaften sozialen Eindrücken verschaffen, die von Beginn an auf das Neugeborene einstürmen. Ein Schwall von kultureller Wirklichkeit ergießt sich über das kleine Kind. Da es zunächst nichts weiter ist als ein Bündel von Bedürfnissen, voll und ganz beschäftigt mit Schlafen, Trinken und Ausscheiden, vermag es anfangs sein kleines Selbst nicht von den Pflegepersonen zu trennen. Dann aber wächst das völlig hilflose Kleinkind unübersehbar zum Kind heran, jeden Monat, manchmal auch jeden Tag ein bißchen mehr; es lernt, sich von Eltern, Geschwistern, Fremden zu unterscheiden und die Grenzen der Person gleichsam schrumpfen zu lassen. Widerstrebend und mit nur begrenztem Erfolg gibt es sein fast halluzinatorisches Omnipotenzgefühl zugunsten einer Selbstwahrnehmung auf, die sich im großen und ganzen mit seinen wirklichen Dimensionen deckt. Dieser Rückzug aus der Phantasie auf realistische Maßstäbe führt jedoch mitnichten dazu, daß die Verklammerung mit der Außenwelt sich lockert. Im Gegenteil, gerade die Fortschritte, die das Kind in der Beherrschung seiner Funktionen macht und mit denen es allmählich Motilität, Sprache, Zutrauen zur ständigen Gegenwart der geliebten Personen, leidenschaftliche Gefühle für andere und Schmerzabwehr erwirbt, verstrickt es nur umso unwiderruflicher in die äußere Realität. Das »Ich«, so Freuds Kurzformel in seiner letzten Schrift, erfährt »eine besondere Entwicklung«, und zwar »unter dem Einfluß der uns umgebenden realen Außenwelt«.[159] Wie lange das Kind gestillt und wie unerbittlich es entwöhnt wird, wie die Sauberkeitserziehung verläuft, wie die Eltern Gefallen und Mißfallen äußern, – diese und unzählige andere unauffälligere Schlüsselerlebnisse sind eindring-

---

159 Freud, *Abriß der Psychoanalyse* (1940), *GW XVII*, S. 68.

liche Botschaften aus der Außenwelt und machen aus der lebenden Knetmasse unverkennbar kleine Aristokraten, Protestanten oder Spanier. Die Eltern des Kindes, von denen in aller Regel der stärkste Einfluß auf die Charakterbildung ausgeht, sind ja auch keine Einsiedler. Die Art, in der sie ihren Nachwuchs großziehen, ist mit Sicherheit unmerklich geprägt durch ihre eigenen Gewohnheiten und Neurosen: Ein Großteil der Erziehung besteht nach Freuds Überzeugung darin, daß das Unbewußte des einen das des anderen in Schwingung versetzt. Ob Eltern bei ihren Verrichtungen dem Kind etwas vorsingen oder schweigen, ob sie ihm gegenüber konsequent oder inkonsequent sind, ob sie es in ihr Schlafzimmer lassen oder daraus verbannen, – all das hängt weitgehend von dem ab, was sie ihrerseits ganz unbewußt gelernt haben, als sie klein waren. Mindestens ebenso abhängig ist ihr Erziehungsstil von der jeweiligen religiösen, sozialen und kulturellen Umwelt, in die sie ihr Leben lang eingebettet sind. Spätestens in der Neuzeit, oft aber auch schon früher, fungiert die Kernfamilie als Hauptvermittler der Kulturwerte; sie gibt gesellschaftliche Imperative weiter und formt sie um, sie setzt die Grenzen des Erlaubten fest, sie diktiert die sozialen Normen. Sie bildet die erste, in aller Regel entscheidende Kulturwelt des Kindes: Schule, Staat und Religion in einem.

In dieses Modell fügt sich die ödipale Phase nahtlos ein. Sie veranschaulicht sowohl die Wesensverwandtschaft wie auch die fundamentale Gesellschaftlichkeit alles privaten Erlebens der Menschen. Das Familiendreieck ist eine Gesellschaft im kleinen und funktioniert mit ihren Autoritätssicherungen und Auflehnungsversuchen genau wie sie; die Art, in der die Eltern mit den ungebändigten und oft rätselhaften Gefühlen ihres Kindes umgehen, resultiert eigentlich aus einer sozialen, weitgehend hinter ihrem Rücken getroffenen Entscheidung. Und das Über-Ich entsteht aus der noch augenfälligeren Interaktion zwischen dem heranwachsenden, lernenden Individuum und den gesellschaftlichen Kräften, die in Gestalt ihrer erwachsenen Vertreter auf es einwirken. Das Kind nimmt die Gebote und Verbote seiner Eltern, ihre oftmals unbewußten Wünsche und Ängste in sich auf und übersetzt sie – unabhängig davon, ob sie ihm unverständlich oder gar ungerecht vorkommen – in die Sehnsucht nach Konformität und anerkannten Verhaltensmustern. Gehorsam wird zu einem eigenständigen Wert, zur Quelle von Belohnung und zum Schutzwall gegen Strafe. Die Integration des Kindes in die Gesellschaft mit Hilfe strikter, für die häusliche Sphäre ebenso wie für Spiel und Kirche geltender Handlungsanweisungen beginnt schon ganz früh und wird, wenn die Eltern finden, daß ihr Sprößling reif für Lenkung und Disziplinierung ist, nur intensiviert. Wenn er dann zur Schule loszieht, hat er sich in dem sozialen Umfeld, in dem er, seine Eltern, Nachbarn und Spielkameraden naturwüchsig – also bewußtlos – leben, bereits ganz und gar akklimatisiert.

Freud zeichnet ein ziemlich düsteres Bild von den Kosten, die die Sozialisierung dem Kind fast regelmäßig abverlangt. Dem Gibbonschen »Protest gegen das abgeschmackte überschwengliche Lob unserer glücklichen Kinderjahre, das in aller Welt mit soviel Inbrunst nachgebetet wird«[160], hätte er sich vorbehaltlos angeschlossen. Ohne Zweifel hat die Kindheit ihre Wonnen: die Wärme der Mutterliebe, die von der elterlichen Pflege ausgehende Sicherheit, die Freude bei der Entdeckung von echtem Können und wirklicher (statt wahnhafter) Macht über bestimmte Teile der Umwelt. In der Hauptsache aber ist sie eine ernüchternde Schule des Lebens, die Enttäuschung, Verzicht und Konflikt bereithält. Das Ja der nährenden Mutterbrust ist nicht zu trennen vom Nein ihrer strafenden Hand. Äußere Autoritäten melden Ansprüche auf das Kind an, die querstehen zu seinem natürlichen Wunsch nach unmittelbarer und unbegrenzter Befriedigung. Urin und Kot solange zurückzuhalten, bis der festgesetzte Ort erreicht ist, wo man sie nicht mehr zurückhalten soll; das Essen bis zur festgesetzten Mahlzeit aufzuschieben; die lustvolle Empfindung aufzugeben, die die Berührung der Genitalien verschafft; die leidenschaftlichen Gefühle für den einen Elternteil zu zügeln, – dies sind nur einige, wenngleich gewiß die schlimmsten, jener Entbehrungen, die liebevolle Eltern oder Kin-

---

160 Gibbon, *Autobiography*, hrs. von Dero A. Saunders (1961), S. 68.

dermädchen nolens volens vorschreiben und aufzwingen müssen. Die unerbittlichen Gebote – gehorchen; still sein, wenn Erwachsene sprechen; arbeiten, wenn man spielen möchte – sind verfeinerte Abkömmlinge jener Grundregeln, die dem Kind fast von Geburt an Grenzen setzen und die es, wenn auch nicht ohne Protest, befolgen lernt. Um ihm seine Aufgabe noch beschwerlicher und widerlicher zu machen, verlangen die Erwachsenen nicht nur Aufschub und sogar gänzlichen Verzicht auf die geliebten Befriedigungen; zusätzlich bestehen sie darauf, daß das Kind ihnen für den Regelkanon auch noch dankbar ist, ihn als berechtigt und richtig anerkennt und den Verstoß dagegen als anstößig, vielleicht gar als direkten Weg zu Hölle und Verderben (für die meisten Kinder identisch mit dem Verlust der Elternliebe) betrachtet. Das Kind wird gezwungen, die Kultur zu internalisieren; es lernt nur allzu früh, daß seine Wünsche zumeist unzulässig und womöglich sündhaft sind. Wer ein Kind zivilisiert, setzt ihm eine Grenze nach der andern. Nur deshalb verbannt es seine Wünsche, seine Begierde und Wut in die Tiefen des Unbewußten; es verdrängt und speichert sie und bereitet so den Weg für die späteren Probleme in seinem sexuellen, beruflichen oder politischen Leben.

Mit dieser Entwicklungsskizze möchte ich meiner Überzeugung Nachdruck verleihen, daß die Soziologie des Unbewußten heutzutage eine realistische Möglichkeit ist.[161] Eine solche Soziologie – und Geschichte – berücksichtigt die von außen kommenden Verführungen und Schrecken, die auf den einzelnen niederprasseln, wann immer er mit Eltern, Geschwistern, Schulfreunden, Arbeitskollegen und nicht zuletzt Geistlichen und Politikern zu tun hat, also mit all jenen, die auf ihn einwirken. Meine Skizze sollte bekräftigen, daß die Kultur für den Menschen keine bloße äußere Hülle, sondern integraler Bestandteil seines Menschseins ist.[162]

---

161 Als erster hat der psychoanalytische Exzentriker Wilhelm Reich Anspruch darauf getan. Siehe dazu Bococks wertvolle Anmerkungen in seinem Buch *Freud and Modern Society*, S. 8-17.
162 Das erklärt, warum jeder Versuch einer Bestimmung der menschlichen Natur an

Die interessantesten Bauteile zu einer derartigen Geschichtsschreibung sind unzweifelhaft die von Anna Freud so genannten Abwehrmechanismen. Interessant sind sie, weil sie zwar hochindividualisierte psychische Maßnahmen darstellen, aber zum Großteil in Reaktion auf die äußere Wirklichkeit ausgebildet werden und mit ihr in dauerhaftem und engem Kontakt bleiben. Allgegenwärtig, wendig und findig, wie sie sind, machen diese unbewußten Taktiken die Kultur möglich und erträglich.[163] Sie haben ihren Sitz im Ich, entfalten im Laufe der Zeit, wenn das Kind in die Kultur hineinwächst, einen immer größeren Aktionsradius und immer größere Effizienz und halten die von außen (mehr noch als von innen) kommenden Schmerzen oder Gefahren fern.[164] Ihre Aufgabe besteht in der Verringerung – oder Vermeidung – der durch andere Menschen sowie bestimmte Situationen bzw. Ereignisse hervorgerufenen Ängste, die ihrerseits verbotene Triebregungen, unerträgliche Erinnerungen, furchtbare Phantasien oder erbarmungslose Schuldgefühle auf den Plan (oder besser: wieder auf den Plan) rufen. Das Repertoire der Abwehrstrategien entwickelt sich nach einigen Jahren zu einem fast undurchdringlichen Panzer. Die Abwehr drängt Konflikte und drohendes Leiden aus dem Bewußtsein oder verleugnet sie, bändigt primitive Triebregungen und stellt sie in den Dienst höherer Kulturleistungen, verwandelt Aggression in

---

sich, noch vor der dauerhaften Prägung durch die Kultur, zum Scheitern verurteilt, warum diese uralte, auf Herodot zurückgehende Forschersehnsucht, die zu Freuds Zeiten in der faszinierten Betrachtung der sogenannten »wilden« oder »Wolfskinder« gipfelte, illusorisch ist.

163 Die klarste und nach wie vor meistzitierte Zusammenfassung bleibt Anna Freuds Klassiker *Das Ich und die Abwehrmechanismen* (1936).

164 »Das Kleinkind und Kind, das bei der Geburt nur über bestimmte Automatismen zur Wahrung des Gleichgewichts zwischen sich und seiner Umgebung verfügt, wird immer mehr mit hochkomplexen äußeren Gegebenheiten konfrontiert. Diese komplexen äußeren Gegebenheiten ... sind nicht bloß irgendwelche einander zugeordneten ›biologischen‹ Vorgänge, sondern jene unterschiedlich stark integrierten Vorgänge, die wir psychologisch, kulturell oder sozial nennen.« (Hans W. Loewald, »The Problem of Defense and the Neurotic Interpretation of Reality« [1952], in: ders., *Papers on Psychoanalysis* [1980], S. 21-22)

Zuneigung oder halst anderen Menschen abscheuliche Gefühle auf, zu denen man selbst sich nicht bekennen darf. Sie sucht die Integrität, ja das Überleben des Individuums zu sichern und reicht so bis tief hinein in Erfahrung und Erleben der Menschen. Aber obwohl sie uns gleichermaßen hilft, das Gesicht zu wahren und das Leben zu erhalten, ist sie doch ein überaus unbequemer und unzuverlässiger Verbündeter. Immer wieder schafft sie mehr Probleme, als sie lösen kann: Viel psychisches Leiden geht auf das Konto der über die Stränge schlagenden Abwehr.[165] Wenn sie auf blinden Alarm reagiert oder normale sexuelle bzw. aggressive Strebungen als wirkliche und schändliche Verbrechen behandelt, kann sie Schutzmauern errichten, die sich als Mauern eines Kerkers für Phobien, Zwangshandlungen oder lähmende Hemmungen entpuppen.

Von derselben fatalen Widersprüchlichkeit sind auch die in und von der Gesellschaft entfalteten Abwehrstrategien. Die Abwehr im engeren Sinne wird natürlich vom einzelnen mobilisiert und soll ihm allein nützen. Eine der Unlustquellen, gegen die das Individuum sich zur Wehr setzt, besteht ja normalerweise gerade in dem Gebot der Kultur, der Mensch müsse lästige Anstrengungen auf sich nehmen und die Erfüllung liebgewordener Wünsche aufschieben oder aufgeben. Freud hat denn auch unermüdlich wiederholt, daß »jeder Einzelne virtuell ein Feind der Kultur ist«.[166] Doch dieselben Institutionen, die sich gegen den einzelnen wenden und ihn unterdrücken, sind doch zugleich dazu bestimmt und mit der Zeit auch geeignet, in seinem Interesse zu arbeiten. Freud geht, wie wir gesehen haben, von einer einzigen »dynamischen Quelle« für die Leistungen sowohl des Individuums wie der Gesellschaft aus und findet sie in der Hauptaufgabe des seelischen Mechanismus, »das

---

165 »Die Abwehrmechanismen des Ich« sind »Schutzvorkehrungen gegen Zersplitterung und Desorganisation, die häufig übers Ziel hinausschießen oder noch dann arbeiten, wenn sie gar nicht mehr gebraucht werden, und auf diese Weise, weil sie in Widerspruch zur übrigen Organisation des Selbst sowie zur Objektwelt geraten, pathologische Züge annehmen.« (Loewald, »Ego-Organization and Defense«, a.a.O., S. 177)
166 Freud, *Die Zukunft einer Illusion* (1927), *GW XIV*, S. 326-27.

Geschöpf von den Spannungen zu entlasten, die durch Bedürfnisse in ihm erzeugt werden«.[167] Am erfolgreichsten abbauen lassen sich diese Spannungen natürlich durch die Beherrschung der Außenwelt, der mit der Gründung von Universitäten und Laboratorien, mit der Erfindung von Bankwesen und Patentrecht die ersehnten Befriedigungen abgetrotzt werden. Es geht aber auch anders, und hier liegt die eigentliche Aufgabe der kulturellen Abwehr: Man kann nämlich – nach Art eines zeitlich begrenzten, aber verlängerbaren Waffenstillstands – haltbare Kompromisse zwischen den hartnäckigen Wünschen und den von ihnen sei's in der eigenen Person, sei's in anderen Menschen ausgelösten Ängsten schließen. Zu diesem Zweck schafft die kulturelle Abwehr Rechtssysteme, Sittengebote, religiöse Rituale, Heiratsriten und Polizei.

Gesellschaftliche Institutionen sind Agenten der Befriedigung; sie mobilisieren Kräfte zur Herrschaftssicherung und Einschüchterung von Konkurrenten. Zugleich aber verschaffen sie auch eine Schutzhülle, mit der sie das Leben der unter ihrer Ägide stehenden Individuen erleichtern: Sie errichten die Verbotsmauern des Ehr- und Abscheugefühls, sie ziehen die Wassergräben des Scham- und Schuldempfindens, und all diese Maßnahmen dienen der Abhaltung von chaotischen, vielleicht zerstörerischen Leidenschaften. Faßt man dasselbe aber positiv, so lassen die Abwehrinstitutionen Leidenschaften zu, die ohne ihre Erlaubnis zutiefst angsterregend wären; sie liefern Interpretationen der Welt, die dieser den beruhigenden Anschein von Ordnung und Stabilität verleihen; sie schaffen Platz für Exzentriker, die ohne einen solchen Zufluchtsort von ihren Zeitgenossen zu Verbrechern oder Irren gestempelt würden. Der Krieg macht Töten zu etwas Verdienstvollem; die Religion honoriert ekstatische Gefühle; Einschränkungen der Befehlsgewalt sollen den Drang, Macht über andere auszuüben, nicht nur eindämmen, sondern ihm zugleich den Weg freimachen. Dabei bleibt es nicht aus, daß das soziale oder kulturelle Abwehrsystem – ganz so wie das des einzelnen – seine Aufgabe im Übersoll erfüllt und jene

---

167 Freud, »Das Interesse an der Psychoanalyse«, *GW VIII*, S. 415 (siehe oben S. 157).

Ängste, die es doch eigentlich bannen sollte, gerade verstärkt. Ob aber mit geeigneten oder ungeeigneten, mit rationalen oder irrationalen Mitteln, die kulturelle Abwehr ist unermüdlich damit beschäftigt, immer neue Freiheitsräume abzustecken, durch die die einzelnen ihr Lebensschiffchen steuern.[168]

An diesem Punkt, so mein dringender Verdacht, wartet vielleicht – um mit William Langer zu reden – die nächste Aufgabe auf den Historiker. Die Geschichte der Abwehr zu schreiben, bis zu ihren Anfängen zurückzugehen, ihre individuellen und gesellschaftlichen Veränderungen zu analysieren und herauszufinden, welche Abwehrstrategien jede einzelne Epoche und Klasse am geeignetsten fand, das wäre eine große Sache. Immerhin machen sich einige Historiker, die nicht einmal Psychohistoriker sind, mittlerweile ernsthaft Gedanken darüber, ob die Abwehrmechanismen nicht als Schlüssel zur Vergangenheit dienen könnten. Bestes Beispiel dafür ist vielleicht Keith Thomas' Buch *Man and the Natural World*, eine Untersuchung über die Veränderungen, die sich im Umgang der Engländer mit Tieren, Mitmenschen, Bäumen und Wiesen feststellen lassen. In einem halben Dutzend faszinierender, mit vielen Belegen ausgestatteter Kapitel zeichnet Thomas den markanten Wechsel von einer Kulturform zur nächsten nach: von der überheblichen Auffassung, der Mensch als oberster Verfüger und Herrscher über die Natur könne mit den unter ihm stehenden Lebewesen

---

168 Die interessantesten Arbeiten über kulturelle Abwehrmechanismen stammen bislang von den Analytikern der englischen Klein-Schule. Siehe Elliott Jacques, »Social Systems as Defence against Persecutory and Depressive Anxiety: A Contribution to the Psycho-Analytical Study of Social Processes«, in: Melanie Klein u.a., *New Directions in Psycho-Analysis* (1955), S. 478-98; sowie die großartige Streitschrift von Isabel E.P. Menzies, *The Function of Social Systems as a Defence Against Anxiety: A Report on a Study of the Nursing Service of a General Hospital* (1970), in der untersucht wird, wie eine Institution (hier die Vorschriften, die den Umgang von Krankenschwestern mit ihren Patienten regeln) die Ängste, die sie abbauen soll, letzten Endes verstärkt. Siehe auch den aus ganz anderer Sicht geschriebenen Beitrag von Melford E. Spiro, »Religious Systems as Culturally Constituted Defense Mechanisms«, in: ders. (Hrsg.), *Context and Meaning in Cultural Anthropology* (1965), S. 100-13.

nach Gutdünken verfahren, zu der bescheideneren und großherzigeren Ansicht, er sei mit der Verwaltung und Beaufsichtigung der ihn umgebenden Welt betraut. Dieser ungefähr zwischen dem 17. und 19. Jahrhundert vollzogene Wechsel des sozialen Abwehrsystems zielte auf mehr Verantwortung für die belebte und unbelebte Natur, auf eine niedrigere Ekelschwelle und ein stärkeres Mitgefühl. Die luxurierende, überflüssige Grausamkeit gegenüber Tieren, so zeigt Thomas, war gänzlich bewußtlos und möglich nicht nur, weil der Mensch sich voll Stolz für den unumstrittenen Herrn hielt, sondern auch weil er der Bequemlichkeit halber annahm, Tiere und Vögel hätten keine Gefühle und könnten daher nicht leiden. Mit der Zeit lernten die Engländer, legitime Gewalt gegen Tiere abzustecken: Ohne Gewissensbisse umgebracht werden konnten nur noch Tiere, die den Menschen als Nahrung dienen oder über den Hühnerhof herfallen. Die früher einmal leidenschaftlich verteidigte Praxis, Tiere zum reinen Zeitvertreib (wie etwa bei Hahnenkämpfen oder bei der Bärenhatz) zu quälen und zu töten, kam den Menschen nunmehr sinnlos, gemein, anstößig und unmenschlich vor.

Thomas veranschaulicht diese radikale Neuorientierung, die die Engländer in ihrem Gefühlsleben vornehmen, mit einer ansehnlichen Zahl treffender Beispiele. Aber er nennt auch eine Reihe von Ursachen: die Verbreitung wissenschaftlicher Erkenntnisse, die aufkommende Säkularisierung des Weltbildes und die Entstehung der für das 18. Jahrhundert spezifischen Empfindsamkeit. Verstärkung erhielten diese mächtigen Anstöße zum humanitären Denken, das schließlich neben hungernden Menschen, Gefangenen, Kindern und fernen Eingeborenen auch Tiere an die Brust seines tränenreichen Mitgefühls drückte, durch materielle Entwicklungen. In einem nie gekannten Ausmaß machte die Industrialisierung Arbeitstiere überflüssig; wachsendes Selbstvertrauen und politische Reife des englischen Industriebürgertums förderten die antiaristokratische Propaganda gegen die Jagd als den privilegierten und grausamen Sport reicher Müßiggänger. Im 19. Jahrhundert begann das Zeitalter der Haustierhaltung, der Naturparks und der vegetarischen Ernährung – aber nicht, so Thomas, ohne die Engländer in ein noch heutzutage leidiges Dilemma zu stürzen: Zu beantworten war die heikle Frage, wie sich die materiellen Erfordernisse der Zivilisation mit den neuen Gefühlen und Wertvorstellungen, die eben diese Zivilisation hervorgebracht hat, versöhnen lassen. Die moderne Ausbeutung der Natur hat eine Zivilisation hervorgebracht, der beim Gedanken an sich selbst und an eine für Komfort und Wohlstand sorgende technologische Erfindungsgabe nicht wohl ist.»Ein Gemisch aus Kompromiß und Verschleierung«, schreibt Thomas,»hat bislang verhindert, daß dieser Konflikt eine endgültige Lösung finden konnte. Aber man kann dem Problem nicht einfach aus dem Weg gehen; es wird wiederkehren wie das Amen in der Kirche.«[169] Mit dieser Schilderung der Zivilisation als eines ausweglosen Dilemmas, in dem keine Lösung von Dauer ist und jeder Fortschritt seinen Preis fordert, klingt Keith Thomas fast wie Sigmund Freud.

Wäre Thomas' Buch ganz anders ausgefallen, wenn er sich ausdrücklich auf Freud bezogen hätte? Die Frage drängt sich auf, und in der Antwort werden mehr Probleme anklingen, als ich in diesem Kapitel aufgeworfen habe. Man könnte einfach behaupten, daß der Nutzen, den die Einführung psychoanalytischer Kategorien in seine lückenlos argumentierende Untersuchung gebracht hätte, allenfalls marginal gewesen und aller Voraussicht nach mit einem Verlust an Eleganz und Klarheit bezahlt worden wäre. In Wirklichkeit (und ich hoffe fest, daß das bei diesem historischen Meisterwerk nicht nach Gönnerton klingt) hat Thomas in seinem Buch wie Freud gesprochen, ohne es zu merken. Nur einmal zitiert er ihn, und seine Haupthilfswissenschaft ist, wie man weiß, nicht die Psychoanalyse, sondern die Anthropologie, von der er bereits in *Religion and the Decline of Magic* (1971) souveränen Gebrauch macht. Außerdem hat er eine bewußte Berufung auf die psychoanalytische Lehre expressis verbis bestritten.[170] Nichtsdestotrotz liefert Tho-

---

169 Thomas, *Man and the Natural World. Changing Attitudes in England 1500-1800* (1983), S. 301, 303.

mas zahlreiche Beweise dafür, daß er in der Freudschen Domäne durchaus zu Hause ist. Wie schon erwähnt, leben wir dort alle mehr oder weniger; Thomas indessen holt aus seiner unfreiwilligen Lebenswelt so viel heraus, wie irgend möglich. Er verwendet psychoanalytische Termini wie Zwangscharakter und Projektion, Schuldgefühl und Abwehrhaltung; er analysiert die im Hahnenkampf beschlossene symbolische Bedeutung und erkennt die sexuelle Zweideutigkeit, die sich hinter den manifesten Reizen dieser streitlustigen Vögel verbirgt.[171]

Gleichwohl gibt es zwischen einem Besuch im Land der Psychoanalyse und dem Entschluß, Bürger dieses Landes zu werden, einen Unterschied. Der aufmerksame Leser wird sicher bemerkt haben, daß die von mir angeführten Freudschen Termini deskriptiv bleiben. Deskriptionen aber können Erklärungen transportieren und Freudsche Kategorien den Weg zur Tiefendiagnose von Individuen und sozialen Gruppen zeigen; sie geben Hinweise auf die verborgenen Gefilde der unbewußten Motive und verdrängten Konflikte. Ein psychoanalytisch interessierter Historiker, der mit dem von Thomas zutage geförderten Material arbeitet, würde den von ihm bereits eingeschlagenen analytischen Weg einfach weiter gehen. Er würde sich fragen (und mit Belegen zu veranschaulichen suchen), was für ein Phantasieleben englische Gymnasiasten haben, die Hähne an einen Pfahl binden und zu Tode steinigen, oder auch Jäger, die auf zahme, ihnen von Wildhütern vor die Flinte getriebene Hirsche schießen. Er würde vermuten, daß die Verbindlichkeit

---

170 »Ich habe mir niemals mit Bewußtsein vorgenommen, psychoanalytische Begriffe auf die Geschichtswissenschaft anzuwenden. Als junger Mann las ich einiges von Freud (ich glaube, *Das Unbehagen in der Kultur* hat mich am meisten interessiert) ... Aber meine Bewunderung für Freud selbst war immer recht eingeschränkt. Ich fand, daß er in großem Maße ein Kind seiner Zeit ist, und konnte nie recht glauben, daß seine Erkenntnisse universelle Geltung haben sollen, obgleich sie die Vorstellungskraft mächtig anregen. Das heißt nicht, daß ich nicht unter ihrem Einfluß gestanden hätte, zum Teil wahrscheinlich, ohne daß ich es richtig merkte. (...) Aber *bewußt* habe ich mit der Psychoanalyse nur ganz ganz wenig gearbeitet.« (Persönliche Mitteilung vom 31. März 1984)
171 Thomas, *Man and the Natural World*, S. 50, 183.

und Leutseligkeit, mit der wohlerzogene Engländer sich zu den Kolonialvölkern herabließen, für eine primitive psychische Taktik steht. Beim haßerfüllten und intoleranten Vivisektionsgegner des 19. Jahrhunderts würde er den Abwehrmechanismus der Reaktionsbildung – die krampfhafte unbewußte Verleugnung des Sadismus durch Übertreibung des entgegengesetzten Verhaltens – ausfindig machen. Aufspüren würde er auch (so die vorsichtige und mit schuldigem Respekt für die Zweideutigkeiten der menschlichen Entwicklungsgeschichte gehegte Hoffnung) signifikante Ähnlichkeiten zwischen dem an Einfluß gewinnenden wissenschaftlichen Weltbild, in dem die Natur nicht als Diener des Menschen, sondern als etwas von ihm Unabhängiges figuriert, und dem mühsamen psychischen Reifeprozeß, in welchem das Kind lernt, sich von seinen Pflegepersonen zu lösen und auf sein geliebtes, ganz und gar phantastisches Omnipotenzgefühl zu verzichten. Die Ära naiver Gewalt und Grausamkeit entspräche dann der Phase, in der den aggressiven Strebungen die Zügel locker gelassen werden (nicht zuletzt deswegen, weil so viele am Rande des Existenzminimums leben und sich daher die Sublimierung ihres Hasses nicht leisten können, während die wenigen, die als Krieger gut zu leben haben, ihn nicht zu sublimieren brauchen). Die Ära zunehmender Menschlichkeit und Gewaltfreiheit, in der mehr Wohlstand herrscht und die aristokratischen Werte unter heftigen Beschuß geraten, entspräche der Phase, in der die Sublimierung sowohl möglich wie auch unabdinglich wird.[172] Mit Sicherheit hätten solche

---

[172] Diese psychoanalytische Spekulation soll nicht etwa zur Selbstgefälligkeit ermuntern. Der Historiker ist kein Sittenrichter, obgleich es natürlich keinerlei Grund gibt, weshalb er die Ausbreitung von Anstand und Menschlichkeit nicht begrüßen sollte. Unabhängig aber von der eigenen Stellung des Historikers zu Fragen der Ethik trifft in jedem Fall zu, daß die Sublimierung – wie Thomas zu Recht anmerkt – danebengehen und das Erwachsenenalter weniger attraktiv als die Kindheit sein kann. Der Wechsel in der Einstellung der Engländer zu Tieren war beileibe kein reiner, unzweideutiger Segen. Selbstbeherrschung und Interesse für die Leiden anderer forderten ihren Preis: Zensur, Prüderie sowie etwas, das Charles Dickens in seinem Roman *Bleakhaus* sarkastisch »Teleskop-Philantropie« genannt hat: die Verschwendung karitativer Liebesdienste an weit entfernte, oft undankbare

Parallelen den Psychohistoriker ermutigt, jenen Anteil der gesellschaftlichen Kräfte an den psychischen Repräsentanzen, den Thomas auf seine Weise so meisterhaft herausgearbeitet hat, genauer zu reflektieren.

3 Das hartnäckige Selbst

In dem Argument, daß der Mensch von Natur aus ein Kulturwesen ist, steckt viel Wahrheit, aber – wie Freud immer wieder bekräftigt hat – nicht die ganze Wahrheit. Die Analytiker haben immer an ihrem Interesse für die Einzigartigkeit des Individuums, für sein tapferes Ringen um Integrität festgehalten. Ihr Eintreten für das hartnäckige Selbst ist in den letzten Jahrzehnten in einer Reihe von hervorragenden Aufsätzen vehement verteidigt worden, und auch ich habe mich in meiner Erörterung über Triebe und Triebschicksale schon dafür stark gemacht. Da aber die Diskussion, zu der diese Beiträge gehören, ohne die Historiker stattgefunden hat, mag es angebracht sein, den Gedankengang der Autoren noch einmal zu rekapitulieren. Der vermutlich provokanteste Ansatz zu einer ausgewogenen – und für den Historiker höchst nützlichen – Betrachtung des Verhältnisses zwischen menschlicher Natur und Kultur stammt von dem Soziologen Dennis H. Wrong, der in einem Aufsatz von 1961 bei seinen Kollegen ein »übersozialisiertes Menschenbild« diagnostizierte. Sein Titel, mit dem er der zeitgenössischen Sozialwissenschaft einen neuen Fachterminus bescherte, zeigt deutlich genug an, worauf er abzielt: Von ein paar offenen Häretikern abgesehen, hat Wrong zufolge die herrschende zeitgenössische Soziologie, für die als Paradebeispiel die Schriften von

---

Eingeborenenstämme bei gleichzeitiger Vernachlässigung der Armen, die einem näher sind. Psychoanalytiker könnten dem nur beipflichten. Freud, der kein Feind der Zivilisation oder der Triebsublimierung war, war fest davon überzeugt, daß der bürgerliche Mittelstand seine Selbstdisziplinierung und sexuelle Enthaltsamkeit bis zur neurotischen Erkrankung getrieben hatte (in meinem Buch *Erziehung der Sinne* schränke ich dieses Urteil ein).

Talcott Parsons stehen, die gesellschaftliche Ordnung immer mit der Fähigkeit des Menschen erklärt, die Normen der jeweiligen Kultur zu internalisieren. Seine spezifische Gestalt erhält der Mensch danach ausschließlich von den ihn umgebenden übermächtigen Institutionen. Er reagiert also nicht nur in einem natürlichen Reflex auf äußere Kräfte, sprich: die obrigkeitliche Gewalt, die ihm Angst einjagt und ihn zum Nachgeben zwingt; sondern er verinnerlicht die gesellschaftlichen Spielregeln. Verstieße er gegen sie, würde er Schuldgefühle empfinden.[173]

In einem derart übersozialisierten Menschenbild aber, so stellt Wrong mit Bedauern fest, wird der psychische Prozeß der »Verinnerlichung stillschweigend mit ›Lernen‹ oder gar mit ›Gewohnheitsbildung‹ im einfachsten Sinne gleichgesetzt«. Dieser katastrophale Schematismus läßt »das gesamte Interesse« der Psychoanalyse »am inneren Konflikt – am Spannungsverhältnis zwischen mächtigen Triebregungen und der Kontrolle durch das Überich«, außer acht. Nach Freuds Überzeugung, so Wrong, ist dieser Konflikt von entscheidender Bedeutung und unverkennbar erheblich subtiler, dem menschlichen Erleben weitaus angemessener als jener andere, den die von Wrong kritisierten Soziologen vertreten. Ihnen zufolge schließt der einzelne mit der Anpassung des Gefühlslebens irgendwann seinen Frieden; die Psychoanalyse hingegen zeigt, daß der friedenswillige Mensch im Zweifelsfall viel stärker leidet als der nonkonformistische, halsstarrige Abweichler. »Nach Freuds Ansicht ist gerade der Mensch mit dem strengsten Überich, der die Normen seiner Gesellschaft am gründlichsten verinnerlicht

---

173 Wrong, »The Oversocialized Conception of Man in Modern Sociology« (1961), in: ders., *Skeptical Sociology* (1976), S. 31-46, besonders S. 37. Siehe auch Wrongs »Postscript 1975« und den thematisch verwandten Artikel »Human Nature and the Perspective of Sociology« (1963), *ibid.*, S. 47-54, 55-70. Ein wenig bekümmert schreibt Wrong, der erste Artikel habe mit seinem attraktiven Titel mehr Beachtung gefunden als alles, was er sonst geschrieben hat. Es gibt freilich gute Gründe für diese (sicher betrübliche) selektive Wahrnehmung: Sein Aufsatz über das übersozialisierte Menschenbild ist einfach ein wichtiges Korrektiv für jeden Soziologen – und Historiker.

und sich ihnen total angepaßt hat, am meisten durch Schuldgefühle und Angst zerrüttet.«[174]

Diese finstere psychologische Ironie bleibt Sozialwissenschaftlern, die sich von der Fähigkeit der Kultur zur Integration ihrer verschiedenen Anteile allzu sehr beeindrucken lassen, zwangsläufig verschlossen. Daß überall, sowohl in der Gesellschaft wie im Individuum, Konflikte herrschen, muß ihnen ein Geheimnis bleiben, das man nur schlechtmachen oder wegerklären kann. Freud hat nämlich gesehen, was diese Soziologen nicht sehen: daß der Konflikt das Normale und gerade nicht das Abweichende ist. Fast mutwillig verschließen sie die Augen vor den Zwängen der unbewußten Bedürfnisse, vor dem Drängen des Lustprinzips. Die »Grunderkenntnis« der Psychoanalyse besteht darin, daß »Wunsch, Gefühl und Phantasie im Erleben des Menschen genauso viel Gewicht haben wie das Handeln«. Den meisten Sozialwissenschaftlern ist die Formbarkeit des Menschen, sein Verlangen nach der Zustimmung anderer Menschen, so wichtig geworden, daß sie das hartnäckige Selbst aus dem Blick verloren haben. »Wenn Freud«, so schließt Wrong, »die Psychoanalyse als Studium der ›Triebschicksale‹ bezeichnet, so hat er damit jene ›Plastizität‹ der menschlichen Natur, auf die die Sozialwissenschaftler so viel Wert legen, nicht etwa negiert, sondern affirmiert. Die Triebe der Psychoanalyse sind keine fixen Verhaltensdispositionen; sie werden grundsätzlich in soziale Bahnen gelenkt und umgestaltet und könnten ohne die gesellschaftliche Umformung gar nicht ins Verhalten eingehen.« Ohne jeden Zweifel ist »für die Psychoanalyse der Mensch ein Gesellschaftswesen; seine soziale Natur spiegelt sich sogar noch in seiner körperlichen Struktur«. Dennoch bleiben zwischen Freuds Auffassung und jener der meisten Soziologen tiefgreifende Unterschiede. »Nach Freuds Überzeugung ist der Mensch ein *soziales*, aber nicht unbedingt ein durch und durch *sozialisiertes* Wesen. Seine gesellschaftliche Natur führt ihrerseits zu Konflikten und Widersprüchen, die in allen menschlichen Gesell-

---

[174] *Ibid.*, S. 36, 37.

schaften den Widerstand gegen die den jeweiligen Normen entsprechende Sozialisierung auf den Plan rufen.«[175] Ärgerlich ist die soziologische Fehlinterpretation der menschlichen Natur besonders deshalb, weil sie auch die Psychoanalyse falsch auslegt, weil sie Freud, den diese Sozialwissenschaftler doch ihrer Ansicht nach sorgfältig und mit Gewinn studiert haben, in seinem eigenen Namen Gewalt antut.

Etwa sechs Jahre bevor Dennis Wrong seinen pointierten, wirkungsvollen Protest gegen eine Theorie vom Menschen einlegte, die den einzelnen in seiner sozialen Umwelt schlechterdings ertränkt, war Lionel Trilling aus der Sicht der Literatur zu denselben Schlußfolgerungen gekommen. Trilling macht sich Gedanken über die zentrale Rolle, die Freud für die moderne Vorstellung von Kultur gespielt hat, und würdigt Freuds Interesse an der Biologie, in dem er eine unvergleichliche Schützenhilfe für das bedrohte Individuum sieht. Gewiß, so Trilling, hat Freud »unmißverständlich gesagt, daß die Kultur noch in die entlegensten psychischen Winkel des einzelnen hineinflutet, weil sie fast im Wortsinn mit der Muttermilch eingesogen wird«. Obgleich er aber den Einzelmenschen bis ins Mark von Kultur durchdrungen sieht, »schwingt in seiner Darstellung der Kultur unüberhörbar etwas wie Erbitterung und Widerstand mit«. Seine »Auffassung von der Kultur ist geprägt« von einem mächtigen »*Feind*-Bewußtsein«, einer »Empörung«, einem »tragischen Widerstreben«. Zwar wird das Selbst bei Freud »von der Kultur geformt«, doch steht es zugleich »im Gegensatz zur Kultur, im Kampf mit ihr, von Beginn an nur widerwillig bereit, sich in sie zu integrieren«.[176] Kurz, die Kultur ist ineins unentbehrlich und erdrückend. Was den einzelnen vielleicht aus dieser unheilvollen Umarmung rettet, sind seine Triebbedürfnisse; wenn Freud also die konstitutionelle, rastlose Suche der Triebe nach Lust hervorhebt, so ist das »so weit von einem reaktionären Gedanken entfernt, daß man es schon als befreienden Gedanken bezeichnen

---
175 *Ibid.*, S. 45.
176 Trilling, *Freud and the Crisis of Our Culture* (1955), S. 36, 38-39.

kann. Er besagt nämlich, daß die Kultur nicht allmächtig ist, daß es einen Rest Menschsein jenseits des kulturellen Zugriffs gibt«. Der Sucht nach Vergemeinschaftung, von der sogar gebildete Menschen befallen werden, ihrem sehnlichen Wunsch, »Nonkonformisten unter anderen« zu sein, kann man nur mit dem entschlossenen Widerstand gegen die »kulturelle Allmacht« begegnen.

Dieser Widerstand bezieht seine Stärke aus der Freudschen Überlegung, daß »irgendwo im Kind und im Erwachsenen ein harter, irreduzibler, hartnäckiger Kern biologischer *Vernunft* steckt, an den die Kultur nicht herankommt und der sich das Recht vorbehält (bzw. früher oder später auch herausnimmt), über die Kultur zu urteilen, sich gegen sie zu wehren und sie zu ändern.«[177] Das ist nicht nur schön und eindringlich gesagt, es trifft auch genau das, was Freud sein Leben lang über die dialektische Vermittlung von Individuum und Kultur gedacht hat. Man braucht bloß die Fallgeschichten zu lesen, um zu sehen, wie richtig Lionel Trilling (und mit ihm Dennis Wrong) die Freudsche Vorstellung von der menschlichen Natur sieht: Alle Analysanden, über die es nach Freuds Meinung zu schreiben lohnte, sind ineins Menschen mit unverkennbar eigenen Zügen und Repräsentanten kollektiver Erfahrungen; sie sind ebenso Opfer der anderen wie Opfer ihrer selbst.

Nicht anders als die Analytiker, wenngleich aus den besonderen Gründen ihres eigenen Faches, halten sich die Historiker, wenn sie den Wandteppich der Geschichte betrachten, an den Faden der In-

---

177 *Ibid.*, S. 48, 52-54. Siehe auch den autobiographischen Beitrag von Melford E. Spiro, »Culture and Human Nature«, in: George D. Spindler (Hrsg.), *The Making of Psychological Anthropology* (1978), S. 330-60. Spiro berichtet hier von seiner allmählichen Ablösung von dem bei Anthropologen beliebten dogmatischen Kulturdeterminismus und seiner Hinwendung zu Freuds weit differenzierterem Determinismus, der den Konstanten der menschlichen Natur eine zentrale, ja unverzichtbare Rolle zuweist. Eine vernichtende Kritik des von Spiro mit Erfolg überwundenen Kulturdeterminismus liefert Derek Freeman, der Margaret Meads Feldforschungen einer fast schon zu heftig sezierenden, aber aufschlußreichen Analyse unterzieht (*Margaret Mead and Samoa: The Making and Unmaking of an Anthropological Myth* [1983]; dtsch.: *Liebe ohne Aggression. Margaret Meads Legende von der Friedfertigkeit der Naturvölker* [1983]).

dividualität. Der moderne Historiker mag es noch so wenig auf Historismus abgesehen haben, er kann gar nicht anders, als zu individualisieren und an jeder Persönlichkeit, jedem Ereignis, jeder Epoche der Geschichte das Einzigartige herauszuarbeiten. Alles übrige, wird er sagen, ist Soziologie. Mit seinem Individualisieren aber befindet er sich ständig in der Defensive; muß er doch allenthalben verallgemeinern, ein größeres Ganzes – Familie, Beruf, Klasse – voraussetzen und nachweisen. Hier nämlich dringen die oben erwähnten kollektiven Erfahrungen darauf, daß sie zur Kenntnis genommen und in ihrer Allgemeinheit dargestellt werden.[178] Selbst der vergleichende Historiker, der seinen in Gesamtschau geübten Blick über die verschiedenen Gegenstände gleiten läßt, muß sich ebensosehr um das den eigentlich disparaten Vergleichsgrößen Gemeinsame wie um das sie Unterscheidende kümmern. Allgemeinbegriffe sind für den Historiker ohne Frage bequem; sie ersparen Forschungsarbeit und erleichtern die Mitteilung der Ergebnisse. Sollen sie aber mehr sein als nur rhetorische Tricks, dann müssen sie auf der Überzeugung beruhen, daß sie wirklich Wesensverwandtes, vielleicht gar Identisches, und zugleich das zwischen den einzelnen Mitgliedern des Kollektivs und diesem selbst beständig – und nachvollziehbar – Vermittelnde fassen.

Die Versuchung ist groß, solches Nachdenken über Fragen der Geschichtsschreibung als Spiel mit banalen Problemen abzutun, die jeder Historiker mit einiger Berufserfahrung fast intuitiv selber lösen kann. Die Probleme sind aber nur allzu wirklich und – wenn auch kaum beachtet – drängend genug. Besonders hartnäckig tauchen sie bei der Analyse von gesellschaftlich vorherrschenden Denkweisen und Idealen auf. Daß bestimmte Vorstellungen über

---

178 Zu diesem Problem schreibt der bekannte Althistoriker Chester G. Starr: »Wenn man eine Vielzahl von nach Ort und Zeit unterschiedenen Ereignissen im Bindegewebe allgemeiner Aussagen miteinander verknüpft, so reduziert man damit die Einzigartigkeit dieser Ereignisse, denn verallgemeinern kann man nur dort, wo es verbindliche Ähnlichkeiten gibt.« (»Reflections upon the Problem of Generalization«, in: Louis Gottschalk [Hrs.], *Generalization in the Writing of History* [1963], S. 3)

den Menschen, die Natur und das Schicksal von vielen geteilt werden, daß sie nachhaltigen Einfluß auf die Menschen haben, weil sie sie von den ersten Wahrnehmungen an als kulturelle Signale in sich aufnehmen, wird kaum jemand leugnen: Davon zeugt nicht zuletzt die neuere Hochkonjunktur des französischen Begriffs *mentalité*, der nur eine modernisierte Fassung des alten Wortes *Zeitgeist* darstellt. Der spezifische Beitrag der Psychoanalyse zum Studium der *mentalité* (eines Allgemeinbegriffs par excellence) besteht in der Entdeckung jener verborgenen Konflikte und unsichtbaren Zwänge, die auf die Entwicklung des menschlichen Seelenlebens Einfluß nehmen. Kollektive Denkweisen, so der Psychoanalytiker, sind immer – wenigstens zum Teil – kollektive Wahnvorstellungen und Phantasien.[179]

Die in dieser Debatte aufgeworfenen Probleme sind so heikel und so schwerwiegend, daß ich hier noch einmal zusammenfassen möchte, welche aussichtsreichen Vermittlungen zwischen Individual- und Sozialpsychologie in den Wissenschaften vom Menschen und von der Gesellschaft es eigentlich gibt. Der Historiker kann erstens an die eher rudimentäre Freudsche Sozialpsychologie anknüpfen, die Zusammenhalt und Handeln der Masse mit der wechselseitigen Identifikation, der Freisetzung von ansonsten gebändigten Triebregungen durch das Aufgehen im Kollektiv und dem Wechsel der Masse von ursprünglichen Zwecken zu neuen, ureigenen Zwecken erklärt, und sie zu Ende denken. Er kann außerdem auf die psychoanalytische Vorstellung von der menschlichen Natur als einem beeindruckend reichhaltigen, aber doch streng begrenzten Repertoire an Wünschen, Gefühlen und Ängsten rekurrieren und davon ausgehend – behutsam sowie ständig auf Abweichungen gefaßt – prognostizieren, wie Kollektive in aller Regel denken und handeln. Er kann auch dem Freudschen Entwicklungsschema fol-

---

179 Siehe D.W. Winnicott, »Transitional Objects and Transitional Phenomena« (1951), in: ders., *Through Paediatrics to Psycho-Analysis* (1958; 1975); dtsch.: »Übergangsobjekte und Übergangsphänomene«, in: *Von der Kinderheilkunde zur Psychoanalyse* (1983), S. 300-19.

gen, das vorführt, wie der einzelne die Konventionen, Denkweisen und Verbote der Gesellschaft internalisiert und wie die Kultur – hauptsächlich auf dem Wege über die ihm vertrauten Personen – seinen rohen Trieben, verborgenen Wünschen und vagen Ängsten eine Richtung weist. Er kann sich schließlich an die von Erik Erikson in *Der junge Mann Luther* entwickelten und popularisierten Verfahren halten und sich auf Charakter und Schicksal einer großen Persönlichkeit konzentrieren, die nach der festen Überzeugung des Autors die fundamentalen Spannungen ihrer Zeit sowie die Wesenszüge ihrer Zeitgenossen in beispielhafter Deutlichkeit oder in neurotischer, aber aufschlußreicher Zuspitzung spiegelt und zum Ausdruck bringt.

Diese letztere Arbeitsweise, bei der Historiker das Ganze der Kultur aus den Zügen eines Einzelmenschen herausliest, hat ebenso ihre Tücken wie ihre Chancen; wieviel sie bringt, hängt weit mehr von der sorgfältigen historischen Erforschung der ihn umgebenden sozialen Lebenswelt ab als von der Diagnose über seine Charakterstruktur. Zu den weiterführenden Arbeiten dieser Art zählt nach meinem Dafürhalten auch Arthur Mitzmans *Iron Cage*, eine historische und psychoanalytische Interpretation Max Webers. Nach Mitzmans Deutung von Webers qualvollem Seelenleben, zu dem die mühsame Auflehnung gegen den Vater ebenso gehört wie der endlose psychotische Zerfall, spiegeln seine privatesten Dilemmata nur die Probleme einer rigiden und repressiven Kultur wider, die – zumindest bei einem rastlosen Forschergeist, wie Weber ihn hatte – die radikale Auflehnung gegen die Autorität eins provozierte und erbarmungslos bestrafte. Als letztes kann sich der psychoanalytisch orientierte, an einer Sozialpsychologie interessierte Historiker, der nach den Spuren der Kultur im Individuum und des Individuums in der Kultur sucht, auch auf die Analyse der Abwehrmechanismen stützen, die dem einzelnen und der Kultur das Leben möglich machen.[180]

---

180 Mitzman, *The Iron Cage: An Historical Interpretation of Max Weber* (1970). Ebenso behutsam arbeitet Thomas A. Kohut in seinem Aufsatz »Kaiser Wilhelm II and his

Ich habe Freud mit Passagen zitiert, in denen er darauf vertraut, daß seine Entdeckungen den Weg zum Verständnis der Gesellschaft ebnen, weil sie erklären, wie das Seelenleben des einzelnen funktioniert. Er bekräftig diese Überzeugung in seinen letzten Lebensjahren, und zwar in der 1935 geschriebenen Nachschrift zu einer zehn Jahre zuvor veröffentlichten kurzen Autobiographie. Als fast Achtzigjähriger kann er auf ein halbes Jahrhundert zurückblicken, in dem er über den Menschen in der Kultur nachgedacht und viele Denkanstöße zu dieser Frage gegeben hat. »Nach dem lebenslangen Umweg über die Naturwissenschaften, Medizin und Psychotherapie«, so schreibt er, »war mein Interesse zu jenen kulturellen Problemen zurückgekehrt, die dereinst den kaum zum Denken erwachten Jüngling gefesselt hatten.« Bereits im Jahr 1912, erinnert er sich, hat er in *Totem und Tabu* die Ursprünge der Religion aus psychoanalytischer Sicht erforscht; in den 20er Jahren setzt er diese Arbeit mit zwei Essays – *Die Zukunft einer Illusion* und *Das Unbehagen in der Kultur* – fort. Geholfen hat ihm die Erkenntnis, »daß die Geschehnisse der Menschheitsgeschichte, die Wechselwirkungen zwischen Menschennatur, Kulturentwicklung und jenen Niederschlägen urzeitlicher Erlebnisse, als deren Vertretung sich die Religion vordrängt, nur die Spiegelung der dynamischen Konflikte zwischen Ich, Es und Über-Ich sind, welche die Psychoanalyse beim Einzelmenschen studiert, die gleichen Vorgänge, auf einer weiteren Bühne wiederholt.«[181] Daß es einen Weg von der Couch zur Kultur gibt, daran hat Freud nie gezweifelt. Der Historiker, der Freuds Denkschritte nachvollzieht, wird sich dieser Über-

---

parents: an inquiry into the psychological roots of German policy towards England before the First World War«, in: John C.G. Röhl und Nicolaus Sombart (Hrsg.), *Kaiser Wilhelm II: New Interpretations* (1982), S. 63-89. Einen gewagteren und deshalb fragwürdigeren Versuch, die Außenpolitik aus dem Charakter der regierenden Politiker abzuleiten, unternimmt Judith M. Hughes in ihrem Buch *Emotion and High Politics: Personal Relations in Late Nineteenth-Century Britain and Germany* (1983). Allgemein erörtert wird das Problem bei John E. Mack, »Psychoanalysis and Historical Biography«, in: *Journal of the American Psychoanalytic Association*, XIX (1971), S. 143-79.

181 Freud, »Selbstdarstellung; Nachschrift 1935« (1936), *GW XVI*, S. 32-33.

zeugung anschließen, jedoch hinzufügen, daß die Analytiker ihm viel Arbeit übriggelassen haben. Ihr Weg ist weder vollständig gepflastert noch ausreichend kartographiert. In Händen hat der Historiker nur eine vage Skizze, in die er seine eigenen Forschungsergebnisse eintragen, die er mit seinen Mitteln ausfüllen muß. Vielleicht reicht es ihm als Aufmunterung zu wissen, daß die Freudsche Lehre ihn mit Landkarte und Hilfsmitteln versorgt und daß es in dem schwierigen Grenzgebiet, wo Individual- und Sozialpsychologie aufeinandertreffen und sich vermischen, gerade der Psychoanalyse gelungen ist, ein gesundes Gleichgewicht zwischen einerseits dem sozialen Anteil im Seelenleben des einzelnen und andererseits dem hartnäckigen und einzigartigen Selbst herzustellen.

VI
Die Einlösung des Programms

1 Gedanken zum historischen Material

Nachdem jedes Bollwerk der Historiker zerstört und auch die Festung des gesunden Menschenverstands gestürmt ist, wird noch aus einem einzigen Widerstandsnest auf den Freudschen Angreifer gefeuert: Die Aufforderung, die Psychoanalyse in die historische Forschung und Deutung zu integrieren, könnte sich doch schließlich als unpraktikabel erweisen. Selbst der Historiker, der sich eingestandenermaßen von den vorangegangenen Kapiteln hat überzeugen lassen, hält mit der einen oder anderen Begründung an diesem letzten Zweifel fest. Alles sonst erkennt er an: daß seine Disziplin von einer wissenschaftlichen Psychologie profitieren kann; daß die Psychoanalyse genau eine solche Hilfsdisziplin darstellt; daß die psychoanalytische Auffassung von der menschlichen Natur sich im Grunde mit seinen eigenen stillschweigenden Annahmen deckt; daß die Psychoanalyse seinen Blick sowohl für das traditionsgebundene, irrationale Denken und Verhalten, wie auch für das rationale Eigeninteresse schärfen kann; und daß der sprichwörtliche Individualismus der Psychoanalyse die historische Erforschung kollektiver Prozesse nicht etwa vereitelt, sondern fundieren hilft. Aber dann besinnt er sich auf seinen bevorzugten und (wie er meint) schlechterdings vernichtenden kritischen Vorbehalt: daß sich letzten Endes die Toten nicht analysieren lassen.

Wie ich von Beginn an eingeräumt habe, ist dies mehr als nur ein schlauer Obstruktionsversuch. Die Vergangenheit (einzelner oder vieler Menschen) ist nun mal kein Patient. Klio auf der Couch reagiert auf keine Deutung und kennt keine Übertragung auf den Analytiker. Sie liegt einfach nur da. Wie sehr ihre hartnäckige, widerspenstige Passivität entmutigen kann, demonstrieren die psychohistorischen Schriften allenthalben. Ganz unbestreitbar ist das, was psychoanalytisch orientierte Historiker, allen voran Freud selbst, an historischem Material zusammengetragen haben, nicht im mindesten vertrauenerweckend. David Stannard war gut beraten, als er sich im Eingangskapitel zu seiner Polemik gegen die Psychohistorie – und Psychoanalyse – ausgerechnet Freuds Schrift über Leonardo da Vinci vornahm. Die Mängel dieses Essays, der ganz unverhohlen den ersten Erkundungen dient, sind zur Genüge dargestellt worden: Bei seiner Analyse der einzigen, quälenden Kindheitserinnerung, die Leonardo seinen Notizheften anvertraute, hat Freud ein falsch übersetztes Wort zum Angelpunkt seiner Deutung gemacht. Der Vogel, der – wie Leonardo viele Jahre später erinnert – zu seiner Wiege geflogen kam, ihm den Mund mit dem Schwanz öffnete und viele Male gegen seine Lippen stieß, war nicht – wie Freud annimmt – ein Geier, sondern ein Milan. Nur diesem verfilzten Strang in seinem komplizierten Gedankengeflecht über Leonardos psychische Entwicklung – der Feststellung, daß Geier in der ägyptischen Mythologie mütterliche und androgyne Konnotationen hat – verdankt Freud seine weit ausgreifenden Spekulationen; der Milan hingegen ist einfach ein Vogel. Und wenn Freud aus dem jugendlichen Aussehen der heiligen Anna in Leonardos berühmter Darstellung der Jungfrau Maria mit Mutter und Kind (Heilige Anna selbdritt) direkte Rückschlüsse auf die Biographie zieht, dann vernachlässigt er die Tatsache, daß zur Zeit Leonardos die Darstellung der heiligen Anna als junger Frau durchaus künstlerische Konvention war.

Den Kritikern der Psychohistorie hat das natürlich willkommene Munition verschafft. Die eigentlichen Triebkräfte für die Abfassung der Leonardo-Studie aber lagen – jenseits des Reizes, den für Freud die faszinierende und geheimnisvolle seelische Entwicklung eines von ihm hochverehrten Künstlers hatte – in seinem Interesse an Charakterbildung und Entstehung der Homosexualität. »Eine Kindheitserinnerung des Leonardo da Vinci« will keine Psychobiographie sein und kann daher auch nicht als Testfall für die Anwendungsmöglichkeiten der Psychoanalyse in der Geschichtswissenschaft dienen.[182] Gleichwohl ist diese Schrift alles andere als ein vielversprechender Anfang. Auch spätere Versuche von Psychoanalytikern waren kaum dazu angetan, die vielen Bedenken zu zerstreuen. Erik Eriksons richtungweisende Luther-Psychobiographie, die – wie schon erwähnt – Mitte der 50er Jahre den eigentlichen Beginn der Psychohistorie markiert, ist ein bewegendes, aus dem Fundus der Weisheit schöpfendes Buch; die Gedanken, die sich der reife Erikson über den heranwachsenden jungen Luther macht, geben die Sicht des einfühlsamen und gebildeten Analytikers wieder, der sich von Berufs wegen bemüht, das ebenso herzzerreißende wie faszinierende Schicksal begabter, zutiefst gestörter junger Menschen zu erleichtern. Unzweifelhaft kann das von Erikson in seinem Eingangskapitel entworfene Programm für eine Zusammenarbeit zwischen Psychoanalytiker und Historiker als Modell gelten. Gleichwohl stellt Martin Luther – so reizvoll er als Thema sein mag – alles andere als einen glücklichen Testfall für dieses Programm dar: es steht ja keineswegs fest, daß Luthers Schlüsselerlebnisse, auf die sein psychoanalytischer Biograph sich hauptsächlich bezieht, genau so aussahen, wie sie später überliefert wurden, oder daß sie überhaupt stattgefunden haben.[183] Überdies fehlt es den beflissenen Erikson-Epigonen zumeist an seiner Geisteskraft und Darstellungskunst.

---

182 »Freuds Fehlinterpretation von Leonardo – und mehr als einmal räumt er den spekulativen Charakter seines Versuchs ein – geht zum Teil darauf zurück, daß er bestimmte Fakten ignoriert oder mißdeutet. Seine falschen Schlüsse implizieren nicht, daß die psychoanalytische Theorie irrt; die Leonardo-Studie, ein brilliantes *jeu d'esprit*, ist keine wirkliche Probe auf seine Theorie, die hier falsch angewendet wird.« (Meyer Schapiro, »Leonardo and Freud: An Art-Historical Study«, in: *Journal of the History of Ideas*, XVII, 2 [April 1956], S. 178) Auf Schapiros scharfsinnige und zurückhaltende Kritik antwortet der Psychoanalytiker Kurt Eissler ausführlich und keineswegs aggressiv, allerdings entrüstet (und daher abwehrend) in seinem Buch *Leonardo da Vinci: Psychoanalytic Notes on the Enigma* (1961; dtsch.: *Leonardo da Vinci: Psychoanalytische Notizen zu einem Rätsel* [1992]). Eine kluge Auseinandersetzung mit Freuds Schrift (einschließlich der peinlichen Verwechslung von Milan und Geier) bietet die Anmerkung des Herausgebers zu »Leonardo« in der *Standard Edition*, Bd. XI (1957), S. 59-62.

183 Vgl. Roger A. Johnson (Hrs.), *Psychohistory and Religion: The Case of »Young Man*

Was die Arbeit der Psychohistoriker noch zusätzlich erschwert und die skeptischen Historiker in ihrer Skepsis bestärkt, ist der Umstand, daß nach den wenig überzeugenden Streifzügen der Psychoanalytiker durch die Psychohistorie die Historiker, die in dasselbe dunkle und gefahrvolle Gebiet eindrangen, sich nicht besser angestellt haben. Es hat wenig Sinn, die seit Mitte der 50er Jahre erschienenen psychohistorischen Schriften in Bausch und Bogen zu kritisieren; jede von ihnen hat ihre Eigenart, und alle zusammen ergeben keineswegs ein völlig hoffnungsloses Bild. Was die Historiker angeht, so konnte es ihnen nur recht sein, wenn diese provozierende Literatur ihrem Widerstand immer neue Nahrung bot. In ihren gallebitteren Interpretationen haben die Psychohistoriker den Fehler gemacht, sorgfältig aufgebaute politische Theorien als den planen Reflex zweideutiger sexueller Identifikationen wegzuerklären oder signifikante Verschiebungen in den Familienbeziehungen zu ödipalen Kampforgien herabzusetzen. Im Grunde sind diese Arbeiten selten so drastisch, selten so vulgär, wie es ihre irritierten und unduldsamen Rezensenten gern beklagen. Dennoch haben die psychohistorischen Einzel- und Gesamtdarstellungen allzu oft der reduktionistischen Versuchung nachgegeben – auch wenn die Autoren sich glaubhaft davon distanzieren.[184] Der Reduktionismus scheint ein so hartnäckiger Mangel der Psychohistorie zu sein, daß die Historiker ihn für einen regelrechten Webfehler, einen unausrottbaren und zwangsläufigen Materialfehler gehalten haben.

Luther« (1977), darin neben anderen Aufsätzen auch Roland Baintons ausführliche und vernichtende Kritik des Eriksonschen Buches.

184 So schreibt etwa Isaac Kramnick im Vorwort seines Buches *The Rage of Edmund Burke: Portrait of an Ambivalent Conservative* (1977): »Untersucht werden soll hier die Beziehung zwischen Burkes Leben, Persönlichkeit und sozialem Denken.« Und Bruce Mazlish betont in der Einleitung zu seiner Studie über *James and John Stuart Mill: Father and Son in the Nineteenth Century* (1975): »John Stuart Mill ist kein Patient, und die Psychohistorie, so wie sie mir vorschwebt, will ihn nicht als solchen behandeln.« (S. 8) Der Leser kann sich aber zu Recht fragen, ob diese lobenswerten Vorsätze bis ins letzte eingelöst worden sind. (Siehe Peter Gay, *Education of the Senses*, S. 465; im gekürzten biographischen Essay der deutschen Übersetzung fehlen auf S. 499 die entsprechenden Sätze.)

Der Reduktionismus stellt aber eher ein Nebenprodukt als ein Wesensmerkmal der psychoanalytischen Geschichtsschreibung dar. Er ist die auffälligste unter den Kinderkrankheiten einer Disziplin, deren Kindheit zwar nun schon eine Weile dauert, die aber wohl weiterhin auf die Bewegungsfreiheit einer noch in der Erkundungsphase befindlichen Wissenschaft pochen wird. Zugegebenermaßen ist die Psychohistorie extrem anfällig für Schwarmgeister. Natürlich haben ihre mißlungenen Produkte – wie schlechte Arbeiten in anderen Zweigen der Geschichtswissenschaft auch – vielerlei Ursachen. Zu Recht aber, wenn auch nicht ohne Schadenfreude, weisen ihre Kritiker darauf hin, daß allzu viele Psychohistoriker jenem Reiz des Einfachen und Symmetrischen erliegen, den Historiker, die mit einem neuen und aufregenden Deutungsinstrumentarium arbeiten, immer besonders unwiderstehlich finden. Allerdings gibt es auch ausreichende theoretische und praktische Gegenmittel, mit denen man den Historiker gegen solche Zauberkräfte immunisieren kann.

Diese zuversichtliche (manche würden vielleicht sagen: sorglose) Feststellung bedarf der Erläuterung. Mit dem Terminus »Reduktionismus« ist bekanntlich ein Mißbrauch gemeint. Die Reduktion hingegen, die reflektierte Aufhebung einer bestimmten wissenschaftlichen Theorie in einer anderen, allgemeineren, ist ein durchaus anerkanntes wissenschaftliches Verfahren.[185] Ihre Legitimation bezieht sie aus dem – Wilhelm von Ockham zugeschriebenen – Prinzip der Ökonomie, dem zufolge der Wissenschaftler nicht unnötig viele Gesetze und Theorien aufstellen soll. Sofern sich bewußtes Denken und äußeres Geschehen durch weitgehend unbewußte Wünsche oder Konflikte tatsächlich erschöpfend erklären lassen, ist die psychoanalytische Reduktion also nicht reduktionistisch. Es geht dabei um ein ganz konkretes Problem: In der histo-

---

185 Die Reduktion »ist ein unleugbarer und immer wiederkehrender Wesenszug der modernen Wissenschaftsgeschichte. Es gibt allen Grund zur Annahme, daß diese Reduktion auch in Zukunft eine Rolle spielen wird.« (Ernest Nagel, *The Structure of Science: Problems in the Logic of Scientific Explanation* [1961], S. 336-37)

rischen Praxis können wir nur post festum und von Fall zu Fall entscheiden, ob eine Interpretation die Grenze zwischen zulässiger Ökonomie und unzulässiger Einfältigkeit überschritten hat. Eine historische Erklärung, die vom Primat der psychischen Faktoren ausgeht, ist nicht allein deshalb schon unglaubhaft. Wie alle Wissenschaftler wünscht auch der Historiker – seinem ganzen sorgsam gepflegten Interesse an der Vielfalt zum Trotz – nichts sehnlicher, als für zwei bereits vorhandene Erklärungen endlich eine einzige Erklärung zu finden. Gerade die Suche nach einem fest umrissenen und klaren Erklärungsschema hat die Psychohistoriker in die Arme einer gewollt einfältigen, gegen die Realitätsprüfung des Ich blinden primitiven Es Psychologie getrieben und sie genötigt, erwachsene historische Akteure zu bloßen Bündeln von fortwirkenden, unaufgelösten Kindheitssymptomen zu degradieren. Kurz, sie haben der treffenden Whiteheadschen Wissenschaftsmaxime – suche das Einfache und mißtraue ihm! – geradewegs zuwidergehandelt. Von diesem Schlage ist Freud nicht: Er zielt gleichermaßen darauf, Charakter und Verhalten des einzelnen unter allgemeine psychische Gesetze zu subsumieren und die Einzigartigkeit jedes Menschen zur Geltung zu bringen. Unter keinen Umständen will er andere daran hindern, menschliche Vielfalt und historische Besonderheit zu feiern; im Gegenteil, er hätte dafür noch den Champagner gestiftet.

Und zwar im Namen der Überdeterminierung. Dieses zentrale psychoanalytische Prinzip haben manche Kritiker nur als vorsichtiges Wegstehlen aus der Verantwortung begriffen. Wer also wild entschlossen ist, Freud Fehler nachzuweisen, wird sie finden. Bedenkenlos hat man ihn einerseits als einseitigen, einfältigen Dogmatiker beschimpft, der die Sexualität als einziges, berechenbares, allgegenwärtiges Kausalprinzip anpreist, und andererseits beschuldigt, sich in seiner Ratlosigkeit über das menschliche Drama hinter die verschwommen schimmernde Oberfläche der Multikausalität zurückzuziehen. Die Überdeterminierung meint im Grunde nichts anderes als die selbstverständliche Einsicht, daß alle historischen Ereignisse aus vielfältigen – vielfältigen, nicht unzähligen – Ursachen entstehen und daß jedes Bestandstück der historischen Erfahrung mit Sicherheit vielfältige – nicht unzählige – Funktionen hat.[186] Der Historiker, der aus einem reichen Fundus von – feinen und groben, unmittelbaren und fernliegenden – Kausalprinzipien schöpft und keines von ihnen zu kurz kommen lassen, aber alle in eine Ordnung bringen will, kann dieser Einsicht nur zustimmen. Suche das Komplexe, so können Historiker und Psychoanalytiker unisono sagen, suche das Komplexe und bändige es.

2 Mittel und Wege

Wenn Psychoanalytiker sich selbst durch den Kakao ziehen wollen, dann warnen sie gelegentlich auch vor voreiligen Schlüssen: »Ein Allgemeinurteil leite nie aus einem Einzelfall ab«, frotzeln sie dann, »nur aus zwei Fällen.« Zum Glück bietet die neuere historische Literatur mehr als zwei Beispiele dafür, wie psychoanalytische Einsichten zu Entdeckungen und Deutungen verhelfen können. Das Freudsche Instrumentarium ist ja hochdifferenziert und erstaunlich anpassungsfähig. In meiner eigenen Arbeit habe ich gelernt, wie verschieden der Historiker damit arbeiten kann. Er kann Themen entdecken, die trotz ihrer zentralen Bedeutung in der historischen Forschung aber lange Zeit an den Rand geschoben wurden: die in Kindheit, Familie und Kultur insgesamt nahezu unmerklich sich durchsetzenden verborgenen Fahrpläne sowie die insgeheim, aber unwiderstehlich das soziale und politische Leben durchdringenden libidinösen oder aggressiven Tendenzen. Er kann sich den Metaphern zuwenden, die dem kulturellen Diskurs seine besondere Färbung geben. Er kann die leidenschaftlichen, kaum

---

186 »Überdeterminierung heißt jedoch nicht, daß das Symptom oder der Traum einer unbestimmten Zahl von Deutungen zugänglich sind. (...) Überdeterminierung schließt auch nicht die Unabhängigkeit, die Parallelität verschiedener Bedeutungen ein und desselben Phänomens ein.« (J. Laplanche und J.-B. Pontalis, *Vocabulaire de la Psychanalyse* [1967]; dtsch.: *Das Vokabular der Psychoanalyse* [1973], S. 545)

verhohlenen Affektschübe betrachten, die ihre Spuren in Spielen und Festen (von der kruden Aggressivität der topfklappernden Hochzeits- bis zu den indirekten Botschaften der Initiationsriten) hinterlassen. Er kann auch analysieren, worüber die Gesellschaft ebenso unüberhörbar wie beredt schweigt. Nicht anders als Sherlock Holmes nämlich sagt sich der Analytiker, daß gerade der Hund, der nachts nicht gebellt hat, ein zwar widerwilliger, aber gut informierter Zeuge sein könnte. Die Psychoanalyse liefert Einfälle und – im richtigen Umfeld, bei genügend Selbstdisziplin – auch Techniken, die unverhofften Zugang zu kollektiven Phantasien, zu Träumen, Fehlleistungen und anderen Symptomhandlungen sowie zu den von Individuen und Institutionen unwillkürlich verfolgten Abwehrstrategien verschaffen. Sie schärft den Blick des Historikers für Quellenmaterial, das ohne ihre Theorie nutzlos, stumm und nichtssagend wäre.

Während der Arbeit an meinem Buch über die Liebe in der Gesellschaft des 19. Jahrhunderts habe ich auch den besorgten Feldzug gegen die Prostitution analysiert und dabei mit Überraschung festgestellt, wie verbreitet damals der Wunsch war, »gefallene Frauen« zu retten und sie für einen sittsamen und anständigen Lebenswandel zu gewinnen. Die Hingabe an dieses Rehabilitationsunternehmen war groß und bei den meisten Reformern ein bewußtes Bedürfnis. Sie begeisterte nicht erst die gegen Ende des 19. Jahrhunderts in den Großstädten der westlichen Gesellschaft gegründeten Untersuchungsausschüsse, sondern schon früher die Leiter von Wohnheimen und Besserungsanstalten für Prostituierte. Sie äußerte sich auch in dem tatkräftigen Mitgefühl von Charles Dickens und der – damals noch stadtbekannteren – Anteilnahme von William Ewart Gladstone, der durch die nächtlichen Straßen Londons zog und sich mit Traktätchen, frommen Sprüchen und Einladungen zu Besuchen bei seiner Ehefrau an junge Dirnen wandte. All diese Wohltätigkeitsanstrengungen gehören in den Zusammenhang des allgemeinen – sei's religiös, sei's weltlich motivierten – Besserungsbedürfnisses, das im Bürgertum des 19. Jahrhunderts verbreitet war. Einen Großteil ihrer Energie aber, so meine

Überzeugung, bezogen sie aus einem unbewußten Vorstellungsinhalt, nämlich aus der Rettungsphantasie, dem auf fremde Menschen gerichteten Erlösungswunsch, hinter dem sich seinerseits der weit mächtigere Wunsch nach Wiederherstellung der Reinheit der Mutter verbirgt (einer Mutter, die einerseits zum Engel stilisiert wird, andererseits hinter der verschlossenen Schlafzimmertür mit dem Vater geheimnisvolle und schreckliche Dinge treibt). Ohne meine Kenntnis der Freudschen Schriften wäre mir weder die hier virulente Rettungsphantasie aufgefallen, noch wäre ich darauf gestoßen, welche Höchstleistungen sie in einer zum Mitleid disponierten Kultur vollbringt.

Andere psychoanalytische Erkenntnisse und Techniken haben mir geholfen, Zusammenhänge nachzuvollziehen, die ich niemals gesehen hätte, sie haben mir Deutungen nahegelegt, auf die ich ohne ihre Unterstützung nie gekommen wäre. Private Tagebucheintragungen habe ich wie Assoziationsketten (wie jenes frei flottierende Denken, das jedem Analysanden auf der Couch abverlangt wird) gelesen und dabei gemerkt, daß ich plötzliche Themenwechsel nicht als gelegentliche Abschweifung oder zufällige Ablenkung der Aufmerksamkeit, sondern als Strukturmerkmal eines zusammenhängenden, überraschend lesbaren psychischen Prozesses behandelt habe. Die zumal im 19. Jahrhundert von Eltern und Lehrern angeordnete Tagebuchführung hat lange Zeit ihre festen Konventionen gehabt; Gesundheit, Wetter sowie tiefschürfende Gedanken über Liebe und Religion waren fast obligate Themen. Sie können auch zu verräterischen Symptomen einer Gesellschaft werden, die sich lebhaft für den Zustand des eigenen Körpers und der eigenen Seele interessierte. Darüber hinaus aber verraten die oftmals sonderbaren Schwenks im Nacheinander der privaten Beobachtungen und Bekenntnisse mit ihrer unbewußten Verknüpfung mehr, als der Schreiber selbst jemals bewußt hätte sagen können. Auch beim Studium jener Träume, an denen die Tagebuch- und Briefschreiber genügend Interesse hatten, um sie festzuhalten und auf ihre eigene laienhafte Art zu deuten, konnte ich aus den latenten Traumgedanken gut verhüllte sexuelle und aggressive Vorstellungsinhalte herauslesen, auf die die gefälligere Oberfläche der anderen von ihnen hinterlassenen Texte nicht den leisesten Hinweis gab. Überdies gaben mir die manifesten Traumsymbolkomplexe und andere, in bestimmten Kulturen zu bestimmten Zeiten offenbar besonders häufig wiederkehrende Details wertvolle, in mancher Hinsicht unersetzliche Hinweise auf bislang wenig beachtete, aber allgemein verbreitete Konflikte. Desgleichen wurde mir – um noch ein weiteres Beispiel zu nennen – bewußt, wie unverhüllt die Kunstwerke einer Gesellschaft – ihre Romane, Gedichte oder Gemälde – dem psychoanalytischen Blick offenbaren, mit welchen Mitteln diese Gesellschaft Probleme, die ihr für eine offene Diskussion zu heikel sind, zu lösen oder nicht wahrzunehmen sucht. All das, womit der Analytiker arbeitet – die spezifisch menschliche Neigung zum Inzest, die Gefährdungen und Verheißungen des schutzlosen menschlichen Körpers, die latente (nicht die manifeste) Angst der Männer vor den Frauen oder der Frauen vor den Männern –, kann für den Historiker zum aufschlußreichen Material werden.[187]

In den vergangenen Jahrzehnten haben einige Biographen und Historiker diese Deutungsmethode mit Erfolg in ihre gewohnte, erprobte Methodik eingebaut. Nicht immer haben sie Freuds Namen genannt: Edmund Morgan zum Beispiel hat erst später erwähnt, daß er ohne seine Beschäftigung mit Freud seine Dissertation über das puritanische Familienleben im Massachusetts des 17. Jahrhunderts völlig anders geschrieben hätte.[188] Hin und wieder aber haben die Autoren expressis verbis anerkannt, was sie Freud verdanken, besonders anschaulich E.R. Dodds in seinem Meisterwerk *Die Griechen und das Irrationale*[189]. Sein Verfahren und seine

---

187 Genaueres bei Peter Gay, *Erziehung der Sinne* (1986) und *Die zarte Leidenschaft* (1987).
188 Persönliche Mitteilung vom 13. Oktober 1983.
189 Siehe oben, S. 56-57. Sowohl in klassisch-philologischen wie auch historischen Zeitschriften ist es außerordentlich zustimmend und außerordentlich oft rezensiert worden. Aber bei allem überschwenglichen Lob für Dodds' Meisterwerk haben seine Rezensenten wenig Interesse gezeigt, seinem Beispiel zu folgen, ein weiterer

Ergebnisse verdienen auch in unserem Zusammenhang erneut Aufmerksamkeit. Dodds beginnt sein Buch mit der verblüffenden, etwas tendenziösen Schilderung der Umstände, die ihn dazu brachten, es zu schreiben: und zwar als ein organisches Ganzes, in dem Freuds Thesen nicht bloß aufgesetzte, modische Dekoration sind, sondern – immer im Vorbewußten präsent – die Einsichten in vergangene Erfahrung strukturieren und dem staubtrockenen Bücherwissen Leben einhauchen. Eines Tages, so erinnert sich Dodds, betrachtet er die Parthenonskulpturen im Britischen Museum und stößt dabei zufällig auf einen jungen Mann, der sich dieselben Skulpturen anschaut, aber – anders als Dodds – sichtlich ungerührt bleibt. Die beiden kommen ins Gespräch und Dodds fragt den jungen Mann, ob er ihm seine Ungerührtheit erklären könne. »Er überlegte einige Augenblicke, dann sagte er: ›Nun, das ist alles so schrecklich rational; falls Sie wissen, was ich damit meine.‹« Dodds glaubt es zu wissen. Es läßt ihn nachdenken: »Waren die Griechen tatsächlich so völlig blind für die Bedeutung nichtrationaler Faktoren in der Erfahrung und im Verhalten des Menschen, wie es gemeinhin von ihren Verteidigern sowohl wie von ihren Kritikern angenommen wird?« Noch die größten unter Dodds' Fachkollegen, auch Gilbert Murray und Maurice Bowra, haben ja die dramatische Irrationalität der griechischen Religion eher als reine Verspieltheit, als bloße Literatur abgetan. Aus dieser Zufallsbegegnung und ihrer Parallele zur Weigerung der Fachgelehrten, die griechische Religion wirklich ernstzunehmen, ergibt sich also für Dodds »die Frage, aus welcher dieses Buch entstanden ist«.[190] Das Buch ist seine Antwort.

Es ist immer gewagt, wenn Leser die vom Autor vorgetragene Genesis durch ihre eigene ersetzen – schließlich ist er ja dabei gewesen. Dennoch möchte ich geltend machen, daß Dodds' großar-

---

Beleg dafür, wie resistent unsere Zunft gegen die psychoanalytische Geschichtsschreibung ist, und zwar auch dann, wenn jemand demonstriert, wie gut sie sein kann.

190 Dodds, *Die Griechen und das Irrationale*, S. 1.

tige Studie über Erleben und Erfahrung der Griechen nicht einfach aus einer Frage entstanden ist – oder daß zumindest die Frage nicht den Beginn der Untersuchung bildete. Sie hatte bereits eine folgenschwere Geschichte hinter sich.[191] Jeder Berufsforscher geht an die von ihm gewählte Aufgabe mit erprobten Techniken, fest umrissenen Ansichten, umfangreichen Kenntnissen und einer gewissen Vorstellung vom Frontenverlauf in der fachinternen Auseinandersetzung heran. Als wie immer tastenden Versuch er – auch sich selbst gegenüber – seine Arbeit darstellen mag, in seinen Phantasien malt er sich doch aus, er werde etwas Neues entdecken, einen neuen Gedankengang entwickeln, vielleicht gar eine neue Theorie begründen, die ihm wenn schon nicht Ruhm, Geld und die Liebe schöner Frauen – wenigstens die Beachtung durch seine Kollegen einbringt. Die quälende Selbstdisziplin, die Angewohnheit, seine besonders geschätzten Begriffe und besonders sorgfältig pointierten Formulierungen mit unbehaglich zweifelndem Blick zu betrachten und sie am faktischen Belegmaterial zu messen, – all dies kommt erst später.

Das von Dodds nach seiner Zufallsbegegnung formulierte Forschungsprojekt setzt eine Reihe von Schlußfolgerungen voraus, zu denen er – mit der Geduld und dem Kenntnisreichtum des Wissenschaftlers – erst nach jahrzehntelanger Arbeit an Texten der klassischen Antike gekommen war. Ein drängender, wenn auch nicht böser Dämon hatte seine fachliche Laufbahn begleitet: die Faszination, die das Irrationale an Erleben und Erfahrung der Menschen auf ihn ausübte. In seiner 1977, zwei Jahre vor seinem Tod, erschienenen schönen Autobiographie beschreibt er dieses »immer Wiederkehrende«, das sich »mehr als sechzig Jahre lang wie ein andersfarbiger Faden durch den Flickenteppich« seines Lebens zieht, als den »Versuch, wenigstens einige von jenen vielfältigen, wunderlichen, im umstrittenen Grenzgebiet zwischen Wissenschaft und

---

191 Die bekannteste und überzeugendste Formulierung dieses Problems findet sich bei Karl Popper, *Conjectures and Refutations: The Growth of Scientific Knowledge* (1962).

Aberglauben angesiedelten Phänomenen zu betrachten und wenn möglich zu begreifen«. Zum Glück hat er gelernt, das Okkulte in Dienst zu nehmen, ohne von ihm in Dienst genommen zu werden; er nennt sich selbst einen nüchternen »Seelenforscher«, der sich von allem noch nicht Erklärten angezogen fühlt, weil »er überzeugt ist, daß es erklärt werden kann und muß, da es doch schließlich genauso zur Natur gehört wie andere Vorgänge auch«. Das »langfristige Ziel« des »Seelenforschers«, so Dodds, »besteht nicht in der Glorifizierung, sondern in der Auflösung des ›Okkulten‹, dessen wahre Bedeutung er ans Licht bringt und dem er seinen Platz in einem kohärenten Weltbild zuweist. Weit entfernt, das stattliche Gebäude der Wissenschaft niederzureißen, hat er vielmehr nur den Wunsch, einen bescheidenen Anbau zu liefern, in dem das neu Entdeckte wenigstens vorläufig untergebracht werden kann, ohne den ursprünglichen Bauplan wesentlich zu beeinträchtigen.«[192]

Diese Passage könnte von Sigmund Freud stammen. Ganz ähnlich wie dieser hat Dodds ein leidenschaftliches Interesse gerade an jenen Anschauungen, Praktiken und Verhaltensformen, die seine rationalistischen Kollegen als Aberglauben, als Symptome von Geistesgestörtheit oder als phantasievolles Spiel und malerische Hülle für das dahinter verborgene rationale Denken abtun. Ganz ähnlich wie Freud nimmt Dodds Träume, Wahnsinn und Extase ernst und vermag so bestimmte Seiten des griechischen Geistes aufzudecken, die seine Vorgänger buchstäblich nicht gesehen haben. Er erkennt, daß die Angewohnheit der Griechen, ihre Gemütszu-

---

[192] Dodds, *Missing Persons* (1977), S. 97-98. Ein Jahr vor dem Erscheinen dieser Autobiographie schrieb ich über Freud: Er »lehnte ebenso die Verherrlichung irrationaler Kräfte und die primitive Haltung ab, die der Dialektik der Kultur dadurch zu entgehen trachtet, daß sie die Kultur ganz aufgibt. Er hatte sich nicht im Krankenzimmer der menschlichen Seele abgemüht, um die Partei der Krankheit zu ergreifen; er war nicht in den Sumpf der menschlichen Natur hinabgestiegen, um sich in dem, was er dort angetroffen hatte, zu suhlen.« Zu dieser Denkschule gehört auch Dodds. (Peter Gay, »Introduction: Freud. For the Marble Tablet«, in: *Berggasse 19: Sigmund Freud's Home and Offices, Vienna 1938. The Photographs of Edmund Engelman* [1976]; dtsch.: »Zum Gedenken an Sigmund Freud«, in: Edmund Engelman, *Berggasse 19. Das Wiener Domizil Sigmund Freuds* [1977], S. 35)

stände auf göttliche Einwirkung zurückzuführen, keine Entschuldigungsfloskel oder Flucht aus der Verantwortung darstellt, sondern eine Projektion ist, die »bildhafte Darstellung einer inneren Stimme«; aus solchen inneren, den Göttern zugeschobenen Gefühlen hat sich »das System göttlichen Eingreifens entwickelt«. Gegen Ende des vorchristlichen 5. Jahrhunderts hat diese Projektion, bei der »die nicht einzuordnenden, nichtrationalen Impulse sowohl wie die aus ihnen resultierenden Handlungen vom Ich häufig ausgesondert und einem fremden Ursprung zugeschrieben« werden, dann Schritt für Schritt einem »wachsenden Verlangen nach sozialer Gerechtigkeit«, einer »›Internalisierung‹ des Gewissens« Platz gemacht.

Mit Hilfe der psychoanalytischen Fachtermini kommt Dodds zu zwei eng miteinander verknüpften Ergebnissen. In der Projektionstätigkeit der alten Griechen sieht er ein Zeichen für archaische Denkweisen und nicht etwa einen unerklärlichen zufälligen Spleen. Und weil er die Umsetzung von mißliebigen Triebregungen in das unheilvolle Eingreifen launischer Götter als Abwehrmechanismus begreift, kann er auf jedes Moralisieren verzichten. Wo andere, in psychoanalytischem Denken weniger geschulte Wissenschaftler – wenn überhaupt – nur absichtsvolle Sophisterei gesehen hätten, da erschließt Dodds eine fast vollkommen unbewußte psychische Leistung. Mit der für ihn charakteristischen Zurückhaltung traut er sich für diesen Wechsel »von der Schamkultur zur Schuldkultur« keine alleinige, erschöpfende Erklärung zu. Er erwähnt Malinowskis Theorie, nach der irrationale Anschauungen sich in jenem Bereich ansiedeln, in den sich die rationale Kontrolle des Menschen nicht vorgewagt oder aus dem sie sich zurückgezogen hat; er weist auch auf die tiefgreifende soziale Umschichtung hin, die vielleicht »das Wiederaufleben alter Kulturformen begünstigte.« Als guter Freudianer aber hält er solche Erklärungen für unzureichend und empfiehlt den Historikern einen genaueren Blick auf das Familienleben der Griechen. Die »Struktur der Familie im alten Griechenland« verursachte nämlich »Konflikte in früher Kindheit, deren Nachklänge im Unbewußten des Herangewachsenen noch hörbar sind«. Schließlich hat ja »die Psychoanalyse uns gezeigt, eine wie mächtige Quelle für Schuldgefühle der Druck nicht eingestandener Wünsche sein kann, von Wünschen also, die vom Bewußtwerden ausgeschlossen in Träumen oder Tagträumen nur auftauchen, gleichwohl aber im Ich ein tiefes Gefühl von moralischer Unruhe erzeugen können«. Er schließt seinen Gedanken mit dem Hinweis, »wie genau« der homerische Zeus »nach dem Vorbild des homerischen *paterfamilias*« geformt war.[193]

Die Psychoanalyse schärft Dodds' Blick für die Griechen und das Irrationale noch in anderen wichtigen Punkten. Die dionysischen Riten und den Apollonkult nimmt er als gegensätzliche, doch gleichermaßen notwendige, analoge Leistungen wahr: »Jeder Gott suchte in seiner Weise den Ängsten abzuhelfen, die eine Schuldkultur kennzeichnen«, denn Apollon »versprach Sicherheit«, und Dionysos »versprach Freiheit«.[194] Auch erkennt er, daß Platon »dem Freudschen Konzept von *libido*« nahekommt; schon Freud selbst hatte auf diesen Zusammenhang hingewiesen.[195] Oder er interpretiert den vernünftigen Sinn der Traumerzählung und das eklatant Unangemessene der erinnerten Gefühlsregung mit Begriffen – und Einsichten – aus der *Traumdeutung*: Der erste ist nämlich Dodds zufolge ein Fall von »sekundärer Bearbeitung«, das zweite eine »Affektverkehrung«. Schließlich erklärt er das mit dem Niedergang der griechischen Klassik verbundene Wiederaufleben des Aberglaubens, jene neue, im Grunde aber ganz alte Flucht in die magische Heilung, als Regression, die schließlich zu noch krasserer Regression, nämlich zur Zauberei mit der magischen Verwünschung des Feindes, führte.[196]

---

193 Dodds, *Die Griechen und das Irrationale*, S. 13, 15, 20, 24, 32, 34.
194 *Ibid.*, S. 48.
195 *Ibid.*, S. 117; vgl. Freud, *Drei Abhandlungen zur Sexualtheorie*, »Vorwort zur vierten Auflage« (1920), *GW V*, S. 32, und *Massenpsychologie und Ich-Analyse* (1921), *GW XIII*, S. 99.
196 *Ibid.*, S. 66, 206 Anm. 21 [Hier steht nicht der korrekte Freudsche Terminus.A.d.Ü.], 104-105 [Hier wird der Begriff »Regression« mit »Rückbildung« wiedergegeben.A.d.Ü.].

Da Regression natürlich die Rückkehr zu früheren Stufen der psychischen Organisation einschließt, übernimmt Dodds auch die Metaphorik, in der Freud das Psychische als geologische Ablagerung, als Fortdauer des Archaischen unter jüngeren Schichten beschreibt. »Eine neue Glaubensform«, schreibt Dodds in der Nachfolge von Gilbert Murray und Freud, »löscht nur sehr selten die vorhergehende Form völlig aus; entweder lebt die alte weiter als ein Element der neuen Form – bisweilen uneingestanden und halb unbewußt –, oder aber beide Formen existieren nebeneinander, zwar logisch unvereinbar, aber doch von verschiedenen Individuen oder sogar von demselben zur gleichen Zeit bejaht.«[197] Mit konkreten Beispielen und markanten Deutungen hat Freud Dodds also den Weg gewiesen, auf dem er altvertraute Texte überraschend neu interpretieren konnte.

Gelegentlich hat die Psychoanalyse historische Geheimnisse nicht einfach aufgelöst, sondern entdeckt, daß das Geheimnis einen gar nicht loslassen will und viele verschiedene Erklärungsmöglichkeiten bietet. Für eine solche phantasievolle Detektivarbeit steht Maynard Solomons Beethoven-Biographie. Ludwig van Beethoven hat fast sein ganzes Leben lang hartnäckig daran festgehalten (und kostbare Kraft bei der Suche nach Beweisen vergeudet), daß er nicht im Dezember 1770, sondern im Dezember 1772 geboren ist. Sein Taufschein, um dessen Beschaffung er seine Freunde immer wieder gebeten hat, weist unmißverständlich das Jahr 1770 als korrektes Datum aus. Selbst das eindeutige Beweisstück aber wollte Beethoven nicht anerkennen. 1977 nun hat der mit dem Freudschen Denken bestens vertraute Musikwissenschaftler Solomon das Rätsel mit Hilfe einer psychoanalytischen Erkenntnis, des sogenannten Familienromans, gelöst. In dieser namentlich bei Kindern und Jugendlichen auftretenden Phantasie erscheinen die eigenen Eltern als bloße Stiefeltern bzw. der Vater als Stiefvater, während man selbst sich eine vornehme und erhabene Herkunft

---
197 *Ibid.*, S. 92.

andichtet. Die psychische Funktion dieser partiell unbewußten Fiktion besteht in der Lizenz für die aggressiven Strebungen des Kindes und – zumal dann, wenn das Opfer der gleichgeschlechtliche Elternteil ist – im freien Zugang zum jeweils anderen, angebeteten Elternteil, allerdings nur in der weitgehend verdrängten Phantasie. Frühere Beethoven-Biographen hatten den irrationalen Drang, sich selbst ein imaginäres Geburtsdatum zu verschaffen, durchaus wahrgenommen und ihr Glück mit diversen oberflächlichen und abenteuerlichen Erklärungen versucht. Solomon hingegen, dem ein schärfer geschliffenes intellektuelles Werkzeug zur Verfügung steht, sieht einen Zusammenhang zwischen Beethovens obstinater Verteidigung seiner Phantasie und seiner trostlosen, von einem pflichtvergessenen, betrügerischen und trunksüchtigen Vater zerstörten Kindheit. War sein wirkliches Geburtsjahr nämlich 1772, dann mußte sein Taufschein, auf dem unleugbar »1770« stand, ein Irrtum oder eine Fälschung sein. In diesem Fall ergab sich die Möglichkeit, daß er vielleicht einen anderen, besseren Vater hatte.

Beethoven, so sollte man meinen, hatte genug bewußte Gründe, seinen Vater zu hassen. Seine Phantasie aber, die zum ständig virulenten Begleitmoment seines Charakters wurde, ging weit über rationale Kritik oder Enttäuschung hinaus und verschränkte sich mit verborgenen Wünschen und Haßgefühlen, die Beethoven nie befriedigen oder bannen konnte. Mit seinen psychoanalytischen Einsichten entdeckt Solomon also menschlich ergreifenden Sinn in etwas, das seinen Vorgängern nur als sonderbare Wahnvorstellung oder selbstsüchtige Täuschung erschienen war.[198]

Mit demselben Scharfblick gelingt es Solomon, ein widerliches, äußerst rätselhaftes Familiendrama zu entwirren, das Beethovens spätere Jahre überschattete: nämlich seine unermüdlichen Versuche, die Vormundschaft über seinen Neffen Karl, den Sohn seines gerade verstorbenen Bruders Caspar, zu erhalten, ja ihn förmlich

---

[198] Siehe Solomon, *Beethoven* (1977); dtsch.: *Beethoven. Biographie* (1979), besonders S. 17-20, 38-42. Ein bewundernswerter Versuch, den Quellen der Inspiration näherzukommen, ist Mary M. Gedos Buch *Picasso: Art as Autobiography* (1980).

an sich zu reißen. Die Mutter des Knaben, Johanna van Beethoven, brachte er bei Freunden und bei der Obrigkeit in Verruf; mehrmals ging er vor Gericht und nahm im Prozeßverlauf peinliche und belastende Verhöre in Kauf, nur um sich des Neffen zu bemächtigen. Wiederholt sprach er von sich, als wäre er der Vater des Jungen und als könnte die ständige Wiederholung schließlich aus der Metapher buchstäbliche Wahrheit machen. Johanna van Beethoven, die weit weniger Beziehungen hatte als ihr berühmter Schwager und, weil sie nicht immer ganz züchtig lebte, den Angriffen einer etwas gewollten Sittenstrenge eher ausgesetzt war, setzte sich zur Wehr, wobei ihr Sohn ganz auf ihrer Seite stand. Dieser seltsame Familienstreit zog sich jahrelang hin, spitzte sich jedesmal zu, wenn Karl versuchte, aus der erstickenden Umarmung seines Onkels auszubrechen, und gipfelte nicht lange vor Beethovens Tod sogar in einem Selbstmordversuch.

Diese trostlose Geschichte hat Anlaß zu vielen ernstgemeinten Moralpredigten und nicht minder ernstgemeinten Rechtfertigungstheorien gegeben; manche sahen in ihr den Beweis für Johanna van Beethovens Versagen als Mutter, andere wiederum ein tragisches Symptom für Ludwig van Beethovens psychischen Verfall. Den psychoanalytischen Lehrsatz im Kopf, daß übergroße Leidenschaft einen tieferliegenden Konflikt anzeigt, an dem auch das entgegengesetzte Gefühl beteiligt ist, legt Solomon überzeugend dar, daß Beethoven hier ein starkes sexuelles Verlangen nach seiner Schwägerin und eine verborgene Feindschaft gegen seinen Neffen abwehrt. Solche und andere Thesen, die in Solomons Biographie Akzente setzen, tragen erheblich zur besseren Einsicht in Beethovens stürmisches Innenleben bei und bringen die noch jenseits seiner Taubheit virulenten verborgenen Ursachen zum Vorschein, die ihn zu jenem unberechenbaren, tolpatschigen, chaotischen, zerzausten Bären gemacht haben, wie ihn seine nachsichtigen und ehrfurchtsvollen Zeitgenossen so gut kannten. Beethovens letztes Geheimnis, den Genius des Komponisten, hat Solomon – wie er bescheiden einräumt – nur eben gestreift. Aber er hat uns einen glaubhafteren, menschlicheren Beethoven gezeigt als die götzendienerischen Biographen, auch die wissenschaftlich hochgebildeten, vor ihm.

Auf meine Liste der gelungenen Arbeiten gehört noch eine weitere psychoanalytische Biographie, nämlich die 1966 erschienene Hawthorne-Studie *The Sins of the Fathers* von Frederick C. Crews. Worum es ihm geht, macht Crews deutlich mit dem »Vorwurf« an die Adresse der früheren Hawthorne-Biographen, sie arbeiteten mit einer »schematischen Psychologie, die nur die Oberfläche absucht«, und zwar hauptsächlich in der Absicht, aus Hawthorne einen ehrbaren »langweiligen« Moralprediger oder frommen Christen zu machen. Zwar lassen sich, so räumt er ein, Belegstellen für etwas, »was man als rudimentäres Christentum bezeichnen könnte«, finden. Als guter Freudianer aber setzt er hinzu: »Der Biograph ist nicht minder verantwortlich für die Widersprüche des von ihm dargestellten Menschen als für seine hochtrabenden Erklärungen.« Crews zufolge wird Hawthorne heimgesucht von »Zweifelsucht« und »Ambivalenz«. Was ihn seiner Ansicht nach interessant macht, ist nicht die unglaubhafte, von außen herangetragene Ausdeutung, sondern die Tatsache, daß er »innerlich gespalten, gepeinigt« war.[199] Die Sittenreinheit, Frömmigkeit und scheinbare Unschuld, die die Oberfläche der Hawthorneschen Erzählungen charakterisieren, interpretiert Crews als – der Form nach kulturgebundene, der Herkunft nach persönliche – Abwehrmechanismen.

Der Gewinn einer solchen Lektüre ist beachtlich. Crews bleibt Hawthornes Texten treu und bringt doch Klarheit in vieles, was anderen Wissenschaftlern die Sprache verschlagen hat. Da er sorgfältig schreibt, vermeidet er zwar jeden Jargon und geht mit der psychoanalytischen Fachsprache sparsam um[200]; dennoch stammen seine intellektuellen Waffen ausnahmslos aus dem Arsenal der Psychoanalyse, vor allem von Freud, aber auch von Sandor Ferenczi,

---

199 Crews, *The Sins of the Fathers: Hawthorne's Psychological Themes* (1966), S. 6-10.
200 Unter anderem verwendet er: »Wiederkehr des Verdrängten«, »Verschiebung« und »Sublimierung«, *ibid.*, S. 17; »Hemmung«, 24; »Zensur«, 25; »Angst«, 34; »Projektion«, 46; »Ich«, 74; »Verdrängung«, 150.

Karl Abraham und aus Eriksons *Der junge Mann Luther*. In diesem Buch ist die psychoanalytische Biographie besonders geglückt.[201] Es trifft genau das, was Hawthorne meinte, als er sich einen Schriftsteller nannte, »der im Interesse des Seelenromans zu den Tiefen der menschlichen Natur vordringt, so gut er irgend kann«, und der versucht, »bis zum schreckenerregenden Kern der menschlichen Existenz zu gelangen«.[202] Bezeichnend ist, wie oft Crews versichert, daß er die von ihm untersuchten Texte ebenso ernst zu nehmen gedenkt wie den kleinsten Wink, mit dem Hawthorne seine Leser zum Nachdenken einlädt. Auch diese goldene Regel stammt von Freud und wird hier sorgfältig befolgt: Genau hinschauen und nichts übersehen.

Zu den entscheidenden Punkten, die Crews nicht übersieht, gehört etwa, daß Hawthorne zu ängstlich war, um sein Programm ohne Zögern und ohne häufige Rückzieher in die Tat umzusetzen. »Daß es ihm nicht gelingt, bis zur verborgenen Schuld vorzudringen, liegt nicht bloß an seiner vielgerühmten Mehrdeutigkeit, sondern auch an seiner Halbherzigkeit und seinem Widerwillen.« Anders war es gar nicht denkbar: Da Hawthorne sich in seinem Werk »weitgehend auf die eigene Natur« bezieht und »über das, was er vorfindet, entsetzt« ist[203], muß er seine schauerlichen Entdeckungen gezwungenermaßen abwehren oder abschwächen.

---

201 *Sins of the Fathers* ist nicht frei von Mängeln. Von der Leichtigkeit, mit der Crews arbeitet, läßt er sich zu ein paar voreiligen Schlüssen und zur Achtlosigkeit gegenüber Anhaltspunkten für die psychoanalytische Deutung verleiten. Außerdem legt er eine gewisse Kritiklosigkeit in Sachen »viktorianische« Lebensform an den Tag. Hawthornes Frau Sophia war weder so engelsgleich noch so steril, wie er sie darstellt, und das Leben der Hawthornes war weniger von Doppelmoral und Prüderie gekennzeichnet, als er meint: Die beliebte Geschichte von den amerikanischen Damen der höheren Gesellschaft, die die Beine ihres Pianos mit sittsamen Röckchen verkleideten (eine Geschichte, die er ohne ein Wort der Kritik übernimmt [S. 14]), ist mittlerweile als Legende oder Einzelfall erwiesen. (Siehe Carl N. Degler, »What Ought to Be and What Was: Women's Sexuality in the Nineteenth Century«, in: *American Historical Review*, LXXIX, 5 [Dezember 1974], S. 1467-90, und Peter Gay, *Erziehung der Sinne* [1986])
202 *Ibid.*, S. 10-11.
203 *Ibid.*, S. 11.

Mit solchem Rüstzeug und der festen Absicht, »die modernen psychologischen Theorien« ernstzunehmen, geht Crews an die Neuinterpretation von *Der Maibaum von Merry Mount*, einer von »Hawthornes bekanntesten und scheinbar nichtssagendsten Erzählungen« heran. In Crews' Analyse erweist sie sich keineswegs als »banale« oder »eindeutige«, vielmehr als höchst unbequeme erotische Geschichte, in der »das Verleugnete in Bildern und Anspielungen verstohlen wieder zum Vorschein kommt«, die in »Hinweisen auf Impotenz und Kastration« förmlich ertrinkt, während die »Vordergrunderzählung von konventioneller ›Reinheit‹« ist. Diese sattsam bekannte und harmlose Geschichte gibt denn auch Aufschluß über die »geheime Konfiguration«, die in Hawthornes Erzählungen waltet: Fast alle gehen sie nämlich »einem ganz bestimmten, ja klassischen Konflikt zwischen Triebwünschen« nach.[204] Dieser klassische Konflikt ist nichts anderes als das uns vertraute, ins Unbewußte abgedrängte Freudsche Familiendrama, das in Hawthornes Romanen in stilisierter Form und mit verkleideten Affekten wieder an die Oberfläche kommt.

In späteren Kapiteln gibt Crews diesen Erkenntnissen eine beeindruckende Dynamik. Er räumt mit der verbreiteten Ansicht auf, Hawthorne habe ein – leicht kritisches, aber weitgehend chauvinistisches – Loblied auf seine neu-englischen Vorfahren gesungen. Sein Interesse für das Massachusetts der Kolonialzeit ist vielmehr »nur ein Sonderfall seines Interesses an Vätern und Söhnen, Schuld und Strafe, Trieb und Triebhemmung«. Alle seine historischen Erzählungen, so Crews, sind durchdrungen vom »unübersehbaren Wissen um den symbolischen Familienkonflikt«. Die »›Puritaner‹ sind nichts anderes als Hawthornes eigener verdrängender Anteil«.[205] Beim Versuch, seine Vorfahren darzustellen, hat Hawthorne nachweislich vor allem sich selbst dargestellt.

In einer grosso modo chronologischen Analyse von Hawthornes Erzählungen und Romanen geht Crews diesem endlos wiederhol-

---

204 *Ibid.*, S. 16, 17-20, 24-26.
205 *Ibid.*, S. 29, 60, 31.

ten Akt der Selbstdarstellung nach. Er zeigt Hawthornes übermächtiges Interesse am Bruder-Schwester- sowie am vage lesbisch konnotierten Inzest; an sadomasochistischen Liebesbeziehungen; an der Suche nach dem idealisierten Vater; am triebhaften Wirken eines rachsüchtigen, erbarmungslosen Überich, das gottlose Todeswünsche ahndet.[206] Alles in einem Klima der Ambiguität, der von Sexualangst in Schach gehaltenen sexuellen Neugierde und Sehnsucht.[207] Natürlich liegen diese unbewußten Konflikte nicht zufällig so dicht beieinander. Sie alle sind integrale Bestandteile des ödipalen Dreiecks, und dieses – so findet Crews heraus – beherrscht Hawthornes Personen durch seine gesamte Schriftstellerlaufbahn hindurch.

Hawthornes bleibendes Meisterwerk, *Der scharlachrote Buchstabe*, ergibt eine ganz ähnliche Interpretation; für Crews ist es ein Roman, in dem der libidinöse Wunsch mit Schuldgefühlen konfrontiert ist und sie immer erneut niederringen muß.[208] *Der scharlachrote Buchstabe* »hat seinen Ursprung nicht darin, daß die puritanische Gesellschaft den drei Hauptfiguren falsche soziale Ideale aufzwingt, sondern vor allem in den ihrer eigenen Innenwelt entstammenden unbefriedigten Triebwünschen«. Hawthorne hinterläßt seinen Lesern »eine Geschichte der Leidenschaften, durch die wir einen kurzen Blick« auf eine tragische Wahrheit werfen, auf »die schreckliche Gewißheit, daß – wie Freud sagt – das Ich nicht Herr im eigenen Hause ist«. Crews läßt nun aber keineswegs die kulturelle Welt hinter der Seelenwelt verschwinden; was ihn am meisten interessiert, als er die verborgenen Kennzeichen der Hawthorneschen Kunst rekapituliert, ist denn auch »die Verschränkung von sexuellen und sozialen Themen«. Immer wieder vermittelt er gekonnt zwischen Biographie und Geschichte, menschlicher Psyche und Kultur. Crews' Bild des Menschen, nach dem dieser ein Kulturwesen ist, das neben einem mächtigen Unbe-

---

206 Der Reihenfolge entsprechend *ibid.*, Kap. III, VI, VII, IV, V.
207 *Ibid.*, Kap. VI, VII, XII.
208 Siehe *ibid.*, S. 79.

wußten zugleich das ihm ebenbürtige Vermögen mitbringt, von der äußeren Welt zu lernen und sich ihrer zu bemächtigen, stimmt mit der psychoanalytischen Theorie des Seelenlebens, wie ich sie in diesem Buch entwickelt habe, genau überein.[209]

Der systematischste, konsequenteste Versuch, die psychoanalytische Lehre für die Geschichtswissenschaft nutzbar zu machen und dem Einzelnen ebenso gerecht zu werden wie dem Ganzen, ist wahrscheinlich John Putnam Demos' Buch *Entertaining Satan*, eine Studie über die Hexerei in den Neu-England-Staaten des 17. Jahrhunderts. Die Wahnvorstellungen, an denen die Hexen, ihre Opfer und ihre Richter litten, fanden zwar gesellschaftlichen, institutionalisierten Ausdruck und zehrten von allgemein geteilten und selten hinterfragten Überzeugungen. Dennoch waren die psychischen Konflikte, denen die Verdächtigungen, Anschuldigungen und Bekenntnisse, die Straf- und Sühnehandlungen entsprangen, Teil des Erfahrungs-und Erlebniszusammenhangs von Einzelmenschen. Mit großer Kunstfertigkeit macht Demos sich daran, Persönliches und Öffentliches, die Spuren der privaten Neurose und der gesellschaftlichen Zwänge, die zusammen seinen Gegenstand bilden, sowohl voneinander zu scheiden wie auch miteinander zu verschränken. Um die Notwendigkeit mehrerer Blickrichtungen vorzuführen und anschaulich zu machen, hat Demos sein Buch in vier Teile geteilt: Biographie, Psychologie, Soziologie und Geschichte; in diesem letzteren Teil will er aus der Chronologie der psychischen und gesellschaftlichen Ereignisse den bogenförmigen Verlauf der Hexenverfolgung als auf- und absteigende Kurve herausarbeiten.[210]

Die von Demos vorgelegte Studie hat ihr festes Fundament in der sicheren Beherrschung der traditionellen Verfahren, mit denen die amerikanische Kolonialgeschichte bislang geschrieben worden

---

209 *Ibid.*, S. 142, 153, 180. Die spätere Entwicklung von Crews' Interesse an der Psychoanalyse ist sonderbar und für meine Begriffe etwas traurig. Siehe weiter unten, S. 240-41.
210 Zur Rezeption von Demos' Buch siehe oben, S. 32.

ist. Was aber die lebhafte Auseinandersetzung über sie ausgelöst hat und uns auch hier besonders interessiert, ist natürlich das innovative Arbeiten mit der Psychoanalyse, bei dem Demos allerdings ein wenig eklektizistisch zwischen diversen, einander überlappenden psychoanalytischen Schulen hin und her wechselt. Seinen einmal ausgewählten Hauptdarstellern bleibt er immer nah und tastet sie mit psychoanalytischen Scheinwerfern – Konversionshysterie, Adoleszenzkonflikte, exhibitionistische Neigungen, narzißtische Selbstliebe, Projektion oder verspätete Abwehr gegen störende Triebregungen – ab, um Erklärungen für ein Verhalten zu liefern, das den Zeitgenossen als bloß abweichend und gefährlich erschien. Genauso wirft er auch ein Schlaglicht auf die Opfer und Verfolger der Hexen. Nur in einem Punkt, nämlich bei der Eingrenzung der Psychologie auf nur einen der vier Teile, wendet sich Demos' ausgewogenes Verfahren gegen ihn selbst. Vielleicht hätte er eine schönere formale Lösung finden können; mehr als das aber zählt, daß die Psychologie im Grunde in allen vier Sektoren der von ihm untersuchten frühen Geschichte von Massachusetts ihre Kenntnisse beisteuert. In den ersten beiden nämlich finden sich ebenso ausführliche wie eindringliche psychologische Porträts von Hexen; in den letzten beiden, die sich mit kollektiver Erfahrung im größeren räumlichen und zeitlichen Zusammenhang befassen, greift Demos immer wieder auf die Einzelfallstudien, auf jene gleichermaßen einzigartigen und typischen Ausschnitte aus dem kulturellen Zusammenhang zurück. »Biographie, Psychologie, Soziologie und Geschichte«, so schließt er seine programmatischen Vorbemerkungen, »sind vier Regionen im Arbeitsgebiet eines einzelnen Forschers, vier Perspektiven für ein zusammenhängendes Feld vergangener Erfahrung. Jede von ihnen erfaßt einen Teil, aber nicht das Ganze selbst«, alle zusammen freilich – obgleich die Verbindungen sich nicht reibungslos herstellen lassen und die Arbeit »mühsam« ist – bringen die gesamtgeschichtliche Erfahrung in den Blick: »Wenn man all dies von *verschiedenen* Seiten aus betrachtet, kommt man dem vollen und endgültigen Begreifen zumindest schon ein bißchen näher.«[211] Was hier ebenso bestechend wie vorsichtig formuliert wird, ist – so scheint mir – das ureigenste Interesse der Psychohistorie, ihr möglicher Anteil an der Suche des Historikers nach dem einheitlichen Ganzen.

3 »Histoire totale«

Der Wunsch nach einer »histoire totale«, einer Gesamtgeschichte, ist viele Jahrhunderte älter als seine erste ausdrückliche Erwähnung. Die Programme, die angeben, wie man den vollen Wesensgehalt der Vergangenheit erkennt und die begrenzten wissenschaftlichen Ergebnisse der vielen einzelnen Monographien und Archive synthetisiert, sind natürlich so unterschiedlich wie die Ansichten der Historiker von dem, was besonderes Interesse und darum auch die Aufnahme in ihr jeweiliges umfangreiches Szenario verdient. Wie die Konturen der »histoire totale« und die letztendlich ausgewählten Gegenstände aussehen, hängt davon ab, was der Autor für das weltbewegende Prinzip hält: die Hand der Vorsehung oder die Kraft der technologischen Innovation oder das Drängen des Unbewußten. Natürlich kann mit dem Idealbild der Geschichte vernünf-

---

211 Demos, *Entertaining Satan: Witchcraft and the Culture of Early New England* (1982), S. 15. Man lese dieses Buch einmal parallel zu Hugh R. Trevor-Ropers bekanntem knappem Essay über »The European Witch-craze of the Sixteenth and Seventeenth Centuries«, in: ders., *Religion, the Reformation and Social Change and Other Essays* (1967), S. 90-192; dtsch.: »Der Hexenwahn des 16. und 17. Jahrhunderts«, in: Claudia Honegger (Hrsg.), *Die Hexen der Neuzeit* (1978). Sehr schnell wird man feststellen, welche Vorteile das psychoanalytische Modell des Seelenlebens bei der Erklärung der rätselhaften Hexenverfolgungen bietet. Trevor-Roper ist alles andere als anspruchslos; er bringt den »Hexenwahn« in Zusammenhang mit einer Reihe sozialpsychologischer Ursachen wie etwa dem allgemeinen Elend, sozialen Mißständen oder dem Bedürfnis nach Feindbildern und erkennt, daß nicht nur die Folter jene schauerlichen, oft obszönen Geständnisse zustandebrachte, auf die die Hexenverbrenner dann ihre Anklage stützten. Er schreibt mit einem Gespür dafür, was das Studium der Psychopathologie für das Verständnis dieser Verfolgungen leisten könnte. Das präzise, sichere Erfassen der inneren Dynamik aber, das Demos' psychoanalytische Arbeit kennzeichnet, gibt es in Trevor-Ropers glatter Darstellung nur andeutungsweise, und häufig fehlt es überhaupt.

tigerweise nicht gemeint sein, daß jede Minute eines Geschehens oder einer Epoche, alle Rahmenbedingungen und sämtliche, noch im Nebel vorgeschichtlicher Zeiten sich verlierenden Voraussetzungen bis ins kleinste Detail dargestellt werden müssen. Eine Gesamtgeschichte der Schlacht von Waterloo, die Gefühl, Handeln und Schicksal jedes einzelnen Soldaten wiedergäbe, würde – einmal angenommen, das wäre rein physisch möglich – nur bei den mit jeder Sammelleidenschaft verbundenen Absurditäten landen: Aus einem wie immer erschöpfenden Katalog wird ja niemals eine umfassende, geschweige denn verstehende Geschichtsschreibung.

Der Ruf nach einer »histoire totale« stand gut zwei Jahrhunderte lang eher für die Kritik an der offiziellen Historie, für den Ruf nach Licht und Luft in einer erstickenden Atmosphäre der Pedanterie. Schon Voltaire schreibt, »eine Schleuse am Kanal zwischen den beiden Meeren, ein Gemälde von Poussin, eine schöne Tragödie« seien »tausendmal kostbarer als alle Hofchroniken und Schlachtbeschreibungen zusammen«, und wenn er den Historikern rät, Hagiographie, Genealogie und gehobenen Klatsch hinter sich zu lassen, folgt er einfach seinem gesunden Sinn für das pralle Leben.[212] Ein Jahrhundert später hat Jacob Burckhardt in seiner epochemachenden Darstellung der italienischen Renaissance auch Raum für Geselligkeit und Feste, das Wiedererstehen der Gelehrtenwelt, die Situation der Frauen, das Leben der Literaten und die Bocksprünge des Charakters. Sein Beinahe-Zeitgenosse Thomas Babington Macaulay entwirft im berühmten dritten Kapitel seiner *History of England* ein atemberaubendes Panorama von England im Jahr 1685: der Eß- und Reisegewohnheiten, der Umgangsformen, des Gesundheitswesens, der Einstellungen gegenüber den Armen, der Wirtshausschilder. In unserem heutigen Schlachtruf »histoire totale« äußert sich der Unmut über Historiker, die sich nach wie vor an die glanzvolle und prominente Oberfläche des Geschehens, an Politik, Diplomatie und das Leben großer Männer klammern. Zwei-

---

212 J. Brumfitt, *Voltaire Historian* (1958), S. 46; siehe auch Peter Gay, *The Enlightenment: An Interpretation*, Bd. II, *The Science of Freedom* (1969), S. 393.

fellos ist die Tatsache, daß in unserer Zunft seit gut einem Vierteljahrhundert die Sozialhistoriker das Sagen haben, ein schlagender Beweis dafür, wie sehr die Tage der ausschließlichen Betrachtung von Daten und Dynastien gezählt sind. Obgleich sie aber mit ihrer Arbeit die Fachkollegen gezwungen haben, sich ernsthaft mit neuen Gegenständen zu beschäftigen, wäre es falsch zu behaupten, daß wir nun folglich allesamt schon eine »histoire totale« betreiben. Ein Wechsel des Interesses ist etwas anderes als seine Ausweitung. Die Suche nach der Gesamtgeschichte geht weiter, und einen wichtigen Beitrag dazu kann die Psychohistorie leisten.

In seiner 1966 erschienenen umfangreichen Untersuchung des Languedoc vom Beginn des 16. bis zum Beginn des 18. Jahrhunderts hat Emmanuel Le Roy Ladurie diesem Schlachtruf erstmals allgemeines Gehör verschafft. Er habe sich, schreibt er, »in das Abenteuer einer Gesamtgeschichte [histoire totale] gestürzt«. Seine Wegbereiter waren die zwei großen Historiker Marc Bloch und Lucien Febvre, deren Einfluß im Werk von Verehrern und Erbwaltern (wie etwa Fernand Braudel) und in der gut drei Jahrzehnte zuvor von ihnen gegründeten Zeitschrift *Annales* weiterlebte. In seiner Thèse will er nun den »begrenzten Rahmen einer einzelnen Menschengruppe« von allen möglichen Zusammenhängen aus betrachten, wobei er weder das vorherrschende Klima und die Getreidesorten der Region noch Migrationsstrukturen und Bevölkerungsentwicklung, geringen Reichtum und verbreitete Armut, dumpfes Leiden und verheerende Ausbrüche der Unzufriedenheit ausläßt. In einigen genialen Passagen, zumal dort, wo er den blutigen Aufstand von 1580, den Karneval von Romans, behandelt, macht er einen Ansatz zu »historischer Psychoanalyse«[213], um auf die unbewußten Ursachen der barbarischen Massaker hinzuweisen, zu denen es ein paar Mal bei den über längere Zeit aufgestachelten Bauern des Languedoc gekommen ist. In der Nachfolge von Marc Blochs großartiger Studie über die *Société féodale (Die*

---

213 Le Roy Ladurie, *Les paysans de Languedoc*, 2 Bde. (1966), S. 11, 399; dtsch.: *Die Bauern des Languedoc* (1983), S. 15, 220.

Feudalgesellschaft) setzt er seinen *cadre limité*, seinen »begrenzten Rahmen«, geschickt in Bewegung, um ihn narrativ, im zeitlichen Nacheinander darzustellen. Offenkundig hat Le Roy Ladurie, zumindest damals, die Verachtung seiner Kollegen für die *histoire événementielle* nicht geteilt: Bei ihm wird die Entwicklung nicht von der Struktur beiseitegedrängt; Analyse und »narratio« bestehen nebeneinander. In *Les paysans de Languedoc* hat der Gesamthistoriker ein weites Netz ausgeworfen.

Hätten seine geistigen Väter das Buch noch lesen können, sie hätten in ihm eine Verwirklichung ihrer schönsten Träume erkannt. Marc Bloch war ja in eng benachbarte Bereiche der historischen Erfahrung vorgedrungen. In *Les rois thaumaturges* hatte er aus einem alles andere als vielversprechenden Spezialthema aus der medizinischen Mythologie (die angebliche Fähigkeit des englischen und des französischen Königs, skrofulöse Menschen durch Handauflegen zu heilen) die fesselnde Geschichte verschiedenartiger »Mentalitäten« gemacht. In seinem späteren, als Gesamtdarstellung unübertroffenen Buch *Die Feudalgesellschaft*, ging Bloch über die konventionellen, auf Rechtswesen und Politik begrenzten Arbeiten der Mediävisten hinaus, rekonstruierte die Welt des Feudalismus mit prägnanten Texten zum System der Verwandtschaftsbeziehungen, zur eigentümlichen Geschichts- und Zeitauffassung, zu der in der epischen Dichtung aufbewahrten Volkskunst und gewann reiche und überraschende Erkenntnisse aus dem Blick auf Sprachgebrauch und Ortsnamen. Unterdessen redete Lucien Febvre, der polemische Partner in diesem harmonischen und innovativen Historikerpaar, mit der Ausdauer eines Marktschreiers auf seine Fachkollegen ein und drängte sie, borniert historische Spezialstudien zum alten Eisen zu werfen, weil sie nach seiner Ansicht das Verständnis der vergangenen Erfahrungswelt nur behinderten. Er beklagte, daß Historiker nicht in der Lage seien, Geschichten von Liebe und Tod, von Mitleid, Grausamkeit und Freude zu schreiben. Emotional und melodramatisch, wie er war, forderte Febvre als stets reflektierter Verfechter einer neuen Geschichtsschreibung, der Historiker müsse in die Vergangenheit eintauchen.²¹⁴ Auf seinen Befehl hätte wohl manch einer sich wagemutig in die Wellen gestürzt.

Aber die wie immer bewegten und erfrischenden Wasser haben sich letztendlich doch nicht als so tief erwiesen, wie es Febvres beherzte Gefolgsleute vermutet hatten. Was der eine Historiker als bewundernswertes Beispiel einer »histoire totale« in den Himmel hebt, könnte ein anderer ja durchaus für das Übungsstück des vorsichtig vergleichenden Historikers halten. Wer die Geschichte der Geschichtsschreibung schreibt, darf sicher den Dank an Bloch und Febvre und die von ihnen begründete Schule nicht vergessen: Nach ihren unerschrockenen Expeditionen wird unsere Zunft nie mehr die sein, die sie vorher war. Am Ende jedoch hielten sie abrupt inne. Zu Beginn meines Buches habe ich gezeigt, daß Marc Bloch zwar den Historiker auffordert, die »geheimen Herzensbedürfnisse« der Menschen zu erforschen, diese Bedürfnisse aber im menschlichen »Bewußtsein« lokalisiert.²¹⁵ An diesem Punkt kann die Psychohistorie auf den Plan treten und ganz entscheidend zur Erweiterung unserer Definition der »histoire totale« beitragen, indem sie sowohl das Unbewußte wie auch die permanente Wechselbeziehung zwischen menschlicher Psyche und Außenwelt zum legitimen Forschungsgebiet des Historikers hinzunimmt.

Zu den bedauerlichsten Folgen des Reduktionismus, von dem noch viele Psychohistoriker nicht loskommen, gehört, daß er den Blick auf die in der psychoanalytischen Geschichtsschreibung steckende Verheißung verstellt. Denn ganz nach dem Muster der neueren Sozialhistoriker hat er den Blickwinkel des Historikers nur verschoben, aber nicht spürbar erweitert. Die Vernachlässigung des Ich zugunsten des Es ist dasselbe wie die Vernachlässigung der Bourgeoisie zugunsten des Proletariats. Auch daß man der Psycho-

---

214 Eine kurze Darstellung der *Annales*-Schule und ihrer zwei Begründer gibt H. Stuart Hughes, *The Obstructed Path: French Social Thought in the Years of Desperation 1930-1960* (1968), 2. Kap., »The Historians and the Social Order«, besonders S. 44, 60.
215 Siehe oben, S. 23.

historie nachrühmt, sie bringe noch Rettung, wenn die andern schon ratlos dastehen, hat ihre Sache nicht vorwärtsgebracht. Nicht wenige sehen im Psychohistoriker den Fachmann für den Notfall, der erst dann ans Bett der Vergangenheit gerufen wird, wenn alle übrigen Diagnostiker eingeräumt haben, daß sie im klinischen Bild keinen Sinn entdecken können. Selbst Historiker, die der Psychoanalyse nur widerstrebend eine Funktion als Hilfsdisziplin zugestehen mögen, haben schon Verwendung für sie gefunden, wenn sie selber für Panik oder Aufruhr, für Anfälle von Frömmelei oder Selbstzerstörung keine rationalen Ursachen mehr finden können. Der Historiker, der bei Freud in die Schule gegangen ist, kann aber – auch wenn er Hilfe nicht unfreundlich verweigern und das, was seinen Kollegen als undurchdringliches Gewirr erscheint, durchaus aufdröseln sollte – mehr beanspruchen, als nur ein spezialisierter Lückenbüßer zu sein. Zu Recht hat man den Psychohistorikern vorgehalten, sie zögen voreilige Schlüsse, aber paradoxerweise haben sie sich mit diesem Fehler weit weniger der Überheblichkeit als vielmehr sträflicher Bescheidenheit schuldig gemacht.[216] Gerade weil sie sich an die Psychopathologie geklammert und die von ihnen behandelten Menschen zu neurotischen Fällen gemacht haben, haben sie sich die einzigartige Gelegenheit entgehen lassen, die Freuds Beitrag zu einer allgemeinen Psychologie ihnen eigentlich eröffnet.

Die psychoanalytisch fundierte Geschichtsschreibung ist also ihrem höchsten Anspruch nach eher ein Wegweiser als ein Spezialgebiet. Ich kann nicht oft genug wiederholen, daß die Psychoanalyse dem Historiker kein Rezeptbuch an die Hand gibt, sondern ihn eine ganz bestimmte Betrachtung der Vergangenheit lehrt. Eben deshalb ist die Psychohistorie mit den traditionellen Sparten – Militär-, Wirtschafts- oder Geistesgeschichte – ebenso vereinbar wie mit den meisten der von ihnen entwickelten Methoden. Zum Zu-

---

216 In diesem und dem nächsten Absatz knüpfe ich an Gedanken und Formulierungen aus meinem Buch *Art and Act: On Causes in History* (1976) an, siehe besonders S. 21-32.

sammenstoß kommt es eigentlich nur mit denjenigen Historikern, die den Freudschen Erkenntnissen offen mißtrauen oder der Verhaltenspsychologie nahestehen. Die Psychoanalyse sollte anderen Hilfswissenschaften, anderen Methoden mit ihren Kenntnissen helfen; sie sollte auf Gebieten wie Paläographie, Diplomatie, Statistik oder Familienforschung ihren Beitrag leisten, ohne zum Störenfried zu werden. Sie braucht auch nicht reduktionistisch zu sein. Der Historiker, der mit dem Freudschen Denken vertraut ist, sieht nicht unbedingt nur im Mann das Kind; er kann auch den aus dem Kind hervorgegangenen Mann ins Auge fassen. Und wer sich weiterhin für den kausalen Einfluß von ökonomischen Beweggründen, technischen Innovationen oder Klassenkämpfen interessiert, braucht diese objektiven Einflüsse auf das Handeln nicht dem irreführenden Argument zu opfern, sie seien belanglos und oberflächlich. Das Leben, wie es der Historiker am Einzelmenschen oder an der Masse, an einzelnen Ereignissen oder langen Zeiträumen studiert, besteht in einer langen Reihe von Kompromissen, in denen unbezähmbare Triebe, Angstsignale, Abwehrmechanismen oder Verfolgungseifer des Überich eine zwar tragende, aber nicht ausschließliche Rolle spielen. Geschichte ist mehr als ein Monolog des Unbewußten, mehr als ein Tanz der Symptome.

Mit all dem will ich die Radikalität des psychoanalytischen Denkens und seiner einzigartigen, subversiven Perspektive in keiner Weise schmälern. Jeder Versuch, die Welt der Psychoanalyse näher an die der Geschichte heranzurücken oder gar mit ihr zu verschmelzen, würde den je besonderen Beitrag, den beide leisten, unmöglich machen. Vielmehr gilt es, die Verständigung zwischen ihnen zu fördern und jene Barrieren des Mißtrauens und der selbstauferlegten Unkenntnis zu beseitigen, die den Historiker daran hindern, sich im Reich des Analytikers wenn nicht wohl, so doch einigermaßen sicher zu fühlen. Der Historiker, schrieb ich 1976, »sammelt die gesellschaftliche Erinnerung, und bestenfalls korrigiert er sie«.[217] Bei dieser Aufgabe, die einem schon bangemachen kann, ist die

---

217 *Ibid.*, S. 2.

Psychoanalyse vielleicht eine wichtige Hilfe, weil sie nicht bloß analysiert, was die Menschen willentlich erinnern, sondern aufdeckt, was sie unwillkürlich entstellt oder »vergessen« haben. Nichts ist verführerischer, als zwischen der Psychoanalyse und anderen, von ihr eher unterschiedenen Disziplinen unzulässige Vergleiche anzustellen. Geschichte und Psychoanalyse sind gleichermaßen Wissenschaften des Erinnerns, beide haben einen professionellen Hang zur Skepsis, beide gehen den Ursachen des Vergangenen nach, beide hinterfragen fromme Bekenntnisse und feingesponnene Ausflüchte. Geschichtswissenschaft und Psychoanalyse scheinen also prädestiniert für die gemeinsame Suche nach der Wahrheit des Vergangenen. Gemeinsamkeit aber, um es noch einmal zu sagen, ist nicht dasselbe wie Identität. Die Angst, die der Historiker vor der Freudschen Theorie verspürt, ist völlig berechtigt. Er hat allen Grund zu der Befürchtung, daß er mit der Übernahme psychoanalytischer Ideen in eine fremde Welt eintaucht. Es ist die Welt der Ambivalenzen, Verdrängungen und Konflikte, in der weniges gewiß und noch weniger vertrauenerweckend ist, in der alles sich gegen den letzten Beweis sperrt und zu gegensätzlichen Deutungen einlädt. Historiker, die sich von Freud überzeugen lassen, müssen ihre historische Methode zwangsläufig – und oft radikal – ändern, sich von hochgeschätzten Gewißheiten verabschieden und ihre Lieblingsresultate revidieren. Vor sich sehen sie nur große Risiken, drohende Mißerfolge, unsichere Gewinnchancen. Aber vielleicht wird alles aufgewogen durch das, was ihnen am Ende der gefahrvollen Reise winkt: eine nie dagewesene Einsicht in die Totalität des von Menschen Erlebten und Erfahrenen.

Bibliographie

Aus Gründen der Übersichtlichkeit und bequemen Handhabung ordne ich in der folgenden Bibliographie die Titel nach Kapiteln und führe – von ein paar Ausnahmen abgesehen – jedes Buch in dem Kapitel auf, in dem es zum ersten Mal erwähnt wird. Einige interessante Titel, die ich im Text selbst nicht erörtern konnte, habe ich zusätzlich genannt. Ich muß wohl kaum hinzufügen, daß diese Literaturlisten keinen Anspruch auf Vollständigkeit erheben.

Kapitel I: Geheime Herzensbedürfnisse

Unter den immer zahlreicheren Schriften, die mit dem Menschen Freud und seiner Theorie ins Gericht gehen, verdient David E. Stannards Buch *Shrinking History: On Freud and the Failure of Psychohistory* (New York 1980) besondere Beachtung, weil es prototypisch ist für die Art und Weise, in der viele Historiker über die Psychoanalyse als mögliche Hilfswissenschaft denken und sich äußern. Dieser Band, der Freuds Werk in Grund und Boden kritisieren will, kann zwar sparsame Ausdrucksform, flüssigen Stil und konsequenten Verzicht auf persönliche Diffamierung für sich verbuchen, krankt aber an Einseitigkeit. Mit den Belegtexten geht Stannard leichtfertig um. So führt er zum Beispiel ein ausführliches Zitat aus den Schriften des einflußreichen englischen Philosophen Gilbert Ryle an. In seinem klugen Buch *Der Begriff des Geistes* (1949; Stuttgart 1969) zieht Ryle gegen den traditionellen Körper-Geist-Dualismus in Gestalt des bei ihm so genannten »Dogmas vom Gespenst in der Maschine« zu Felde. Unter Berufung auf diese Kritik behauptet Stannard nun, Ryle nehme hier »die psychoanalytische Idee des Unbewußten« aufs Korn, und vereinnahmt ihn als jemanden, der die ganze Vorstellung als »logischen Fehler« entlarvt (Stannard, S. 55). Ryle hat jedoch mitnichten die psychoanalytische Vorstellung vom Unbewußten, sondern den Descartes'schen Dualismus im Kopf; Freud hingegen nennt er das »eine Genie in der Psychologie« (Ryle, S. 445), eine Anerkennung, auf die man bei der Lektüre von Stannard nicht gefaßt ist. Ferner erwähnt er – neben anderen Artikeln – Anne Parsons' langen und einfühlsamen vergleichenden Aufsatz über den Ödipuskomplex und bezeichnet ihn als »sehr scharfsinnige Erörterung« (Stannard, S. 172, Anm. 15), ohne ihn in seine eigene Argumentation einzubauen oder den Lesern mitzuteilen, was überhaupt darin steht. Schließlich stützt sich Stannard bei seinem Bemühen, der Psychoanalyse jeden wissenschaftlichen Status abzusprechen, auf die Autorität von George Klein, klärt aber den Leser nicht darüber auf, daß der von ihm zitierte Passus, im Kontext gelesen, keinerlei Kritik an Freud enthält und daß Klein bei allen Nuancen ein an Freud geschulter Psychologe war (Stannard, S. 137; vgl. George S. Klein, *Perception, Motives, and Personality*, New York 1970). Auf den unvoreingenommenen Versuch, der

Komplexität der psychoanalytischen – auch der experimentellen – Forschung gerecht zu werden, wartet man in Stannards Buch vergeblich.
Zur Auseinandersetzung um Woodrow Wilson siehe besonders: Alexander L. George und Juliette L. George, *Woodrow Wilson and Colonel House: A Personality Study* (1956; New York 1964). Die Autoren sind vorsichtig und etwas eklektizistisch, und da sie den Gebrauch der Fachsprache bewußt vermeiden (s. S. 317), ist es nicht ganz leicht, ihren psychoanalytischen Standpunkt genau zu erkennen; so viel aber läßt sich sagen, daß sie ihrem klassischen Freudschen Ansatz einen Schuß Adler (bzw. seiner Idee von der Kompensierung der Minderwertigkeitsgefühle) beigemengt haben. Das von ihnen vorgelegte beeindruckende Quellenmaterial hätte wohl eine radikalere psychoanalytische Deutung als die ihre gestattet, aber mit Sicherheit wäre dann auch der Widerstand von seiten der Historikerzunft größer gewesen. Die unter Historikern geführte Auseinandersetzung über Wilsons wechselvolle Karriere ist äußerst instruktiv In dem Bemühen, jede psychologische Ätiologie für Wilsons zumindest teilweise selbst verschuldete Mißerfolge als Präsident der Princeton University und später – in einer fast tragischen Wiederholung – als Präsident der Vereinigten Staaten abzustreiten, mußten die bedeutendsten Wilson-Forscher ihrem Kandidaten gezwungenermaßen eine Reihe von Schlaganfällen andichten – als wäre es irgendwie weniger ehrenrührig, wenn Wilson aus körperlichen, statt aus seelischen Gründen in sein Unglück rennt. Siehe Edwin A. Weinstein, James William Anderson und Arthur S. Link, »Woodrow Wilson's Political Personality, a Reappraisal«, in: *Political Science Quarterly*, LXXXIII, 4 (Winter 1978-79), S. 585-98, und die überzeugende Replik von George und George, »Woodrow Wilson and Colonel House: A Reply to Weinstein, Anderson, and Link«, in: *ibid.*, LXXXVI, 4 (Winter 1981-82), S. 641-65. Weinstein jedoch hat sich nicht abschrecken lassen und die Schlaganfallthese in seinem Buch *Woodrow Wilson: A Medical and Psychological Biography* (Princeton/N.J. 1981) ausgebaut, dabei freilich nach meinem Eindruck seine Sicht der Dinge nicht gerade gefestigt. Siehe auch Juliette L. George, Michael F. Marmor und Alexander L. George, »Research Note/Issues in Wilson Scholarship: References to Early ›Strokes‹ in the Papers of Woodrow Wilson«, mit einer Erwiderung von Arthur S. Link und drei Mitherausgebern der Wilson Papers sowie einer erneuten Replik der kritisierten Autoren, in: *The Journal of American History*, LXX (1984), S. 845-53, 945-56.

Barzun, Jacques, *Clio and the Doctors: Psycho-History, Quanto-History, and History*, Chicago 1974.
Bloch, Marc, *Apologie der Geschichte oder Der Beruf des Historikers*, Stuttgart 1992 (3. Aufl.).
Bouwsma, William J., »Anxiety and the Formation of Early Modern Culture«, in: Barbara C. Malament (Hrs.), *After the Reformation: Essays in Honor of J.H. Hexter*, Manchester 1980, S. 215-46.
Bowlby, John, *Bindung. Eine Analyse der Mutter-Kind-Beziehung*, München 1975.
– *Das Glück und die Trauer. Herstellung und Lösung affektiver Bindungen*, Stuttgart 1982; darin:»Psychoanalyse und Kindererziehung« (1958),»Das Aufnehmen und Lösen von affektiven Bindungen« (1976-77),»Die Auswirkungen des

Abbruchs einer affektiven Bindung auf das Verhalten« (1967-68), »Trennung und Verlust innerhalb der Familie« (1968-70).
Carr, Edward H., *Was ist Geschichte?*, Stuttgart 1963 (6. Aufl. 1981).
Cioffi, Frank, »The Cradle of Neurosis« [Rezension von Masson, *The Assault on Truth (Was hat man dir, du armes Kind getan?)*], in: *The Times Literary Supplement* (6. Juli 1984), S. 743-44.
Cobb, Richard, *Reactions to the French Revolution*, London 1972.
– *Paris and Its Provinces, 1792-1802*, London/New York 1975.
Crews, Frederick, »The Freudian Way of Knowledge«, in: *The New Criterion* (Juni 1984), S. 7-25. (Siehe auch Titel von Crews im 6. Kapitel.)
Cunliffe, Marcus, »From the Facts to the Feelings« [Rezension von Joseph F. Byrnes, *The Virgins of Chartres: An Intellectual and Psychological History of the Work of Henry Adams*, und Charles K. Hofling, *Custer and the Little Big Horn: A Psychobiographical Inquiry*], in: *The Times Literary Supplement* (23. Oktober 1981), S. 1241-42.
Demos, John P., *Entertaining Satan: Witch-Craft and the Culture of Early New England*, New York 1982.
Dodds, Erec R., *Die Griechen und das Irrationale*, Darmstadt 1970.
Elton, Geoffrey R., *The Practice of History*, Sydney 1967.
Erikson, Erik H., *Der junge Mann Luther. Eine psychoanalytische und historische Studie*, Reinbek b. Hamburg 1970.
Fischer, David Hackett, *Historians' Fallacies: Toward a Logic of Historical Thought*, New York 1970.
Freud, Sigmund, *Drei Abhandlungen zur Sexualtheorie* (1905), *Gesammelte Werke* [im folgenden *GW*], Frankfurt/M. 1966 ff, Bd. V, S. 27-145.
– »Zur Dynamik der Übertragung« (1912), *GW VIII*, S. 363-74.
– »Die Verdrängung« (1915), *GW X*, S. 247-61.
– »Triebe und Triebschicksale« (1915), *GW X*, S. 209-32.
– »Aus der Geschichte einer infantilen Neurose« (1918), *GW XII*, S. 27-157.
– *Das Ich und das Es* (1923), *GW XIII*, S. 235-89.
– *Das Unbehagen in der Kultur* (1930), *GW XIV*, S. 419-506.
Gay, Peter, »Rhetoric and Politics in the French Revolution«, in: *American Historical Review*, LXVI, 3 (April 1961), S. 664-76 [leicht überarbeitet in: Gay, *The Party of Humanity: Essays in the French Enlightenment*, New York 1964, S. 162-81].
– »Freud and Freedom«, in: Alan Ryan (Hrsg.), *The Idea of Freedom: Essays in Honour of Isaiah Berlin*, Oxford 1979, S. 41-59.
– »On the Bourgeoisie: A Psychological Interpretation«, in: John M. Merriman (Hrsg.), *Consciousness and Class Experience in Nineteenth-Century Europe*, New York 1979, S. 187-203.
– *Erziehung der Sinne. Sexualität im bürgerlichen Zeitalter*, München 1986.
Gittings, Robert, *The Nature of Biography*, Seattle 1978. Vorträge eines erfahrenen Biographen mit ein paar Seitenhieben auf die Psychobiographie.
Gottschalk, Stephen, »Mrs. Eddy Through a Distorted Lense« [Rezension von Julius Silberger (jr.), *Mary Baker Eddy*], in: *Christian Science Monitor* (2. Juli 1980), S. 17.

Halévy, Elie, *Histoire du peuple anglais au XIXe siècle*, Paris 1973-75, Bd. 1: *L'Angleterre en 1815*.
Harrison, Brian, *Peaceable Kingdom: Stability and Change in Modern Britain*, Oxford 1982. Dieser Sammelband zu Politik, Rhetorik und Reformbewegungen stammt von einem Historiker, dessen Werk zeigt, wie viel man ohne Freud leisten kann.
Hexter, Jack H., *The History Primer*, New York 1971.
Hughes, Judith M., *Emotion and High Politics: Personal Relations at the Summit in Late Nineteenth-Century Britain and Germany*, Berkeley 1983.
Kitson Clark, G., *The Critical Historian*, London 1967.
Langer, William L., »The Next Assignment«, in: *American Historical Review*, LXIII, 2 (Januar 1958), S. 283-304. [Leicht greifbar in: Langer, *Explorations in Crisis: Papers in International History*, hrs. von Carl E. und Elizabeth Schorske, Cambridge/Mass. 1969, S. 408-32.]
Lefèbvre, Georges, »Foules Révolutionnaires« (1934), in: *Etudes sur la Révolution Française*, Paris 1954, S. 271-87.
– »Le Meurtre du comte de Dampierre (22 juin 1791)« (1941), *ibid.*, S. 288-97.
Loewenberg, Peter, Rezension von Barzun, *Clio and the Doctors*, in: *Clio. An Interdisciplinary Journal of Literature, History, and the Philosophy of History*, V, 1 (Herbst 1975), S. 123-27. Ziemlich strenge, aber gerechte Beurteilung.
– Rezension von Stannard, *Shrinking History*, in: *Bulletin of the Southern California Psychoanalytic Institute*, Nr. 63 (Winter 1982), S. 36-38. Kritisch, aber ausgewogen.
– *Decoding the Past: The Psychohistorical Approach*, New York 1983. Ein Sammelband mit Streitschriften und biographischen resp. historischen Aufsätzen aus der Feder eines Fachhistorikers und praktizierenden Psychoanalytikers.
Lowe, Donald M., *History of Bourgeois Perception*, Brighton 1982.
Lynn, Kenneth S., »History's Reckless Psychologizing«, in: *The Chronicle of Higher Education* (16. Januar 1978), S. 48.
Macfarlane, Alan, »Difficult Women« [Rezension von Demos, *Entertaining Satan*], in: *The Times Literary Supplement* (13. Mai 1983), S. 493.
Malcolm, Janet, *Psychoanalysis: The Impossible Profession* (1981); dtsch.: *Fragen an einen Psychoanalytiker. Zur Situation eines unmöglichen Berufs*, Stuttgart 1983.
– *In the Freud Archives* (1984); dtsch.: *Vater, lieber Vater ... Aus dem Sigmund-Freud-Archiv*, Frankfurt/M.-Berlin 1986.
Masson, Jeffrey Moussaieff, *Was hat man dir, du armes Kind, getan? Sigmund Freuds Unterdrückung der Verführungstheorie*, Reinbek b. Hamburg 1984.
Mitzman, Arthur, »Psychohistory Besieged« [Renzension von Stannard, *Shrinking History*], in: *Theoretische Geschiedenis*, IX, 1 (1982), S. 37-54.
Olsen, Donald J., *The Growth of Victorian London*, London 1976.
Ricoeur, Paul, *Freud and Philosophy: Essay on Interpretation* (1965), New Haven 1970.
Saussure, Raymond de, »Psychoanalysis and History«, in: Géza Roheim (Hrs.), *Psychoanalysis and the Social Sciences*, Bd. II (New York 1950), S. 7-64. Dieser Ana-

lytiker wundert sich über die Abwehr der Historiker gegen Freud und macht den (etwas naiven) Versuch, mit Beispielen dagegenzuhalten.

Stone, Lawrence, *The Family, Sex and Marriage in England, 1500-1800*, London 1977.
- »Children and the Family« (1966), überarb. in: ders., *The Past and the Present*, Boston 1981.

Thomis, Malcolm I.; *Responses to Industrialization: The British Experience 1780-1850*, Newton Abbot 1976.

Trumbach, Randolph, *The Rise of the Egalitarian Family: Aristocratic Kinship and the Domestic Relations in Eighteenth-Century England*, New York 1978.

Weber, Eugen, *Peasants into Frenchmen: The Modernization of Rural France 1870-1914*, Stanford/Cal. 1976.

Wehler, Hans-Ulrich, »Zum Verhältnis von Geschichtswissenschaft und Psychoanalyse«, in: *Historische Zeitschrift*, CCVII (1969), S. 529-54. [Etwas überarb. in: ders., *Geschichte als Historische Sozialwissenschaft*, Frankfurt 1973.]
- »Geschichtswissenschaft und ›Psychohistorie‹«, in: *Innsbrucker Historische Studien*, I (1978), S. 201-13.

Weinstein, Fred und Gerald M. Platt, *Psychoanalytische Soziologie*, München 1975.

Kapitel II: Freuds Leistung

Zu Herbert Silberers und Otto Pötzls bahnbrechenden Experimenten siehe die ausführlichen Zitate bei David Rapaport (Hrs.), *Organization and Pathology of Thought* (1951), New York 1959, S. 195-233; Rapaport gibt außerdem lange Auszüge aus anderen klassischen Experimenten wieder und versieht sie mit zahlreichen Anmerkungen. Über den faszinierenden und hochneurotischen Allroundgelehrten Silberer, der sich 1922 im Alter von vierzig Jahren das Leben nahm, siehe Wilhelm Stekel, »In Memoriam Herbert Silberer«, in: *Fortschritte der Sexualwissenschaft und Psychoanalyse*, I (1924), S. 408-20. Pötzls Aufsatz »Experimentell erregte Traumbilder in ihren Beziehungen zum indirekten Sehen« (in: *Zeitschrift für die ges. Neurologie und Psychiatrie*, XXXVII, 1917) ist auf englisch abgedruckt in: Charles Fisher (Hrs.), *Preconscious Stimulation in Dreams, Associations, and Images; Classical Studies* (*Psychological Issues*, Monograph 7), New York 1961, S. 41-120; lesen sollte man ihn dort zusammen mit dem wichtigen Aufsatz von Rudolf Allers und Jakob Teler, »On the Utilization of Unnoticed Impressions in Associations« (1924), *ibid.*, S. 121-50, und der kritischen Einleitung von Fisher (S. 1-40). Seine eigenen wegweisenden Experimente stellt Fisher am vollständigsten in seinem Beitrag »Psychoanalytic Implications of Recent Research on Sleep and Dreaming« (in: *Journal of Amer. Psychoanal. Ass.*, XIII [1965], S. 197-303) dar.

In Sachen experimentelle psychoanalytische Forschung gibt es mittlerweile eine umfangreiche Literatur, die ständig anwächst. Zu den besten Forschungsberichten gehört Martin Mayman (Hrs.), *Psychoanalytic Research: Three Approaches to the Experimental Study of Subliminal Processes* (*Psychological Issues*, Monograph 30),

New York 1973, darin besonders: Mayman, »Introduction: Reflections on Psychoanalytic Research« (S. 1-10); Lester Luborsky, »Forgetting and Remembering (Momentary Forgetting) During Psychotherapy: A New Sample« (S. 29-55); Philip S. Holzman, »Some Difficulties in the Way of Psychoanalytic Research: A Survey and a Critique« (S. 88-103); und Paul E. Meehl, »Some Methodological Reflections on the Difficulties of Psychoanalytic Research« (S. 104-17).
Einen Versuch, das psychoanalytische Beweisverfahren um die Prognose zu erweitern, machen Helen D. Sargent, Leonard Horwitz, Robert S. Wallerstein and Ann Appelbaum, *Prediction in Psychotherapy Research: A Method for the Transformation of Clinical Judgments into Testable Hypotheses* (*Psychological Issues*, Monograph 21), New York 1968. Die bei weitem ansehnlichste und vollständigste kritische Übersicht über die experimentelle Forschung stammt von Paul Kline, *Fact and Fantasy in Freudian Theory* (1972; 2. Aufl., London/New York 1981). Das Buch von Seymour Fisher und Roger P. Greenberg, *The Scientific Credibility of Freud's Theories and Therapy* (New York 1977) gibt zwar die neuere Forschung noch lückenloser wieder, informiert aber weniger über die Nuancen. Der von denselben Autoren herausgegebene Band *The Scientific Evaluation of Freud's Theories and Therapy* (New York 1978) ist eine Anthologie, die sich jeder Parteinahme enthält.
Von den Skeptikern hat sich vor allem Adolf Grünbaum mit einer großen Zahl von Artikeln hervorgetan, die ich nicht im einzelnen aufzuführen brauche, weil er selbst seinen Standpunkt unter dem Titel *Die Grundlagen der Psychoanalyse. Eine philosophische Kritik* (Stuttgart 1988) zusammenfassend dargestellt hat. Erwähnt sei hier nur, daß er bewundernd von Freuds »glänzender theoretischer Vorstellungsgabe« (S. 444) spricht. Die am besten begründete Gegenposition gegen Grünbaum formuliert Marshall Edelson, »Is Testing Psychoanalytic Hypotheses in the Psychoanalytic Situation Really Impossible?«, in: *Psycholoanalytic Study of the Child*, XXXVIII (1983), S. 61-109. Siehe auch Edelson, *Hypothesis and Evidence in Psychoanalysis* (Chicago 1984) und sein früherer Beitrag »Psychoanalysis as Science, Its Boundary Problems, Special Status, Relations to Other Sciences, and Formalization«, in: *The Journal of Nervous and Mental Diseases*, CLXV (1977), S. 1-28. B.A. Farrell meldet hier und da sorgfältige Bedenken gegen die erhobenen Daten an (*The Standing of Psychoanalytic Theory*, Oxford/New York 1981). Vgl. auch Barbara von Eckardt, »The Scientific Status of Psychoanalysis«, in: Sander L. Gilman (Hrs.), *Introducing Psychoanalytic Theory*, New York 1982, S. 139-80; den beeindruckenden Aufsatz von Donald McIntosh, »The Empirical Bearing of Psychoanalytic Theory«, in: *Int. Journal Psycho-Anal.*, LX (1979), S. 405-31; und die scharfsinnigen Anmerkungen bei Saul Friedländer, *Histoire et psychanalyse. Essai sur les possibilités et les limites de la psychohistoire*, Paris 1975.
Abraham, Karl, »Über eine besondere Form des neurotischen Widerstandes gegen die psychoanalytische Methodik« (1919), in: *Gesammelte Schriften in zwei Bänden*, hrs. von Johannes Cremerius, Frankfurt/M, 1982, Bd. I, S. 276-83.
Breuer, Josef und Sigmund Freud, *Studien über Hysterie*, in: Freud, *GW I*.
Conkin, Paul und Roland N. Stromberg, *The Heritage and Challenge of History*, New York 1971.
Cosin, B.R., C.F. und N.H. Freeman, »Critical Empiricism Criticized: The Case of

Freud«, in: Richard Wollheim und James Hopkins (Hrs.), *Philosophical Essays on Freud*, Cambridge/New York 1982, S. 32-59.
Fenichel, Otto, »Zur Kritik des Todestriebes« (1935), in: *Aufsätze*, hrs. von Klaus Laermann, Bd. I, Olten und Freiburg/Br. 1979, S. 361-71.
Freud, Sigmund, *Traumdeutung* (1900), *GW II/III*.
– »Bruchstück einer Hysterie-Analyse« (1905), *GW V*, S. 161-286.
– *Der Witz und seine Beziehungen zum Unbewußten* (1905), *GW VI*.
– »Charakter und Analerotik« (1908), *GW VII*, S. 203-9.
– »Über ›wilde‹ Psychoanalyse« (1910), *GW VIII*, S. 117-25.
– »Aus der Geschichte einer infantilen Neurose (›Der Wolfsmann‹)« (1918), *GW XII*, S. 27-157.
– »Die Verneinung« (1925), *GW XIV*, S. 9-15.
– »Hemmung, Symptom und Angst« (1926), *GW XIV*, S. 111-205.
– *Neue Folge der Vorlesungen zur Einführung in die Psychoanalyse, GW XV*.ders., »Konstruktionen in der Analyse« (1937), *GW XVI*, S. 41-56.
Gay, Peter, *Art and Act: On Causes in History – Manet, Gropius, Mondrian*, New York u.a. 1976.
– »Sigmund Freud. Ein Deutscher und sein Unbehagen«, in: ders., *Freud, Juden und andere Deutsche*, Hamburg 1986, S. 51-114.
– »Six Names in Search of an Interpretation: A Contribution to the Debate over Sigmund Freud's Jewishness«, in: *Hebrew Union College Annual*, LIII (1982), S. 295-307.
Gill, Merton M. und Philip S. Holzman, *Psychology versus Metapsychology: Psychoanalytic Essays in Memory of George S. Klein* (*Psychological Issues*, Monograph 36), New York 1976.
Glover, Edward, »Research Methods in Psycho-Analysis« (1952), in: ders., *On the Early Development of Mind*, London 1956, S. 390-405.
Glymour, Clark, »Freud, Kepler, and the Clinical Evidence« (1974), in: Richard Wollheim und James Hopkins (Hrs.), *Philosophical Essays on Freud*, Cambridge/New York 1982, S. 12-31.
Hilgard, Ernest R., »Psychoanalysis: Experimental Studies«, in: *International Encyclopedia of the Social Sciences*, hrs. von David L. Sills, 17 Bde., New York 1968, Bd. XIII, S. 37-45.
Hook, Sidney, »Science and Mythology in Psychoanalysis«, in: ders. (Hrs.), *Psychoanalysis, Scientific Method and Philosophy: A Symposium*, New York 1959, S. 212-24.
Hughes, Stuart H., »Geschichte und Psychoanalyse«, in: Hans-Ulrich Wehler (Hrs.), *Geschichte und Psychoanalyse*, Frankfurt/M.-Berlin-Wien 1974, S. 27-46.
Jones, Ernest, *Leben und Werk von Sigmund Freud*, Bd. III: *Die letzte Phase. 1919-1939*, Bern 1962.
Kanzer, Mark und Jules Glenn (Hrs.), *Freud and His Patients*, New York 1980.
Masur, Gerhard, *Propheten von Gestern. Zur europäischen Kultur 1890-1914*, Frankfurt/M. 1965.
Medawar, Peter B., *Die Kunst des Lösbaren. Reflexionen eines Biologen*, Göttingen 1972.

- *Induction and Intuition in Scientific Thought*, Philadelphia 1969.
- *Pluto's Republic*, Oxford 1982. (*The Art of the Soluble* und *Induction und Intuition* ... sind in diesem Band zusammengefaßt.)

Nagel, Ernest, »What is True and False in Science« [Renzension von Medawar, *The Art of the Soluble (Die Kunst des Lösbaren)*], in: *Encounter*, XXIX (September 1967), S. 68-70.

Patze, Adolf, *Ueber Bordelle und die Sittenverderbniss unserer Zeit. Eine medicinalpolizeiliche Abhandlung* ..., Leipzig 1845.

Popper, Karl, »Philosophy of Science: A Personal Report«, in: C.A. Mace (Hrs.), *British Philosophy in Mid-Century*, London 1966 (2. Aufl.); auch in: Popper, *Conjectures and Refutations: The Growth of Scientific Knowledge*, London 1963, 2. Aufl. 1965, S. 33-65.

Rapaport, David, *Die Struktur der psychoanalytischen Theorie. Versuch einer Systematik*, Stuttgart 1973 (3. Aufl.).

Shakow, David und David Rapaport, *The Influence of Freud on American Psychology*, Cleveland 1968.

Sherrill, Robert, »How Reagan Got That Way« [Renzension von Robert Dallek, *Ronald Reagan: The Politics of Symbolism* (1984)], in: *The Atlantic*, CCLIII, 3 (März 1984), S. 127-31.

Stone, Leo, »Reflections on the Psychoanalytic Concept of Aggression«, in: *The Psychoanalytic Quarterly*, XL (April 1971), S. 195-244.

Sulloway, Frank J., *Freud, Biologe der Seele. Jenseits der psychoanalytischen Legende*, Köln 1982.

Wallace, Edwin R., *Historiography and Causation in Psychoanalysis: An Essay on Psychoanalytic and Historical Epistemology*, Hillsdale 1985.

Watkins, J.W.N., »Ideal Types and Historical Explanation«, in: Herbert Feigl und May Brodbeck (Hrs.), *Readings in the Philosophy of Science*, New York 1953, S. 723-43.

Kapitel III: Menschliche Natur und Geschichte

Unter Freuds zahlreichen Texten, in denen er (beginnend mit der *Traumdeutung*, GW II/III, S. 267-71) den Ödipuskomplex behandelt, ist *Das Ich und das Es* (GW XIII, S. 237-89, passim) vermutlich der wichtigste. Vgl. auch die Fallgeschichte des Kleinen Hans, »Analyse der Phobie eines fünfjährigen Knaben« (GW VII, S. 343-77). Zu den möglichen Varianten dieses Komplexes siehe besonders den kurzen Aufsatz von 1924 »Der Untergang des Ödipuskomplexes« (GW XIII, S. 395-402). Vgl. auch Géza Roheim, »The Oedipus Complex, Magic and Culture«, in: ders. (Hrs.), *Psychoanalysis and the Social Sciences*, Bd. II (New York 1950), S. 173-229. Mit der Aggression in der ödipalen Phase befaßt sich Leo Rangell in seinem Aufsatz »Aggression, Oedipus, and Historical Perspective«, in: *Int. Journal Psycho-Anal.*, LIII (1972), S. 3-12. Aus der umfangreichen Literatur über den »Kernkomplex« erwähne ich René Spitz und K.M. Wolf, »Autoeroticism – Some Empirical Findings and Hypotheses on Three of Its Manifestations in the First Year of Life«, in: *Psychoanalytical Study of the Child*, III-IV (1949), S. 85-120; Heinz Hartmann, »Probleme der infantilen Neurose«, in: *Ich-Psychologie. Studien zur psychoanalytischen Theorie*, Stuttgart 1972, S. 205-11; sowie Anmerkungen in mehreren Texten von Anna Freud, siehe: *Indikationsstellung in der Kinderanalyse und andere Schriften, 1945-1956*, in: *Die Schriften der Anna Freud*, 10 Bde., München 1980, Bd. 4.

William N. Stephens' Buch *The Oedipus Complex: Cross-Cultural Evidence* (New York 1962) ist eine gewissenhaft begründete und belegte Arbeit auf dem Gebiet der vergleichenden Kulturanthropologie, die zu dem Schluß kommt, daß die – in der Ethnographie freilich nur indirekten – »erdrückenden Beweise wenig Raum für Zweifel lassen. Mit großer Wahrscheinlichkeit ist diese Hypothese [Freuds Ödipuskomplex], die einige der psychoanalytischen Zentralthesen in sich vereinigt, praktisch haltbar« (S. 185). Die von Seymour Fisher und Roger P. Greenberg für ihren Sammelband *The Scientific Evaluation of Freud's Theories and Therapy* (New York 1978) ausgewählten sechs Beiträge, die ein breites Meinungsspektrum vorführen sollen, widersprechen einander eher und lassen das Problem ungelöst. Paul Kline hingegen kommt in seinem vorzüglichen Forschungsbericht *Fact and Fantasy in Freudian Theory* (1972; 2. Aufl., London/New York 1981) zu dem Schluß, daß außerordentlich viel für Freuds Theorie spricht (siehe besonders Kap. 6 und S. 290-95). Unverzichtbar ist Hans W. Loewalds scharfsinniger Aufsatz »The Waning of the Oedipus Complex« (in: ders., *Papers on Psychoanalysis* [New Haven 1980], S. 384-404), weil er sich mit der Tatsache, daß das Interesse am Ödipuskomplex nachläßt, unter zwei Gesichtspunkten befaßt: Bei den Psychologen findet er das ungerechtfertigt, beim heranwachsenden Einzelmenschen durchaus wünschenswert. Melford E. Spiro: *Oedipus in the Trobriands* (Chicago 1982) ist eine brillante Widerlegung von Malinowskis Behauptung, daß die Trobriander den Ödipuskomplex nicht kennen.

Das Problem des Eigeninteresses müßte aus psychoanalytischer Sicht eigentlich viel genauer untersucht werden, als das bisher geschehen ist. Zu nennen wäre – zusätzlich zu dem im Text erwähnten Aufsatz von Hartmann (»Bemerkungen zur psychoanalytischen Theorie des Ichs«, in: *Ich-Psychologie*) – auch Edith Jacobsons Buch *Das Selbst und die Welt der Objekte* (Frankfurt/M. 1973), das kluge Beobachtungen enthält (besonders S. 87-105, 148-67, 217-20). Siehe ferner Mark Kanzer, »Ego Interest, Egoism and Narcissism«, in: *Journal Amer. Psychoanal. Ass.*, X (1962), S. 593-605, und M. Eagle, »Interests as Object Relations«, in: *Psychoanalysis and Contemporary Thought*, IV, 4 (1981), S. 527-65. In seiner außerordentlich gehaltvollen Schrift *Leidenschaften und Interessen. Politische Begründungen des Kapitalismus vor seinem Sieg* (Frankfurt/M. 1980) zeigt Albert O. Hirschman, daß die Renaissance, in der die Idee des Interesses aufkam, in diesem einen mächtigen Gegenspieler gegen die menschlichen Leidenschaften sah (Erster Teil: »Interessen als Widersacher der Leidenschaften«). Wie Hirschman ferner nachweist, tritt der »ökonomische Vorteil« erst relativ spät als Hauptbedeutung des Interesses auf den Plan; Macchiavelli oder Spinoza verbinden mit dem Wort noch etwas anderes (besonders S. 40-41). Viele Informationen findet man bei Milton L. Myers, *The Soul of Modern Economic Man: Ideas of Self-Interest, Thomas Hobbes to Adam Smith*, Chicago 1983.

Beard, Charles A., *Eine ökonomische Interpretation der amerikanischen Verfassung*, Frankfurt/M. 1974.
Bentham, Jeremy, *Introduction to the Principles of Morals and Legislation* (1789), New York 1945.
Bullitt, William und Sigmund Freud, *Thomas Woodrow Wilson: A Psychological Study*, Boston 1967.
Cochran, Thomas C., »Economic History, Old and New«, in: *American Historical Review*, LXXIV (Juni 1969), S. 1561-72.
Dodds, Erec R., »Über Mißverständnisse des Oedipus Rex«, in: *Der Fortschrittsgedanke in der Antike und andere Aufsätze zu Literatur und Glauben der Griechen*, Zürich-München 1977, S. 79-96.
Eliot, T.S., »Tradition und individuelle Begabung«, in: *Werke*, Bd. 2: *Kultur und Religion. Bildung und Erziehung. Gesellschaft, Literatur, Kritik*, Frankfurt/M. 1967.
Ellenberger, Henry F., *Die Entdeckung des Unbewußten*, 2 Bde., Bern-Stuttgart-Wien 1973.
Febvre, Lucien, *Der neugierige Blick. Leben in der französischen Renaissance* (fünf Essays aus *Pour une histoire à part entière* [1982]), Berlin 1988.
Fenichel, Otto, *Psychoanalytische Neurosenlehre*, 3 Bde., Olten und Freiburg/Br. 1980-82.
Freud, Sigmund, »Zur Geschichte der psychoanalytischen Bewegung« (1914), *GW X*, S. 43-113.
- »Zur Einführung des Narzißmus« (1914), *GW X*, S. 137-70.
- »Die Verdrängung« (1915), *GW X*, S. 247-61.
- »Das Unbewußte« (1915), *GW X*, S. 263-303.
- »Triebe und Triebschicksale« (1915), *GW X*, S. 209-32.
- *Vorlesungen zur Einführung in die Psychoanalyse* (1916-17), *GW XI*.
- »Das Fakultätsgutachten im Prozeß Halsmann« (1931), *GW XIV*, S. 541-42.
- *Abriß der Psychoanalyse* (1940), *GW XVII*, S. 63-138.
Gay, Peter, *The Enlightenment: An Interpretation*, Bd. II: *The Science of Freedom*, London 1969.
- *Style in History*, New York 1974.
Halévy, Elie, *The Growth of Philosophic Radicalism* (1901-4; 1928 übers. aus frz. *La formation du radicalisme philosophique*), London 1952.
Hart, B.H. Liddell, *History of the First World War* (1930), London 1971 (2. erw. Aufl.).
Hartmann, Heinz, »Bemerkungen zur psychoanalytischen Theorie des Ichs«, in: ders., *Ich-Psychologie. Studien zur psychoanalytischen Theorie*, Stuttgart 1972.
Hofstadter, Richard, »The Pseudo-Conservative Revolt« (1954), in: ders., *The Paranoid Style in American Politics and Other Essays*, New York 1963, S. 41-65.
- *The Progressive Historians: Turner, Beard, Parrington*, New York 1968.
James, William, *The Letters*, hrs. von Henry James, 2 Bde., Boston 1920.
Johnson, Christopher H., »The Revolution of 1830 in French Economic History«, in: John M. Merriman (Hrsg.), *1830 in France*, New York 1975, S. 139-89.
Kehr, Eckart, *Schlachtflottenbau und Parteipolitik, 1894-1901*, Berlin 1930.

Macaulay, Thomas Babington, »James Mill's Essay on Government: Utilitarian Logic and Politics« (zuerst in: *Edinburgh Review*, Nr. XCVII [März 1829[), in: Jack Lively und John Rees (Hrs.), *Utilitarian Logic and Politics*, Oxford 1978.
Meinecke, Friedrich, *Die Entstehung des Historismus*, 2 Bde., München/Berlin 1936.
Neumann, Franz, *Behemoth. Struktur und Praxis des Nationalsozialismus 1933-1944*, Köln-Frankfurt/M. 1977.
Pares, Richard, »The Historian's Business«, in: *The Historian's Business and Other Essays*, hrs. von R.A. und Elizabeth Humphreys, Oxford 1961, S. 1-10.
Smith, Page, *The Historian and History*, New York 1964.
Stendhal, *Pensées*, in: *Oeuvres de Stendhal*, Bd. 28, Paris 1968.
Taylor, A.J.P., Rezension von Bullitt und Freud, *Thomas Woodrow Wilson*, in: *The New Statesman and Nation* (12. Mai 1967), S. 653-54.
Tilly, Charles, *From Mobilization to Revolution*, Reading/Mass. 1978.

Kapitel IV: Vernunft, Realität, Psychoanalyse und der Historiker

Zur vieldiskutierten Frage, welcher Stellenwert der Realität in den psychischen Repräsentanzen zukommt, siehe zusätzlich zu den im Text erwähnten Titeln von Georges Devereux und Sandor Ferenczi auch David Beres und Edward D. Joseph, »The Concept of Mental Representation in Psychoanalysis«, in: *Int. Journal Psycho-Anal.*, LI (1970), S. 1-9; Roy Schafer, »The Psychoanalytic Vision of Reality«, *ibid.*, S. 279-97; Joseph Sandler und Bernard Rosenblatt, »The Concept of the Representational World«, *Psychoanalytic Study of the Child*, XVII (1962), S. 128-45; Sigmund Freuds kurzer, unvollendeter Text »Die Innenwelt« aus dem *Abriß der Psychoanalyse* (1940), *GW XVII*, S. 136-38; sowie einen von D.W. Winnicotts anregensten Aufsätzen, »The Location of Cultural Experience«, in: *Int. Journal Psycho-Anal.*, IIIL (1966), S. 368-72. Bei Geoffrey R. Elton, *The Practice of History* (New York 1967) finden sich einige eindrucksvolle polemische Passagen, in denen er die Ansicht vertritt, daß der Historiker die Realität durchaus in den Griff bekommen kann, – ein begreiflicher Standpunkt, der keineswegs von allen Historikern geteilt wird. Für die Bedeutung der Realität im Seelenleben plädieren mit besonderer Vehemenz die »orthodoxen« Freudianer in ihrer Kritik an der Klein-Schule. Siehe besonders Otto F. Kernberg, »A Contribution to the Ego-Psychological Critique of the Kleinian School«, in: *Int. Journal Psycho-Anal.*, L (1969), S. 317-33, mit einer sehr hilfreichen Bibliographie.
Alain Besançon, *Histoire et expérience du moi* (1964), Paris 1971.
Davidson, Donald, »Paradoxes of Irrationality«, in: Richard Wollheim und James Hopkins (Hrs.), *Philosophical Essays on Freud*, Cambridge/New York 1982, S. 289-305.
Devereux, Georges, *Dreams in Greek Tragedy*, Oxford 1976.
Duby, Georges, »Histoire des mentalités«, in: Charles Samaran (Hrs.), *Encyclopédie de la Pléiade*, Paris 1961, S. 937-66.

Erikson, Erik H., »The Strange Case of Freud, Bullitt, and Woodrow Wilson, I«, in: *The New Review of Books*, VIII, 2 (9. Februar 1967), S. 3-6.
Ferenczi, Sandor, »Entwicklungsstufen des Wirklichkeitssinnes« (1913), in: ders., *Schriften zur Psychoanalyse*, Bd. I, Frankfurt/M. 1970, S. 148-63.
Freud, Anna, *Das Ich und die Abwehrmechanismen* (1936), in: *Schriften der Anna Freud*, Bd. I, München 1980.
Freud, Sigmund, »Eine Kindheitserinnerung des Leonardo da Vinci« (1910), *GW VIII*, S. 127-211.
- »Psychoanalytische Bemerkungen über einen autobiographisch beschriebenen Fall von Paranoia (Dementia Paranoides)« (1911), *GW VIII*, S. 239-320.
- »Formulierungen über die zwei Prinzipien des psychischen Geschehens« (1911), *GW VIII*, S. 229-38.
- »Zur Einleitung der Behandlung« (1913), *GW VIII*, S. 453-78.
- »›Ein Kind wird geschlagen‹ (Beitrag zur Kenntnis der Entstehung sexueller Perversionen)« (1919), *GW XII*, S. 195-226.
- »Über einige neurotische Mechanismen bei Eifersucht, Paranoia und Homosexualität« (1922), *GW XIII*, S. 193-207.
- »Der Realitätsverlust bei Neurose und Psychose« (1924), *GW XIII*, S. 361-368.
- *Briefe an Wilhelm Fließ 1887-1904*, Ungekürzte Ausgabe, hrs. von Jeffrey Moussaieff Masson, Frankfurt/M. 1986.
Gay, Peter, »A revisionist view of Freud in retreat« [Rezension von Masson, *The Assault on Truth (Was hat man dir, du armes Kind, getan?)*], in: *The Philadelphia Inquirer*, »Books/Leisure« (5. Februar 1984), S. 1, 8.
Hartmann, Heinz, »Bemerkungen zum Realitätsproblem«, in: *Ich-Psychologie*, Stuttgart 1972, S. 236-60.
Hofstadter, Richard, »The Strange Case of Freud, Bullitt, and Woodrow Wilson, II«, in: *The New Review of Books*, VIII, 2 (9. Februar 1967), S. 6-8.
Hollingshead, August B. und Frederick C. Redlich, *Der Sozialcharakter psychischer Störungen. Eine sozialpsychiatrische Untersuchung*, Frankfurt/M. 1975.
Israëls, Han, *Schreber: Vater und Sohn. Eine Biographie*, Stuttgart 1989.
Landes, David S. und Charles Tilly (Hrs.), *History as Social Science*, Englewood Cliffs/N.J. 1971.
Le Goff, Jacques, *Für ein anderes Mittelalter. Zeit, Arbeit und Kultur im Europa des 5.-15. Jahrhunderts* (Auswahl aus frz. *Pour un autre Moyen Age* [1979]), Frankfurt/M.-Berlin-Wien 1984.
Le Roy Ladurie, Emmanuel, *Die Bauern des Languedoc* (aus dem Frz. nach der erheblich gekürzten Buchausgabe), Stuttgart 1983.
Niederland, William, *The Schreber Case: Psychoanalytic Profile of a Paranoid Personality*, New York 1974.
Pears, David, *Motivated Irrationality*, Oxford/New York 1984. Sehr technisch, aber lohnend.
Schafer, Roy, *Aspects of Internalization*, New York 1968.
Schur, Max, *Das Ich und die Regulationsprinzipien des psychischen Geschehens*, Frankfurt/M. 1984.

Sterba, Richard F., »The Fate of the Ego in Analytic Therapy« (1934), in: *Intern. Journal Psycho-Anal.*, XV, S. 117-26.
Thompson, Edward P., *Die Entstehung der englischen Arbeiterklasse*, 2 Bde., Frankfurt/M. 1987.
Weber, Max, *Die protestantische Ethik und der Geist des Kapitalismus* (1904-5), in: *Die protestantische Ethik*, Bd. 1, München/Hamburg 1965.

Kapitel V: Von der Couch zur Kultur

Arno, Peter, *The Man in the Shower*, New York 1944.
Barrows, Susanna, *Distorting Mirrors: Visions of the Crowd in Late Nineteenth-Century France*, New Haven 1981.
Bocock, Robert, *Freud and the Modern Society: An Outline and Analysis of Freud's Sociology*, Sunbury on Thames/Middlesex 1976.
Brodie, Fawn M., *The Devil Drives: A Life of Sir Richard Burton*, New York 1967. Psychoanalytisch orientierte Biographie.
Elias, Norbert, *Über den Prozeß der Zivilisation. Soziogenetische und psychogenetische Untersuchungen*, 2 Bde., Frankfurt/M. 1979.
Ellmann, Richard, »Freud and Literary Biography«, in: *The American Scholar*, LIII, 4 (Herbst 1984), S. 465-78. Wichtige Denkanstöße.
Freeman, Derek, *Liebe ohne Aggression. Margaret Meads Legende von der Friedfertigkeit der Naturvölker*, München 1983. (Eine ganz andere Sicht und notwendige Korrekturen finden sich bei Mary Catherine Bateson, *With a Daughter's Eye: A Memoir of Margaret Mead and Gregory Bateson*, New York 1984.)
Freud, Sigmund, *Totem und Tabu* (1912-13), *GW IX*.
– »Das Interesse an der Psychoanalyse« (1913), *GW VIII*, S. 389-420.
– *Massenpsychologie und Ich-Analyse* (1921), *GW XIII*, S. 71-161.
– *Die Zukunft einer Illusion* (1927), *GW XIV*, S. 323-80.
– »Selbstdarstellung; Nachschrift 1935« (1936), *GW XVI*, S. 29-34.
Garraty, John A., *The Nature of Biography*, London 1958. Besonders Kap. V und VI.
Gay, Peter, »Liberalism and Regression«, in: *Psychanalytical Study of the Child*, XXXVII (1982), S. 523-45.
Gibbon, Edward, *Autobiography*, hrs. von Dero A. Saunders, New York 1961; Repr. hrs. von J.B. Bury, London 1962.
Hildesheimer, Wolfgang, *Mozart*, Frankfurt/M. 1977. Glänzende, psychoanalytisch orientierte biographische Reflexion.
Hobbes, Thomas, *Leviathan* (1651), Neuwied/Berlin 1966.
Hobson, John A., *The Psychology of Jingoism*, London 1901.
Holborn, Hajo, *Deutsche Geschichte in der Neuzeit*, Bd. II: *Reform und Restauration. Liberalismus und Nationalismus (1790 bis 1871)*, München/Wien 1971.
Jacques, Elliott, »Social Systems as Defense against Persecutory and Depressive Anxiety: A Contribution to the Psycho-Analytical Study of Social Processes«,

in: Melanie Klein u.a., *New Directions in Psychoanalysis*, London 1955, S. 478-98.

Kohut, Thomas A., »Kaiser Wilhelm II and his parents: an inquiry into the psychological roots of German policy towards England before the First World War«, in: John C.G. Röhl und Nicolaus Sombart (Hrs.), *Kaiser Wilhelm II: New Interpretations*, New York 1982, S. 63-89.

Lasch, Christopher, *Das Zeitalter des Narzißmus*, München 1982. Ehrgeizige psychokulturelle Diagnose über die Vereinigten Staaten.

Le Bon, Gustave, *Psychologie der Massen*, 15. Aufl., mit einer Einführung von Peter R. Hofstätter, Stuttgart 1982; engl. Ausg. von 1960 mit einem Vorwort von Robert K. Merton.

LeVine, Robert A., *Culture, Behaviour, and Personality*, London 1973. Eine vorzügliche Studie über das Verhältnis von Persönlichkeit und Kultur.

Liebert, Robert S., *Michelangelo: A Psychoanalytic Study of His Life and Images*, New Haven 1983. Von einem Psychoanalytiker geschriebene Biographie.

Loewald, Hans W., »The Problem of Defense and the Neurotic Interpretation of Reality« (1952), in: ders., *Papers on Psychoanalysis*, New Haven 1980, S. 21-32.

– »Ego-Organization and Defense« (Diskussionsbeitrag 1973), *ibid.*, S. 174-77.

Mack, John E., »Psychoanalysis and Historical Biography«, in: *Journal Amer. Psychoanal. Ass.*, XIX (1971), S. 143-79.

Marvick, Elizabeth Wirth, *The Young Richelieu: A Psychoanalytical Approach to Leadership*, Chicago 1983.

Menzies, Isabel E.P., *The Function of Social Systems as a Defence Against Anxiety: A Report on a Study of the Nursing Service of a General Hospital*, London 1970. Ein psychoanalytisches Büchlein, das ein Klassiker zu werden verdient.

Meyer, Bernard C., *Joseph Conrad: A Psychoanalytic Biography*, Princeton/N.J. 1967.

Meyer, Donald B., Rezension von Erikson, *Young Man Luther*, in: *History and Theory*, I, 3 (1961), S. 291-97.

Mitzman, Arthur, *The Iron Cage: An Historical Interpretation of Max Weber*, New York 1970.

Moore, Burness E., »Psychoanalytic Knowledge of Group Processes« (Ausschußbericht), in: *Journal Amer. Psychoanal. Ass.*, XXVII (1979), S. 145-56.

Seigel, Jerrold, *Marx's Fate: The Shape of a Life*, Princeton/N.J. 1978. Ambitionierte »psychologische Biographie«.

Shore, Miles F., »A Psychoanalytic Perspective«, in: *Journal of Interdisciplinary History*, XII, 1 (Sommer 1981), S. 89-113. Eine Betrachtung neuerer Biographien.

Spiro, Melford E., »Religious Systems as Culturally Constituted Defense Mechanisms«, in: ders. (Hrs.), *Context and Meaning in Cultural Anthropology*, New York/London 1965, S. 100-13.

– »Culture and Human Nature«, in: George D. Spindler (Hrs.), *The Making of Psychological Anthropology*, Berkeley 1978, S. 330-60.

Starr, Chester G., »Reflections upon the Problem of Generalization«, in: Louis Gottschalk (Hrs.), *Generalization in the Writing of History*, Chicago 1963, S. 3-18.

Strozier, Charles B., *Lincoln's Quest for Union: Public and Private Meanings*, New

York 1982. Psychoanalytische Biographie und historische Interpretation in einem.
Thomas, Keith, *Man and the Natural World: Changing Attitudes in England 1500-1800*, London 1983.
Thomas, Robert David, *The Man Who Would Be Perfect: John Humphrey Noyes and the Utopian Impulse*, Philadelphia 1977. Überzeugende, psychoanalytisch fundierte Lebensgeschichte.
Tolstoi, Leo, *Krieg und Frieden* (1868-69), 2 Bde., Berlin 1965.
Trilling, Lionel, *Freud and the Crisis of Our Culture*, Boston 1955.
Winnicott, Donald W., »Übergangsobjekte und Übergangsphänomene« (1951), in: ders., *Von der Kinderheilkunde zur Psychoanalyse*, München 1976, S. 300-11.
Wrong, Dennis H., »The Oversocialized Conception of Man in Modern Sociology« (1961), in: ders., *Skeptical Sociology*, New York 1976, S. 31-46.
- »Postscript 1975«, *ibid.*, S. 47-54.
- »Human Nature and the Perspective of Sociology« (1963), *ibid.*, S. 55-70.

Kapitel VI: Die Einlösung des Programms

Dodds' Meisterwerk *Die Griechen und das Irrationale* habe ich bereits erwähnt, möchte aber noch einmal ausführlich darauf eingehen. Von den vielen begeisterten Rezensionen nenne ich hier nur die von James A. Notopoulos in: *The Classical Journal*, IIL (1952-53), S. 273-79; W. Edward Brown in: *Yale Review*, XXXXI (1951-52), S. 47-74; und die einschlägigen Stellen bei W.J.W. Koster, *Le mythe de Platon, de Zarathoustra et des Chaldéens. Etude critique sur les relations indellectuelles entre Platon et l'Orient*, in: *Mnemosyne*, Supplementum Tertium (1951). Dodds' Wiles Lectures von 1962/63 (*Heiden und Christen in einem Zeitalter der Angst*, Frankfurt/M. 1985) sind zwar weniger bahnbrechend, zeigen aber noch einmal, wie tief ein Wissenschaftler, der über methodische Sicherheit und reiche Kenntnisse verfügt, mit dem psychoanalytischen Instrumentarium in die Vergangenheit eindringen kann. Die prägnant geschriebene Autobiographie, die Dodds unter dem Titel *Missing Persons* (Oxford 1977) publiziert hat, ergänzt seine wissenschaftlichen Werke als menschlich bewegendes Zeugnis.

Und hier noch ein paar Bemerkungen zu Frederick Crews. Im Jahr 1970 gibt er eine umfangreiche Anthologie mit dem Titel *Psychoanalysis and Literary Process* heraus, die er mit einer vehementen Verteidigung von Freuds Theorie nicht zuletzt gegen »das lieblose und konfuse Kapitel über ›Literatur und Psychologie‹« (S. 8) in René Welleks und Austin Warrens *Theorie der Literatur* (Frankfurt/M.-Berlin 1963) einleitet. Nicht weniger streng verfährt er mit Literaturwissenschaftlern, die »konventionelle Gedanken mit Freud-Zitaten würzen« (S. 7), oder jenen, die es sich mit der »rhetorischen« Widerlegung von Ernest Jones' Schrift *Hamlet and Oedipus* nur leicht machen wollen (S. 16 Anm.). Ganz richtig erkennt er, daß »Freuds Werk mit einer leider allzu gedankenlosen Wissenschaftstradition verquickt« (S. 17) und der Beitrag der psychoanalytisch orientierten Literaturwissenschaftler eher fragwürdig ist. Dennoch bleibt er selbst entschieden und ausdrücklich ein »Freudscher Literaturwissenschaftler« (S. 17). Jahrelang rückt er davon nicht ab. In einer eher der Eigenwerbung dienenden Essaysammlung, die unter dem Titel *Out of my System* (New York 1975) mehrere zwischen 1967 und 1975 geschriebene, zum Teil bekenntnishafte Texte versammelt, bekräftigt er noch einmal seine Loyalität gegenüber der Freudschen Theorie, nennt allerdings auch einige – höchst berechtigte – Vorbehalte. Er wendet sich gegen Stränge im psychoanalytischen Denken, die er – im Gegensatz zu den »relativ ›wissenschaftlichen‹« – die »relativ ›ideologischen‹« nennt. Ferner hat er Schwierigkeiten mit Norman O. Browns apokalyptischer Spielart der Psychoanalyse. Aber noch im letzten Aufsatz »Reductionism and Its Discontents« mit all seinen klugen, begreiflichen Warnungen vor den »Gefahren des Reduktionismus« (S. 167), erklärt er kurz und bündig, er sei überzeugt, »daß die Grundbegriffe der Freudschen Psychoanalyse für die Literaturwissenschaft nutzbar gemacht werden können« (S. 166). (Ich muß hinzufügen, daß seine Vorbehalte, Schwierigkeiten und Warnungen auch die meinen sind.) Dann aber geschieht etwas. 1980 veröffentlicht Crews im Juliheft von *Commentary* den Aufsatz »Analysis Terminable«, in dem er eine heftige Attacke gegen die psychoanalytische Therapie reitet, und 1984 in der Juninummer von *The New Criterion* (S. 7-25) einen noch haltloseren Angriff unter dem Titel »The Freudian way of knowledge«, in dem er Freud als Lügner, Monomanen, Verrückten und Drogensüchtigen beschimpft und mit dem Wunsch schließt, eine spätere Generation möge »besser begreifen, warum wir im moralischen Chaos unseres Jahrhunderts uns von den sonderbaren und folgenschweren Wahnsystem des Freudschen Denkens einnebeln lassen konnten« (S. 24). (Sehr aufschlußreich ist dazu ein Artikel von Henry F. Ellenberger [»The Story of ›Anna O‹: A Critical Review with New Data«, in: *Journal of the History of the Behavioral Sciences*, VIII, 3 (Juli 1972), S. 267-79], auf den Crews sich beruft, der aber ganz anders und weit weniger antifreudianisch klingt, als es seine Darstellung – oder besser Entstellung – bei Crews nahelegt.) Der einzige Hinweis, den Crews auf seine längere Freudsche Vergangenheit gibt – »Menschen, die gleich mir diesem Zauber erliegen« (S. 24) – ist so beiläufig, daß er nichts über seine mehr als ein Jahrzehnt lang der Psychoanalyse verpflichteten Schriften verrät. Der schrille Ton seiner Attacken, ihr eifernder Anklagegestus, ihre tendenziösen Überinterpretationen – von ihren Fehldeutungen ganz zu schweigen – weckt sehnsüchtige Erinnerungen an die Eleganz und Rationalität seiner früheren Texte. Natürlich kann Crews' Gang nach Canossa seinem Buch *Sins of the Fathers* (1966; London 1970) so wenig anhaben wie Tolstois Distanzierung von seinem literarischen Werk den großen Romanen *Krieg und Frieden* oder *Anna Karenina*. Die von Crews geleistete psychoanalytische Deutung von Hawthornes Erzählungen hat als Einzelstudie wie als positiver Beweis für die Anwendung der Psychoanalyse durchaus Bestand. Dennoch wüßte ich gar zu gern, wie wohl der Crews von 1984 den Crews von 1966, 1970 oder 1975 rezensieren würde. (Heute, im Jahr 1994, kann ich hinzufügen, daß Crews seine 1989 erschienene Neuauflage von *Sins of the Fathers* mit einem Nachwort versehen hat, in dem er Auskunft gibt darüber, wie und aus welchen Gründen er von seiner ursprünglichen Position abgerückt ist.)

Brumfitt, John H., *Voltaire Historian*, London 1958.
Degler, Carl N., »What Ought to Be and What Was: Women's Sexuality in the Nineteenth Century«, in: *American Historical Review*, LXXIX, 5 (Dezember 1974), S. 1467-90.
Demos, John P., *A Little Commonwealth: Family Life in Plymouth Colony*, New York 1970. (Und noch einmal: ders., *Entertaining Satan*, New York 1982.)
Eissler, Kurt, *Leonardo da Vinci: Psychoanalytische Notizen zu einem Rätsel*, Basel 1992.
Freud, Sigmund, *Drei Abhandlungen zur Sexualtheorie*, »Vorwort zur vierten Auflage« (1920), *GW V*, S. 31-32.
Gay, Peter, »Zum Gedenken an Sigmund Freud«, in: Edmund Engelman, *Berggasse 19. Das Wiener Domizil Sigmund Freuds*, Stuttgart/Zürich 1977.
– *Art and Act: On Causes in History – Manet, Gropius, Mondrian*, London 1976.
Gedo, Mary M., *Picasso: Art as Autobiography*, Chicago 1980.
Hughes, H. Stuart, *The Obstructed Path: French Social Thought in the Years of Desperation 1930-1960*, New York 1968.
Johnson, Roger A. (Hrsg.), *Psychohistory and Religion: The Case of »Young Man Luther«*, Philadelphia 1977.
Kramnick, Isaac, *The Rage of Edmund Burke: Portrait of an Ambivalent Conservative*, New York 1977.
Laplanche, Jean und J.-B. Pontalis, *Das Vokabular der Psychoanalyse*, Frankfurt/M. 1973.
Mazlish, Bruce, *James and John Stuart Mill: Father and Son in the Nineteenth Century*, New York 1975.
Nagel, Ernest, *The Structure of Science: Problems in the Logic of Scientific Explanation*, New York 1961.
Popper, Karl, *Conjectures and Refutations: The Growth of Scientific Knowledge*, London 1963.
Schapiro, Meyer, »Leonardo and Freud: An Art-Historical Study«, in: *Journal of the History of Ideas*, XVII, 2 (April 1956), S. 147-78.
Solomon, Maynard, *Beethoven. Biographie*, Gütersloh 1979.
Splitter, Randolph, *Proust's Recherche: A Psychoanalytic Interpretation*, Boston 1981.
[Strachey, James], »Editor's Note« zu »Leonardo«, in: Freud, *Standard Edition*, Bd. XI (London 1957), S. 59-62.
Trevor-Roper, Hugh R., »Der Hexenwahn des 16. und 17. Jahrhunderts«, in: Claudia Honegger (Hrsg.), *Die Hexen der Neuzeit. Studien zur Sozialgeschichte eines kulturellen Deutungsmusters*, Frankfurt/M. 1978.
Volkan, Vamik D. und Norman Itzkowitz, *The Immortal Atatürk: A Psychobiography*, Chicago 1984. Interessante Zusammenarbeit zwischen einem Psychoanalytiker und einem Nahost-Experten.
Wurgaft, Lewis D., *The Imperial Imagination: Magic and Myth in Kipling's India*, Middleton/Conn. 1983. Psychobiographische und psychohistorische Studie.

Danksagung

Seit ich – von etwa 1974 an – in engem Zusammenhang mit meinen Bänden über die bürgerliche Lebenswelt des 19. Jahrhunderts immer wieder an diesem Buch gearbeitet habe, habe ich auch den Institutionen und Einzelpersonen, die mir behilflich waren, in den schon veröffentlichten Bänden meinen Dank abgestattet. Sie stellten mir Zeit und Aufmerksamkeit zur Verfügung, versorgten mich mit Quellenmaterial und äußerten sich zu inhaltlichen und stilistischen Fragen.

Zu meinen frühesten Versuchen, die Themen, aus denen dann das vorliegende Buch werden sollte, außerhalb meiner Lehrtätigkeit an der Yale University in ersten Ansätzen zu formulieren, gehört ein Referat über die Überdeterminierung, das ich 1967 am Ithaca College vor der New York State Association of European Historians vortrug. 1974 hielt ich an der University of Cincinnati zwei Vorträge über Geschichtsschreibung und Kausalproblematik, und im selben Jahr sprach ich an der Hamline University in St. Paul (Minnesota) über die schwierige Frage der Repräsentanz. Im folgenden Jahr befaßte ich mich in einem Vortrag am Colorado College in Colorado Springs mit Kulturgeschichte und wies dabei auf die mögliche Bedeutung der Psychoanalyse hin. 1977 hielt ich eine Rede zum Amtsantritt des neuen Präsidenten am College of Wooster (Ohio), in der ich die Historie als Wissenschaft des Erinnerns betrachtete, und im selben Jahr sprach ich mehrmals über das Thema der Überdeterminierung: vor dem Kanzer Seminar in Yale, am Hunter College in New York City und vor den Berkeley-College-Stipendiaten in Yale. 1978 hielt ich die Gallatin Lecture am Institute for the Humanities der New York University unter dem Titel »Ein Arsenal für Amateure«; daraus wurde später das erste Kapitel dieses Buches. Aus demselben Jahr stammt auch der erste Entwurf zum vierten Kapitel: damals sprach ich am Kenyon College in Gambier (Ohio) über »Vernunft, Realität, der Psychoanalytiker und der

243

Historiker«. Gegen Ende des Jahres weitete ich meinen Gegenstand aus und befaßte mich in einem Vortrag am Smith College in Northampton (Massachusetts) mit Geschichtswissenschaft und Psychoanalyse und am Antioch College in Yellow Springs (Ohio) mit dem Thema »Menschliche Natur und Geschichte« (eine erste Skizze zum dritten Kapitel). In meiner Benjamin Rush Lecture vor der American Psychiatric Association in Chicago dachte ich im Frühjahr 1979 erstmals über den »Reduktionismus« und damit über die Probleme des Psychohistorikers mit den ihm vorliegenden, widerspenstigen Zeugnissen der menschlichen Geschichte nach. In überarbeiteter Fassung trug ich denselben Text an der Stetson University in Deland (Florida) vor. Im April 1979 verbrachte ich ein ausgesprochen angenehmes und lehrreiches Wochenende an der Colgate University in Hamilton (New York), wo ich mit interessierten Kollegen über den engen Zusammenhang zwischen Psychoanalyse und Geschichtswissenschaft debattierte. Gegen Ende desselben Jahres schließlich hielt ich an der Syracuse University im New Yorker Umland einen Vortrag über das Thema »Von der Biographie zur Historie«, aus dem sich später das fünfte Kapitel entwickelte.

Im Januar 1980 trug ich vor dem hochinteressanten und aufgeschlossenen kritischen Forum der New York Psychoanalytic Society meine Gedanken über die »Einwände gegen die Psychohistorie« vor. In den Ena H. Thompson Lectures, die ich im April und Mai 1980 als erster Wissenschaftler am Pomona College in Claremont (California) hielt, betrachtete ich die Geschichte des 19. Jahrhunderts in erster Linie von der stofflichen Seite her, formulierte aber auch ausführliche methodologische Überlegungen, die in das vorliegende Buch eingegangen sind. Im Juni hielt ich – erneut über die Einwände gegen die Psychohistorie – das Hauptreferat bei einem Kongreß über Führerpersönlichkeiten am Michael Reese Hospital and Medical Center in Chicago. Im darauffolgenden Monat durfte ich an der University of Washington (Seattle) die Jessie und John Danz Lectures bestreiten; diese drei Vorträge enthielten erste Ansätze zu einer kohärenten und umfassenden Argumentation. Sie trugen den unmißverständlichen Titel »Psychoanalytische Betrachtung der Vergangenheit: Freud für Historiker«, dessen zweiter Teil schließlich den vorliegenden Buchtitel ergab. Die vier Freud Lectures, die ich unter der Schirmherrschaft des Western New England Institute for Psychoanalysis und des Humanities Center an der Yale University hielt, waren genau wie die Ena H. Thompson Lectures in Pomona eine Mischung aus materialer Geschichte und methodologischer Reflexion, behandelten allerdings ganz andere Gegenstände.

Tief bewegt war ich im Jahr 1981, als man mich als ersten Wissenschaftler zur Arthur M. Wilson Memorial Lecture in Dartmouth einlud; im Gedenken an meinen alten Freund versuchte ich, unter dem Obertitel »Wie läßt sich ein Leben erfahren? Psychoanalytische Überlegungen zur Biographie« seine und meine Hauptinteressen zusammenzusehen. In der zweiten Jahreshälfte wagte ich mich ein weiteres Mal unter die Psychoanalytiker und sprach am New York Hospital-Cornell Medical Center (Westchester Division) in White Plains über »Psychoanalyse und Geschichte«. Über dasselbe Thema hielt ich im März 1982 einen Vortrag an der Arizona State University in Tempe. Im folgenden Monat nahm ich an einem Kongreß über psychoanalytisch fundierte Geschichts- und Literaturwissenschaft in Swarthmore teil, wo ich den mittlerweile vertrauten Gegenstand unter dem Titel »Historie, Psychohistorie und psychoanalytische Historie« von einem neuen Blickpunkt aus betrachtete. Im Mai trug ich beide Themen in abgewandelter Form an der Stanford University und am San Jose State College in Kalifornien vor und kehrte zu Psychoanalyse und Geschichtswissenschaft zurück. Im selben Monat bot sich mir mit der sechsten jährlichen O. Meredith Wilson Lecture in History an der University of Utah in Salt Lake City, wo ich zum Thema »Der Historiker als Psychologe« sprach, eine glänzende Gelegenheit, meine kritischen – hoffentlich nicht übertrieben kritischen – Fähigkeiten unter Beweis zu stellen; einen Großteil des Vortrags habe ich in etwas veränderter Form ins erste Kapitel dieses Buches aufgenommen.

Fast das ganze Universitätsjahr 1983/84 verbrachte ich am Wissenschaftskolleg zu Berlin – natürlich Westberlin –, das den Beinamen Institute for Advanced Study trägt; in dieser gastfreundlichen »Denkfabrik« konnte ich vor meinen Mitstipendiaten, vor dem Karl-Abraham-Institut für Psychoanalyse und der eher eklektizistischen Arbeitsgruppe Berlin der Deutschen Psychoanalytischen Gesellschaft über die Rolle der Psychoanalyse in der Geschichtswissenschaft sprechen. Im Juni 1984 ging ich mit meinen Gedanken auf Reisen und verbrachte einen hochinteressanten Tag mit Vortragen und Diskutieren am Max-Planck-Institut Göttingen. Desgleichen im Juli an der Universität Amsterdam. Die Arbeitsbedingungen am Kolleg waren ideal, und dort erledigte ich – unter Berücksichtigung diverser kritischer Anmerkungen – die letzte Redaktionsarbeit an meinem Manuskript. Ich würde mir wohl den Unmut der Leser zuziehen, wenn ich zu viele von denen, die meinen Aufenthalt in Berlin so produktiv machten, einzeln erwähnen wollte; nennen will ich deshalb nur zwei Bibliothekarinnen – Frau Gesine Bottomley und Frau Dorte Meyer-Gaudig –, die mir schwer zugängliche Literatur besorgten, und meine Sekretärin Frau Andrea Herbst, die mein Manuskript perfekt entzifferte, obwohl es nicht in ihrer Muttersprache geschrieben war.

Auch während dieser allerletzten Redaktionsarbeit habe ich meine Gedanken vor Studenten und Kollegen vorgetragen. Zu Dank verpflichtet bin ich dem Queens College, das mich als ersten Wissenschaftler im Rahmen eines neuen und ehrgeizigen geisteswissenschaftlichen Programms einlud und mir eine produktive, mit Diskutieren und Vortragen ausgefüllte Woche bescherte. In meiner Ida Beam Lecture an der University of Iowa in Iowa City bin ich im November dann noch einmal den Themen nachgegangen, die mich so viele Jahre hindurch beschäftigt hatten. Anfang 1985 schließlich hielt ich beim Kongreß der Indiana Historical Society ein Referat zum Thema »Menschliche Natur und Geschichte: Brücken zwischen Geschichtswissenschaft und Psychoanalyse« und sprach vor der psychoanalytischen Abteilung der American Psychological Association in New York unter dem Titel »Von der Couch zur Kultur: Psychoanalyse für den Historiker«. Wenn ich dankbar auf all diese Einladungen zurückblicke, wird mir noch einmal ganz klar, vor wie vielen verschiedenen Zuhörern ich gesprochen habe und wie sehr ich in ihrer Schuld stehe.

Auch hier möchte ich – wie schon an anderer Stelle – betonen, daß ich dieses Buch kaum, oder doch nicht so, hätte schreiben können ohne meine Arbeit als Research Canidate am Western New England Institute for Psychoanalysis.

Betty Paine machte aus meinem Manuskript eine lesbare Textvorlage für das Lektorat. Viel Hilfe erhielt ich von Nancy Lane von der Oxford University Press, und Rosemary Wellner lektorierte das Buch mit leichter Hand.

Zahlreiche Freunde, Kollegen und Bekannte – ich hoffe, ich habe niemanden vergessen! – haben geduldigst auf meine Fragen geantwortet; sie teilten mir Beobachtungen und Einwände mit, die in den Text mit eingegangen sind, liehen mir unerreichbare Bücher, schickten Sonderdrucke, die nicht leicht zu beschaffen waren, antworteten ausführlich auf Briefe und halfen vor allem durch ermutigende und kritische Gespräche. Ganz besonders danke ich Peter Bieri, Martin und Ridi Bergmann, William Bouwsma, Judy Coffin, Clifford Geertz, Hank Gibbons, Cyrus Hamlin, Jackie und Gaby Katwan, Otto Kernberg, Thomas A. Kohut, (wie immer) Dick und Peggy Kuhns, Weston LaBarre, Carl Landauer, Emmanuel Le Roy Ladurie, Peter Loewenberg, Janet Malcolm, John Merriman, Jerry Meyer, Marc Micale, Arthur Mitzman, Richard Newman, Hank Payne, Ernst Prelinger, Keith Thomas, Henry Turner und Bob Webb, der jedes meiner Manuskripte liest.

Und nun schließlich zu all jenen, die meinen Text mit gelesen haben. Das zweite Kapitel hat Carl (»Peter«) Hempel mit seinem unübertroffenen Scharfblick unter die Lupe genommen. Das gesamte Manuskript haben Stefan Collini, John Demos, Harry Frankfurt, Quentin Skinner und Vann Woodward durchgesehen, und zwar jede Seite, jedes Argument, jedes Adjektiv, mit einer liebevollen Sorgfalt, die andere sich für ihre eigenen Arbeiten aufheben. So gewagt der Gedankengang meines Buches nach wie vor sein mag, dank ihres Urteilsvermögens, ihres Feingefühls für mich und meine Sprache und ihrer Bereitschaft, wenn nötig strenge Maßstäbe anzulegen, ohne mein Engagement für das Projekt je zu behindern, hat es jedenfalls spürbar gewonnen. Meine Frau Ruth hat wie üblich das Manuskript vor der Drucklegung noch einmal eingehend geprüft. Ihnen allen gilt mein – hoffentlich angemessener – Dank.

Peter Gay

Personenregister

Abraham, Karl, 83
Adler, Alfred, 78 f.
d'Alembert, Jean le Rond, 34
Arno, Peter, 169

Barraclough, Geoffrey, 31
Barrows, Susanna, 161
Barzun, Jacques, 30, 31, 60, 77
Beard, Charles, 118
Beethoven, Johanna van, 211
Beethoven, Ludwig van,
 209 – 211
Bentham, Jeremy, 126
Besançon, Alain, 133
Bloch, Marc, 23, 220, 221, 222
Bocock, Robert, 161ff., 175
Boswell, James, Stone on, 39
Bouwsma, William, 34
Bowlby, John, 36, 37
Bowra, Maurice, 204
Braudel, Fernand, 220
Breuer, Josef, 75, 85
Brücke, Ernst, 74f.
Brumfitt, J., 219
Bruner, Jerome, 65
Bullitt, William, 154
Burckhardt, Jacob, 219
Byrnes, Joseph F., 31

Carr, E. H., 24
Chandler, Alfred, 167
Charcot, Jean-Martin, 74
Cobb, Richard, 33, 34
Cochran, Thomas, 115

Collingwood, R. G., 97, 107
Conkin, Paul K., 66
Crews, Frederick, 212 – 216
Croce, Benedetto, 97
Cunliffe, Marcus, 30, 31, 67

Dallek, Robert, 80
Davidson, Donald, 152
da Vinci, Leonardo, 133, 195
Degler, Carl N., 213
Demos, John, 32, 216
Devereux, Georges, 131
Dickens, Charles, 183, 201
Diderot, Denis, 108
Dodds, E. R., 56ff., 111, 140,
 203f.
Duby, Georges, 133

Edelson, Marshall, 84
Einstein, Albert, 78
Eissler, Kurt, 196
Elias, Norbert, 238
Eliot, T. S., 101
Ellenberger, Henri, 93
Elton, G. R., 24f., 33, 34
Erikson, Erik, 29, 31, 196

Farrell, B. A., 65
Febvre, Lucien, 97f., 132, 220f.
Fenichel, Otto, 76, 89, 124, 125
Ferenczi, Sandor, 139
Fischer, David Hackett, 26, 94,
 112, 159
Fliess, Wilhelm, 74, 130

249

Freeman, Derek, 188
Freud, Anna, 176
Freud, Sigmund, durchgängig
Friedländer, Saul, 59

Gay, Peter, 72, 75, 96, 99, 100, 120, 131
Gedo, Mary M., 210
George, Alexander and Juliet, 47
Gibbon, Edward, 97f., 119
Gill, Merton M., 76
Gladstone, William Ewart, 201
Glover, Edward, 68
Goethe, Johann Wolfgang von, 89, 101f.
Gorer, Geoffrey, 112
Gottschalk, Stephen, 24

Halévy, Elie, 47
Hart, B. H. Liddell, 115
Hartmann, Heinz, 120, 146, 152
Hawthorne, Nathaniel, 212ff.
Hawthorne, Sophia, 213
Hexter, J. H., 25ff.
Hobbes, Thomas, 166
Hobson, J. A., 166
Hofling, Charles K., 31
Hofstadter, Richard, 30, 115ff., 160
Holborn, Hajo, 167
Hollingshead, August B., 142f.
Holzman, Philip S., 75
Hook, Sidney, 79, 107
Hughes, H. Stuart, 71, 222
Hughes, Judith M., 192
Hume, David, 97ff.

Israëls, Han, 142

James, William, 93
Jacques, Elliott, 179
Johnson, Christopher, 116ff.
Johnson, Roger A., 196
Josselin, Ralph, 46
Jung, Carl, 60, 79

Kanzer, Mark, 68
Kehr, Eckart, 119
Kitson Clark, G., 32
Klein, George S., 76
Kline, Paul, 64
Kohut, Thomas A., 191
Kramnick, Isaac, 197

Langer, William, 29, 153
Laplanche, J., 200
LeBon, Gustave, 161ff.
Lefèbvre, Georges, 55, 115
Le Goff, Jacques, 133
Le Roy Ladurie, Emmanuel, 133, 220f.
Link, Arthur, 47
Lipps, Theodor, 74
Loewald, Hans W., 107, 176f., 234
Lowe, Donald, 38
Luther, Martin, 29
Lynn, Kenneth S., 9–10, 15, 30

Macaulay, Thomas Babington, 121, 219
MacDonagh, Oliver, 167
Macfarlane, Alan, 45f.
Mack, John E., 192
Mahl, George, 109
Malinowski, Bronislaw, 113, 207
Marx, Karl, 10, 12, 22, 57, 78, 118
Masur, Gerhard, 68

Mazlish, Bruce, 197
Mead, Margaret, 188
Medawar, Peter, 79f.
Meinecke, Friedrich, 98ff.
Menzies, Isabel E. P., 179
Merton, Robert K., 161
Meyer, Donald B., 159
Mill, James, 121
Mitzman, Arthur, 191
Moore, Burness E., 160
Morgan, Edward, 203
Murray, Gilbert, 204, 209

Nagel, Ernest, 80, 198
Neumann, Franz, 119
Newton, Isaac, 34
Niebuhr, Reinhold, 125
Niederland, William, 142

Olsen, Donald J., 52f.
Ortega y Gasset, José, 97

Pares, Richard, 107
Parsons, Talcott, 185
Patze, Adolf, 73
Platt, Gerald M., 30
Pontalis, J.-B., 200
Popper, Karl, 78ff., 82, 205
Postman, Leo, 65
Pötzl, Otto, 62

Ranke, Leopold von, 97, 99
Rapaport, David, 61
Reagan, Ronald, 80
Redlich, Frederick C., 142f.
Reich, Wilhelm, 175
Robespierre, Maximilien Marie Isidore, 27f., 33
Rosenzweig, Saul, 61f.

Schafer, Roy, 135
Schapiro, Meyer, 196
Schlesinger, Arthur M., Sr., 25f.
Schreber, Daniel Paul, 95, 141f.
Schur, Max, 135
Sherrill, Robert, 80
Silberer, Herbert, 62f.
Silberger, Julius Jr., 24
Smith, Page, 112
Solomon, Maynard, 209ff.
Spiro, Melford E., 113, 179, 188
Stannard, David, 27, 30, 31, 77ff., 113, 195
Starr, Chester G., 189
Stone, Lawrence, 31, 38ff., 94, 105
Stone, Leo, 75
Strachey, Lytton, 162
Strickland, Geoffrey, 100
Sulloway, Frank J., 74

Taylor, A. J. P., 108
Thomas, Keith, 179, 181
Thomis, Malcolm I., 51
Thompson, E. P., 154f., 170
Tilly, Charles, 122f., 153
Tolstoi, Leo, 163f.
Trevor-Roper, H. R., 218
Trilling, Lionel, 187f.
Trumbach, Randolph, 35ff.

Voltaire, 97, 99f., 219

Weber, Eugen, 49f.
Weber, Max, 60, 149f.
Wehler, Hans-Ulrich, 26, 94
Weinstein, Fred, 30, 72, 123
West, Dean, 47
Wilson, Woodrow, 47f., 140, 154

Winnicott, D. W., 190
Wolfsmann, 87, 95
Wrong, Dennis, 184f.

Hedwig Röckelein (Hg.)

BIOGRAPHIE ALS GESCHICHTE

Forum Psychohistorie – Band 1

351 Seiten, 15 x 21 cm, gebunden
DM 48,–

ISBN 3-89295-571-9

Die Psychohistorie als Teildisziplin oder Hilfswissenschaft der Geschichtsforschung stellt ein analytisches Instrumentarium bereit, das in den USA und in Frankreich zu fruchtbaren Diskussionen über die Methodik und Theorie der Geschichtswissenschaft im allgemeinen wie über individual- und massenpsychologische Phänomene im besonderen geführt hat. Das Interesse an anthropologischen Fragestellungen, das in den letzten Jahren in Folge der Rezeption der Mentalitätsgeschichte französischer Prägung in Deutschland wiedererwacht ist, wird die Geschichtswissenschaft erneut mit psychohistorischen Problemen konfrontieren. Dabei wird die Frage der Historizität der Psyche und ihrer Genese diskutiert werden müssen.

Den für die Kommunikation erforderlichen interdisziplinären Austausch zu fördern und Raum für Diskussionen zur Verfügung zu stellen, hat sich die neue Buchreihe FORUM PSYCHOHISTORIE zum Ziel gesetzt. Die Geschichtswissenschaft, insbesondere ihre neuen Teilgebiete wie Bildungs- und Sozialisationsgeschichte, historische Familienforschung sowie Frauen- und Geschlechtergeschichte, muß das Gespräch nicht nur mit den Psychologien intensivieren, sondern auch den Dialog mit den angrenzenden Verhaltens-, Sozial- und Textwissenschaften, v. a. der Erziehungswissenschaft, der Soziologie, der Ethnologie, der Literaturwissenschaft suchen.

Der erste Band der neuen Reihe befaßt sich mit der BIOGRAPHIE ALS GESCHICHTE. Zweifelsohne hat das Interesse an Biographien wieder zugenommen. Für eine neue historische Biographik genügt die gestiegene Nachfrage auf dem Buchmarkt als Legitimation alleine freilich nicht. Es muß auch der Nachweis einer qualitativen Veränderung und Weiterentwicklung über erreichte und verworfene Standards und Positionen hinaus geführt werden. Diesen Anspruch will der vorliegende Band einlösen, vor allem zeigen, daß Strukturgeschichte und historische Biographik keinen Gegensatz sondern ein Ergänzungsverhältnis darstellen, das für die historische Forschung fruchtbar zu machen ist.

Beiträge von u. a.:

Wolfgang Beutin, Casimir Bumiller, Helga Hentschel, Thomas Kornbichler, Anne Levallois, Arthur Mitzman, Anne-Kathrin Reulecke, Hedwig Röckelein, Thomas Stamm-Kuhlmann, Jürgen Straub, Edgar Weiß, Erhard Wiersing

In Vorbereitung:

Forum Psychohistorie – Band 2:
Peter Gay
FREUD FÜR HISTORIKER

Forum Psychohistorie – Band 3:
Gabriela Signori
TRAUER, VERZWEIFLUNG und ANFECHTUNG
Selbstmörder in spätmittelalterlichen und frühneuzeitlichen Gesellschaften

Forum Psychohistorie – Band 4:
Hedwig Röckelein (Hg.)
DER KANNIBALE IN UNS
Zur Geschichte des Kannibalismus im christlichen Europa

Forum Psychohistorie – Band 5:
HISTORISCHE PORTRAITS
DES 16. JAHRHUNDERTS

---

edition diskord · Schwärzlocher Straße 104/b · 72070 Tübingen

Aus unserem PSYCHOANALYSE-PROGRAMM:

Elke Mühlleitner

BIOGRAPHISCHES LEXIKON DER PSYCHOANALYSE

Die Mitglieder der Psychologischen Mittwoch-Gesellschaft und der Wiener Psychoanalytischen Vereinigung 1902 – 1938

In Zusammenarbeit mit Johannes Reichmayr

400 Seiten — gebunden — DM 74,–
ISBN 3-89295-557-3

Das biographische Lexikon stellt sämtliche Mitglieder der Psychologischen Mittwoch-Gesellschaft und der Wiener Psychoanalytischen Vereinigung (1902 – 1938) erstmals in Kurzbiographien vor. Damit wird eine bisher offengebliebene Lücke in der Historiographie der Psychoanalyse geschlossen.
Mit einer ausführlichen Chronik zur Institutsgeschichte der WPV.

Ludger M. Hermanns (Hg.)

PSYCHOANALYSE IN SELBSTDARSTELLUNGEN

415 Seiten — gebunden — DM 56,–
ISBN 3-89295-549-2

Dem Herausgeber ist es gelungen, namhafte Psychoanalytiker dafür zu gewinnen, ihre Lebensgeschichte zu schreiben. Ihre autobiographischen Beiträge eröffnen faszinierende Einblicke in Geschichte und Gegenwart der Psychoanalyse. Darüber hinaus vermitteln sie wichtige Ausblicke auf die Kultur- und Sozialgeschichte dieses Jahrhunderts.

Beiträge von:
Jacques Berna, Lambert Bolterauer, Hans Keilson, Judith S. Kestenberg, Wolfgang Loch, Edeltrud Meistermann-Seeger, Lajos Székely, Frederick Wyatt.

edition diskord
72070 Tübingen · Schwärzlocher Str. 104/b